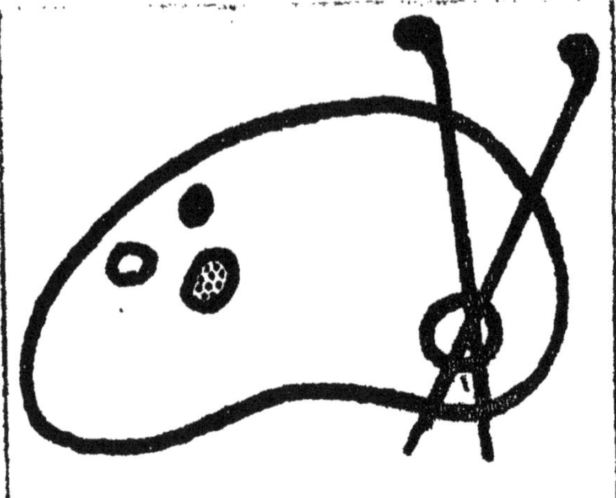

Début d'une série de documents
en couleur

Nouvelle Bibliothèque franciscaine. — 1re Série. — V

Bon CHAULIN

Fioretti de saint François

PARIS

ŒUVRE
DE S. FRANÇOIS D'ASSISE
5, RUE DE LA SANTÉ

LIBRAIRIE
CHARLES POUSSIELGUE
RUE CASSETTE, 15

1901

AUX MÊMES LIBRAIRIES

Manuel du Tiers-Ordre séculier de Saint François d'Assise. Nouvelle édition du Manuel du Révérendissime Père SALVATOR D'OZIERI, avec toutes les modifications exigées par les nouveaux décrets sur le Tiers-Ordre. In-32, broché. . . . . o fr. 8

Manuel et Office. In-32, broché. . . . . 1 fr. 2

Petit office de la Bienheureuse Vierge Marie, avec la manière de le réciter dans les réunions du Tiers-Ordre de Saint François d'Assise. In-32, broché. . o fr. 4

Traité de la paix intérieure, par le R. P. AMBROISE DE LOMBEZ, O. M. Cap. In-12, avec grav. . . . . . 1 fr. 5

Lettres spirituelles, par le MÊME. In-12 . . . . 1 fr. 5

Traité de la joie de l'âme chrétienne, par le MÊME. In-12. 1 fr. 5

Année sainte des trois Ordres de Saint François, donnant chaque mois les saints, la dévotion, la vertu, un calendrier perpétuel, une méditation pour la retraite du mois et 384 portraits des Saints franciscains. Douze brochures in-32. . . . . 3 fr.

Réponses aux objections d'un catholique contre le Tiers-Ordre, par le baron CHAULIN. In-32. . . o fr.

Le Bienheureux Ange d'Acri, des Frères-Mineurs Capucins, apôtre de la Calabre, par le R. P. ERNEST-MARIE DE BEAULIEU. In-12. . . . . 2 fr.

Pensées et Affections sur la Passion de Notre-Seigneur Jésus-Christ, pour tous les jours de l'année, par le R. P. GAETAN-MARIE DE BERGAME. Nouvelle édition. Deux volumes in-32 raisin. . . . . 3 fr.

Pensées et Affections sur les mystères et les fêtes, par le MÊME. Deux volumes in-12. . . . . 4 fr.

Paris. — J. Mersch, imp., 4bis, Av. de Châtillon

Fin d'une série de documents
en couleur

FIORETTI

DE

SAINT FRANÇOIS D'ASSISE

OUVRAGES DU MÊME AUTEUR

L'Ouvrier, ses devoirs et ses droits. — Un vol. 250 p. (Périsse).

Le Chemin de fer du Faucigny. — Brochure 60 p. (Périsse).

Le Premier président G.-L. Mercier. — Brochure 100 p. (Éditée par Levée).

Réponses aux objections d'un Catholique contre le T.-O. de Saint-François. — Brochure de propagande (Œuvre de Saint-François d'Assise, 5, rue de la Santé).

Vie de Gaillard, membre de l'Institut, peintre et graveur (Œuvre de Saint-François).

Vie de Claudius Lavergne, peintre-verrier (Œuvre de Saint-François).
(En collaboration avec Ed. Chaulin.)

De l'état civil des Ordres religieux en France. — Un vol. 400 p. (Cosse et Marchal, édit.).

EN PRÉPARATION :

Vie de Mgr Vital de Oliveira, Mineur-Capucin, évêque d'Olinda au Brésil. — Un vol. 250 p. (Œuvre de Saint-François).

Notes et Souvenirs d'un ancien Magistrat (Discours et Réquisitoires, etc.).

FIORETTI

DE

SAINT FRANÇOIS D'ASSISE

Nouvelle traduction du texte italien,
publié en 1889, à Rome, par l'Imprimerie du Vatican

PAR

Le baron CHAULIN

PARIS

ŒUVRE
DE ST-FRANÇOIS D'ASSISE
5, RUE DE LA SANTÉ, XIIIe

LIBRAIRIE
CHARLES POUSSIELGUE
15, RUE CASSETTE, VIe

1901

Paris, octobre 1901.

Les « Fioretti » ou « Petites Fleurs de saint François d'Assise » ont été souvent traduites en français; l'une des meilleures et plus récentes traductions est celle de M. l'abbé Riche (Bray, éditeur), qui remonte à trente-cinq ans, et dont les éditions successives sont aujourd'hui épuisées. Ozanam, tome V de ses œuvres complètes (Lecoffre), a traduit avec son talent incontesté à peu près le quart des « Fioretti ». Actuellement il est très difficile de se procurer un exemplaire complet de ce livre, si cher aux catholiques, et aux enfants de saint François. C'est ce qui nous a engagé à publier cette nouvelle traduction.

Elle a été faite sur le texte italien, publié par M. l'abbé Amoni et imprimé à Rome, imprimerie du Vatican, en 1889. Nous nous sommes efforcé de conserver aux « Fioretti » leur caractère simple et gracieux, leur candeur et leur beauté, en serrant d'aussi près que possible le texte de cette œuvre, que la littérature italienne considère avec raison comme l'une de ses productions les plus précieuses, l'un de ses joyaux les plus rares.

Quel est l'auteur des « Fioretti »? Pour M. l'abbé Riche, les « Fioretti » ont un auteur unique, qui les a écrites cinquante ans après la mort de saint François; d'après Wadding, qui vivait au XVIIe siècle, et dont les œuvres ont été éditées à Anvers en 1622 et 1623, l'auteur, contemporain de saint Fran-

çois, serait Ugolin de Sainte-Marie. Ozanam déclare que d'après certaines conjectures, très faibles, ce serait Jean de Saint-Laurent, de la famille des Marignoli, qui fut en 1354 évêque de Bisignano.

Nous pensons que l'auteur a voulu rester inconnu, comme celui qui écrivit l'Imitation, et que ce livre dans lequel éclate la foi admirable et sincère du moyen âge, a eu plusieurs rédacteurs; nous croyons en avoir reconnu trois, au moins, d'après le style, les locutions souvent répétées, les images familières, et la construction des phrases. Mais, qu'importe?

Œuvre d'un ou plusieurs religieux Franciscains, écrivant à la fin du XIIIe siècle, ou au commencement du XIVe, c'est assurément ce que racontaient des compagnons encore vivants de saint François, des témoins oculaires, désintéressés et dignes d'une absolue confiance. Les récits ont été recueillis successivement, peu à peu; puis, mis au net, et c'est comme la résultante des efforts religieux d'un demi-siècle.

Les « Fioretti » peuvent se diviser en cinq parties: Vie de saint François et de ses compagnons; Considérations sur les stigmates; Vie du Fr. Junipère; Vie du Fr. Egide; Doctrine du Fr. Egide. Le tout est écrit avec la piété la plus angélique, et la naïveté la plus délicieuse. Les expressions sont choisies et faciles, le tour de la phrase est vivant, coloré, naturel, avec une grâce et un accent de vérité inimitables. C'est comme ces mélodies populaires exquises, écloses, on ne sait comment, de l'âme même du laboureur qui contemple la nature, l'admire et l'aime sans le savoir, mélodies que jamais un musicien de profession ne saurait inventer.

Les récits des « Fioretti » sont-ils vrais, dans le

sens précis du mot? Est-ce de l'Histoire ou de la Légende?

Il est très difficile, pour ne pas dire impossible, de préciser où finit l'Histoire et où commence la Légende. Toutes deux se font avec des témoignages oraux ou écrits. Il faut donc peser ces témoignages.

Souvent les témoins qui racontent les faits merveilleux consignés dans les « Fioretti » ne disent pas seulement ce qu'ils savent, mais ce qu'ils ont vu : ils sont enthousiastes, sans doute, mais sincères. Dès lors, pourquoi ne pas les croire?

Il ne s'agit pas de savoir, pour les catholiques, si les miracles sont possibles; ce n'est pas en discussion. Le miracle est de tous les temps, et peut-être même n'a-t-il jamais été plus fréquent qu'à notre époque de scepticisme. L'Église regarde comme indubitables la plupart des merveilles consignées dans les Vies des Saints, et toutes celles qui figurent aux procès de canonisation; elle est même plus difficile à persuader, plus prudente, que l'opinion populaire. Toutefois l'Église n'oblige pas les catholiques à croire tous les récits des « Fioretti », sans exception. Les faits principaux ne peuvent être révoqués en doute; d'autres appartiennent à la Tradition, et même à la poésie; mais tous méritent d'être appréciés par le lecteur avec piété et avec respect. C'est une épopée véritable, où se trouvent dépeints l'âme et le cœur de saint François et de ses compagnons; nous pouvons, grâce aux « Fioretti », vivre avec ces hommes sublimes, les voir, les entendre, les aimer. Mais jamais nous ne les aimerons, comme ils ont aimé l'humanité. Saint François est certainement de tous les innombrables saints que l'Église révère, celui qui nous a le plus aimés.

Et, de nos jours, l'humanité, comme au XIVe siècle, recommence à comprendre : elle va à saint François, à saint Antoine de Padoue, à sainte Claire, aux Apôtres de la Pauvreté, de l'Humilité, de la Chasteté, dans ce siècle du luxe, de l'orgueil, et des passions. On ne rit plus de la folie de la Croix; on ne se moque plus du catholicisme, de ses dogmes immuables, de ses saints, de ses martyrs : on discute sérieusement, et jamais les questions religieuses n'ont eu plus d'importance qu'aujourd'hui. L'âme humaine est tourmentée, elle cherche, elle attend; les hommes mêlés à la lutte des idées, arrivent tous à cette conclusion d'un protestant célèbre, M. Guizot : « J'ai rencontré partout deux faits, partout les mêmes, une grande complication et une grande incertitude dans les idées et les efforts. Rien n'est simple. Personne n'est décidé. Tous les problèmes et tous les doutes pèsent à la fois sur la pensée et sur la volonté. L'ambition est immense et infiniment variée; l'hésitation est générale. On dirait des voyageurs déjà très las, et qui cherchent leur route à tâtons dans un labyrinthe. »

L'humanité semble vouloir se soustraire au joug de ceux qui ne placent que des intérêts à la base de leur vie et de leurs progrès, et à l'action des politiques qui n'ont pas de principes et qui ne vivent que d'expédients. Dans le monde intellectuel un travail incessant et profond se fait aujourd'hui, qui amène peu à peu les hommes à reconnaître la divine et impérissable vitalité du catholicisme. Saint François d'Assise est une des lumières que l'homme moderne suit le plus volontiers; comme le disait en parlant des « Fioretti », un autre protestant : « La plupart des hommes passent leur vie l'âme endormie; mais, à l'appel de la sainteté, le témoin divin qui est en nous, répond aussitôt; et alors, autour de ceux qui prêchent au nom de la parole intérieure, on voit accourir de tous les points de l'horizon, de longues processions d'âmes altérées d'idéal (1). »

Cet idéal, les « Fioretti » le donneront par leur simplicité, leur fraîcheur, leur naïveté, leur poésie, et surtout par une profonde et sincère piété qui prend malgré soi, saisit, émeut, et produit ainsi des impressions de grâce, dont les fruits peuvent plus tard apparaître.

Sans doute, une traduction quelque soignée et près du texte qu'elle puisse être, fait perdre le coloris, le mouvement, la vie; mais, si l'œuvre est nécessairement imparfaite, nous espérons qu'elle contribuera cependant à développer l'amour et la vénération dont saint François est l'objet en France, au moins autant qu'en Italie. Et d'ailleurs, les Français ne font que rendre au grand Saint l'affection qu'il leur portait; jamais le Poverello d'Assise n'oublia que son prénom primitif, Jean, avait été remplacé par celui de François, imposé par son père au retour d'un voyage en France. Aussi saint François avait-il pour la langue française un goût tout spécial; il parlait français dans sa famille, chantait dans les bois des cantiques français, mendiait à Rome, en français; et, lorsqu'il faisait reconstruire l'église de Saint-Damien, c'est en français qu'il sollicitait des passants les secours nécessaires pour accomplir son œuvre.

Avec la candeur et la simplicité de son époque, le vieux moine italien cueille les vertus et les pro-

1. M. Sabatier.

diges qui émaillent la vie du séraphique Patriarche et de ses compagnons, il en fait un bouquet, et les appelle « Fioretti », petites fleurs. De ces fleurs, s'exhale, dit un saint auteur Romain, une véritable odeur de Paradis... « dai Fioretti esala un grato odore di Paradiso!... » *Puisse ce parfum agir sur les âmes! Puisse la lecture de notre modeste travail susciter à saint François des imitateurs, des disciples, des fils.*

Bon CHAULIN.

FIORETTI

DE SAINT FRANÇOIS D'ASSISE

Au nom de Notre-Seigneur Jésus-Christ crucifié, et de sa Mère la Vierge Marie, dans ce livre on a rassemblé quelques petites fleurs : les miracles et les saints exemples du glorieux petit pauvre du Christ, saint François, et de quelques-uns de ses pieux compagnons. A la louange de Jésus-Christ ! *Amen.*

Il faut d'abord considérer que le glorieux saint François, dans tous les actes de sa vie, fut semblable au Christ béni :

Comme le Christ, au début de sa prédication choisit douze apôtres, qui devaient mépriser toute chose de ce monde, et le suivre dans la pauvreté et les autres vertus ; de même, saint François, dès le commencement de la fondation de son Ordre, se choisit douze compagnons, possesseurs de la très haute Pauvreté. Et comme l'un des douze apôtres du Christ, réprouvé de Dieu, à la fin se pendit par la gorge, ainsi un des douze compagnons de saint François, qui eût nom Fr. Jean de la Chapelle, apostasia, et finalement se pendit lui-même par la gorge. Ceci est pour les élus un grand exemple, et un sujet d'humilité et de crainte; considérant que nul n'est certain de persévérer jusqu'à la fin dans la grâce de Dieu.

Comme les saints apôtres parurent à tout le monde merveilleux de sainteté, d'humilité et pleins de l'Esprit-Saint, de même les très saints compagnons de François furent des hommes d'une telle sainteté, que, depuis le temps des Apôtres jusqu'au nôtre, le monde n'eut pas d'hommes si merveilleux et si saints.

L'un d'eux fut ravi jusqu'au troisième ciel, comme saint Paul, et ce fut Fr. Égide; un autre, qui est Fr. Philippe le Long, a été touché aux lèvres par l'ange avec le charbon brûlant, comme le fut le prophète Isaïe; un autre encore, qui fut Fr. Sylvestre, parlait avec Dieu, comme le fait un ami avec son ami, de la même manière que le fit Moïse; un autre enfin s'envolait par la pénétration de son intelligence jusque dans la lumière de la divine sagesse, comme l'aigle, c'est-à-dire saint Jean l'Évangéliste, et ce fut Fr. Bernard, le très humble; ce Fr. Bernard expliquait avec une profondeur infinie la sainte Écriture. Il y eut aussi un Frère qui fut sanctifié de Dieu, et canonisé dans le ciel, alors qu'il vivait encore dans le monde, et ce fut Fr. Rufin, gentilhomme d'Assise: et c'est ainsi qu'ils furent tous privilégiés par un signe particulier de sainteté, comme la suite le fera connaître.

CHAPITRE II

Du Fr. Bernard de Quintavalle, premier compagnon de saint François.

Le premier compagnon de saint François fut Fr. Bernard d'Assise, lequel se convertit de cette manière : Saint François était encore en habit séculier, bien qu'il eût déjà rompu avec le monde. Il allait cherchant le mépris des hommes, et tout mortifié par la pénitence, au point que beaucoup le regardaient comme fou; il était raillé et chassé par ses parents et par les étrangers, qui lui jetaient des pierres et de la boue comme à un insensé : et lui, passait patiemment au milieu des injures et des railleries, comme s'il eût été sourd et muet.

Bernard d'Assise, qui était des plus nobles, des plus riches et des plus savants de la ville, commença à considérer avec sagesse, dans saint François, son extrême mépris du monde, sa grande patience à l'égard des outrages. Depuis deux ans déjà, le Saint, abhorré et méprisé de tout le monde, paraissait toujours plus inébranlable.

Bernard alors commença à réfléchir, et à se dire en lui-même : « Il est absolument impossible que ce Frère n'ait pas une grande grâce de Dieu... » et il l'invita pour le soir à souper et à loger chez lui ; saint François accepta, soupa avec lui et coucha chez lui. Alors Bernard se promit dans son cœur de contempler la sainteté de François : il lui fit préparer un lit dans sa propre chambre, où brûlait toujours, pendant la nuit, une lampe. Lors, saint François, pour cacher sa sainteté, immédiatement après être entré dans la chambre, se jeta sur le lit, et fit semblant de dormir; Bernard, de même, au bout de quelques instants, s'étendit et se mit à ronfler fortement, comme s'il dormait profondément. En sorte que saint François, croyant que Bernard dormait en ce moment du premier sommeil, se leva du lit et se mit en oraison; levant les yeux et les mains au ciel, avec une grande dévotion et ferveur, le Saint s'écria : « Mon Dieu! mon Dieu! » Et versant d'abondantes larmes, il demeura jusqu'au matin, ne cessant de redire : « Mon Dieu! mon Dieu! » et pas autre chose.

Saint François, tout en priant ainsi, contemplait et admirait intérieurement l'excellence de la Majesté divine, laquelle daignait prendre en pitié le monde alors si près de sa perte, et, s'apprêtait à procurer le salut de l'âme de François, le petit pauvre, et par lui, le salut de tant d'autres. Et c'est pourquoi, illuminé par l'Esprit-Saint, c'est-à-dire d'un esprit prophétique, prévoyant les grandes choses que Dieu devait faire par lui et par son Ordre, et considérant son insuffisance et son peu de vertu, il criait à Dieu! Le Saint suppliait le Seigneur de vouloir bien par sa bonté et toute-puissance, sans lesquelles la fragilité humaine ne peut rien, suppléer, aider, et accomplir ce que lui, François, ne pouvait faire par lui-même. Bernard, voyant à la lumière de la lampe, les signes de la très grande dévotion de saint François, et réfléchissant avec piété sur les paroles que prononçait le Saint, fut touché par l'Esprit de Dieu et inspiré de changer de vie.

Le matin étant venu, il appela saint François et lui dit : « Frère François, je suis entièrement disposé dans mon cœur à abandonner le monde, et à te suivre dans tout ce que tu me commanderas. » Entendant cela, saint François se réjouit dans son esprit, et répondit : « Bernard, ce dont vous me parlez est une œuvre si grande et si difficile, qu'il faut demander conseil à Notre-Seigneur Jésus-Christ, le prier qu'il lui plaise nous montrer en cela sa volonté, et nous enseigner comment nous pourrons la mettre à exécution. Allons donc ensemble à l'évêché, où est un bon prêtre, et faisons dire la messe ; puis, nous resterons en oraison jusqu'à Tierce, priant Dieu qu'après avoir ouvert trois fois le missel, il nous montre la voie qu'il lui plaît que nous choisissions. » Bernard répondit que cela lui agréerait ainsi. Alors, ils se mirent en route, et allèrent à l'évêché. Après avoir entendu la messe, et être restés en oraison jusqu'à Tierce, le prêtre, sur la prière de saint François, prit le missel, et ayant fait le signe de la très sainte croix, l'ouvrit, au nom de Notre-Seigneur Jésus-Christ, trois fois.

A la première ouverture se rencontra cette parole, dite par le Christ dans l'Évangile, au jeune homme qui lui demandait, la voie de la perfection : « Si tu veux être parfait, va, et vends tout ce que tu as, donne-le aux pauvres et suis-moi. » A la seconde ouverture se trouva cette parole que dit le Christ aux apôtres, lorsqu'il les envoya prêcher : « N'emportez aucune chose pour la route, ni bâton, ni sac, ni chaussures, ni argent. » Voulant leur montrer par là qu'ils devaient confier à Dieu tout le soin de leur existence, et appliquer exclusivement toutes leurs pensées à prêcher le saint Évangile. A la troisième ouverture du missel on trouva cette parole que le Christ a dite : « Celui qui veut être avec moi, doit s'abandonner sans réserve : qu'il prenne sa croix, et me suive ! »

Alors saint François dit à Bernard : « Voilà le conseil que nous donne le Christ. Va donc, et fais complètement ce que tu as entendu. Que béni soit Notre-Seigneur Jésus-Christ, lui qui a daigné nous montrer ce que doit être la vie évangélique. » Bernard obéit ; il s'en alla, et vendit tout ce qu'il avait, car il était très riche. Avec une grande allégresse, il distribua tout aux veuves, aux orphelins, aux prisonniers, aux monastères, aux hôpitaux et aux pèlerins ; saint François l'aida de ses conseils sages et assidus.

Un homme qui s'appelait Sylvestre, voyant que saint François donnait tant d'argent et en faisait tant donner aux pauvres, pressé par la cupidité, dit à saint François : « Tu ne m'as pas payé intégralement les pierres que tu m'as achetées pour réparer l'église ; maintenant que tu as de l'argent, paye-moi. » Alors, saint François, surpris de l'avarice de cet homme, et, ne voulant pas, en véritable observateur de l'Évangile, contester avec lui, mit ses mains dans le giron de Bernard, les remplit d'argent, et les vida dans le giron de Sylvestre, lui disant que s'il en voulait davantage, il lui en donnerait. Sylvestre se trouvant suffisamment payé, partit et retourna chez lui. Mais, le soir, le remords le prit ; il repensa à ce qu'il avait fait pendant la journée, et se reprocha son avarice. La ferveur de Bernard et la sainteté de saint François le touchèrent profondément. La nuit suivante, et les deux autres nuits, il eut de plus une vision : Il voyait saint François, et de la bouche du Saint, sortait une croix d'or, dont le sommet touchait le ciel, et dont les bras s'étendaient de l'orient à l'occident. A la suite de cette vision, il donna pour l'amour de Dieu tout ce qu'il avait, et se fit Frère-Mineur. Il fut dans l'Ordre d'une telle sainteté et reçut par la suite tant de grâces qu'il parlait avec Dieu comme fait un ami avec son ami, ainsi que saint François put le constater plusieurs fois. Nous reviendrons d'ailleurs plus loin sur ce sujet.

Dieu daigna accorder à Bernard tant de faveurs spirituelles, que maintes fois ce saint Frère fut ravi en extase devant Dieu : saint François disait de lui qu'il était digne de tout respect et qu'il avait réellement fondé l'Ordre des Frères-Mineurs. En effet, c'est lui qui, le premier, abandonna le monde, ne se réservant rien, donnant tout aux pauvres du Christ. Il avait commencé à pratiquer la pauvreté évangélique, en s'offrant lui-même tout nu entre les bras du Crucifié ; lequel soit par nous béni dans tous les siècles des siècles. Ainsi soit-il.

CHAPITRE III

Comment, pour une mauvaise pensée que saint François eut à l'égard du Fr. Bernard, il commanda à ce même Fr. Bernard de lui marcher par trois fois avec les pieds sur la gorge et sur la bouche.

Le très dévot serviteur du Crucifié, saint François, par suite de l'âpreté de sa pénitence et de ses larmes continuelles, avait les yeux fort malades et était devenu presque aveugle. Une fois entr'autres, il partit de l'endroit où il était pour aller trouver Fr. Bernard, afin de s'entretenir avec lui des choses divines : saint François trouva le Frère dans le bois, en oraison, ravi en extase, et tout uni à Dieu. Lors, saint François entra dans le bois, et l'appela : « Viens, disait-il ; viens parler à un aveugle ! » Mais le Fr. Bernard ne lui répondait pas ; la contemplation lui était si habituelle que, très souvent, il avait l'âme suspendue, élevée jusqu'à Dieu, et recevait alors la singulière faveur de converser avec Dieu lui-même, ainsi que saint François, plusieurs fois, fut à même de le constater. Cependant, saint François désirait absolument parler à Fr. Bernard ; aussi après un certain intervalle, il l'appela de la même manière, une seconde et une troisième fois ; Fr. Bernard ne l'entendit pas davantage, et par conséquent ne lui répondit pas, resta en extase et n'alla pas jusqu'à lui.

Saint François retourna sur ses pas, un peu désolé, s'étonnant et se lamentant en lui-même, de ce que Fr. Bernard, appelé par trois fois, n'était pas venu le trouver. Tourmenté par cette pensée, saint François, lorsqu'il se fut un peu éloigné du bois, dit à son compagnon : « Attends-moi là ! » Se retirant non loin de là dans un lieu solitaire, il se jeta en oraison, priant Dieu de lui révéler pourquoi le Fr. Bernard ne lui avait pas répondu. Pendant qu'il priait, une voix de Dieu arriva jusqu'à lui, et lui dit : « O pauvre petit homme, de quoi es-tu troublé ? L'homme doit-il laisser Dieu pour la créature ? Fr. Bernard, quand tu l'appelais, était en union avec moi ; il ne pouvait donc ni venir à toi, ni te répondre ; il était si hors de lui-même, que de toutes tes paroles, il n'en a pas entendu une seule ! »

Ayant reçu cette réponse de Dieu, saint François retourna immédiatement et en toute hâte vers le Fr. Bernard, pour s'accuser avec humilité de la pensée qu'il avait eue à son égard. Le voyant venir à lui, le Fr. Bernard alla à sa rencontre, et se jeta à ses pieds : saint François le releva, lui avoua avec une grande humilité les réflexions qui l'avaient si fort troublé, et comment Dieu lui avait répondu ; puis il conclut ainsi : « Je t'ordonne, au nom de la sainte obéissance, de faire tout ce que je te commanderai. » Fr. Bernard, craignant que saint François ne lui prescrivit quelque chose d'excessif, comme il avait l'habitude de le faire, voulut honnêtement éviter d'obéir; et lui répondit de cette façon : « Je suis tout prêt à vous obéir si, de votre côté, vous me promettez aussi de faire ce que je vous commanderai. » Saint François l'ayant promis, Fr. Bernard lui dit : « Maintenant, dites-moi, Père, ce que vous voulez que je fasse. »

Alors saint François lui dit : « Je te commande au nom de la sainte obéissance, pour me punir de mon orgueil et de l'audace de mon cœur, lorsque je me jetterai par terre à la renverse, de me mettre un pied sur la gorge et l'autre sur la bouche, par trois fois tu passeras ainsi sur moi d'un côté à l'autre, en m'accablant des outrages et des reproches que j'ai mérité. Spécialement je veux que tu me dises : « Reste « là, étendu, manant, pauvre fils de Pierre Ber« nardone! D'où te viens tant d'orgueil, à toi « qui est une si vile créature ? »

Entendant cela, Fr. Bernard, bien qu'il lui fût très dur de le faire, accomplit, uniquement pour observer la sainte obéissance et avec le plus de précautions possible, ce que saint François lui avait commandé.

Quand ce fut fait, saint François lui dit : « Maintenant, commande-moi ce que tu veux que je fasse, puisque je t'ai promis l'obéissance. » Fr. Bernard répondit : « Je te commande, par la sainte obéissance, que toutes les fois que nous serons ensemble, tu me reprennes et tu me corriges de mes défauts, très rudement. » Saint François fut très fortement étonne; car Fr. Bernard était d'une si grande sainteté, que le Saint lui-même le vénérait, et ne pensait pas que ce Frère pût être répréhensible en quoi que ce fût. Saint François, dès lors, se gardait bien de rester longtemps avec Fr. Bernard, lui ayant promis l'obéissance; et néanmoins ne pouvant trouver aucune parole de reproche envers celui qu'il savait être si saint et si parfait, quand il avait le désir de le voir, ou de l'entendre parler de Dieu, au bout de quelques instants, il se séparait de lui et s'éloignait rapidement.

C'était une très grande édification de voir avec quelle charité, quelle vénération et quelle humilité, saint François, le père, avait l'habitude de parler à Fr. Bernard, son fils premier-né. A la louange et gloire de Jésus-Christ et du pauvre petit François. Ainsi soit-il.

CHAPITRE IV

Comment l'ange de Dieu proposa une question à Fr. Élie, gardien d'un couvent au val de Spolète, et comment Fr. Élie lui ayant répondu avec orgueil, l'ange partit et alla sur le chemin de Saint-Jacques, où il trouva Fr. Bernard, et lui fit le récit de ce qui venait de se passer.

Au début de l'Ordre, quand il n'y avait que peu de Frères, et qu'ils n'étaient pas fixés dans les couvents, saint François pour sa dévotion alla à Saint-Jacques en Galice. Il emmena avec lui quelques Frères, parmi lesquels était Bernard. Comme ils allaient ensemble par les chemins, le Saint trouva sur sa route un pauvre malade, duquel ayant compassion, il dit au Fr. Bernard : « Mon fils, je veux que tu restes ici à servir ce malade! » Le Fr. Bernard, s'agenouillant humblement, et inclinant la tête, reçut l'ordre du Père saint, et resta sans continuer son voyage. Saint François avec les autres compagnons allèrent à Saint-Jacques.

Lorsqu'ils y furent tous réunis, et alors qu'ils se tenaient pendant la nuit en oraison dans l'église Saint-Jacques, Dieu révéla à saint François qu'il établirait beaucoup de couvents par le monde, et lui fit connaître que l'Ordre des Frères-Mineurs devait s'accroître, s'étendre et compter une grande multitude de religieux. A la suite de cette révélation, saint François commença par fonder des couvents dans toute la contrée; puis, revenant par le chemin qu'il avait pris auparavant, il retrouva Fr. Bernard, et le malade, avec lequel il l'avait laissé, parfaitement guéri; aussi saint Francois permit-il au Fr. Bernard d'aller l'année suivante à Saint-Jacques. Le Saint retourna à la vallée de Spolète, et demeura dans un couvent solitaire, avec Fr. Massée, Fr. Élie et d'autres Frères; tous se gardaient bien d'importuner ou de troubler saint François quand il était en oraison; et ils agissaient ainsi à cause du grand respect qu'ils lui portaient, et parce qu'ils savaient que Dieu lui révélait de grandes choses pendant qu'il priait.

Il arriva qu'un jour, pendant que saint François était en oraison dans le bois, un beau jeune homme, en habit de voyage, se présenta à la porte du couvent, et frappa si rapidement, si fort, et pendant si longtemps, que les Frères s'étonnèrent beaucoup de cette manière inusitée de frapper.

Fr. Massée alla, ouvrit la porte, et dit au jeune homme : « D'où viens-tu, mon fils? il ne semble pas que tu sois jamais venu ici, toi qui frappes d'une façon si extraordinaire? » Le jeune homme répondit : « Et comment doit-on frapper? » Le Fr. Massée dit : « Frappe trois fois, l'une après l'autre, en laissant un intervalle; attends que le Frère ait dit un *Pater noster*, et vienne à toi. Et si, dans cet intervalle, il ne vient pas, frappe une autre fois. » Le jeune homme répondit : « Je suis très pressé; et si j'ai frappé avec tant de force, c'est que j'ai à faire un long voyage, et que je suis venu ici pour parler à Fr. François; mais il est en ce moment dans le bois en contemplation, et je ne veux pas le troubler. Va, et envoie-moi Fr. Élie, je veux lui poser une question parce que je sais qu'il est très savant. »

Le Fr. Massée se rend immédiatement auprès du Fr. Élie et lui dit qu'il aille trouver ce jeune homme; mais lui s'emporte et refuse de se déranger. Lors, le Fr. Massée ne sait plus que faire, ni que répondre au jeune homme : s'il dit que le Fr. Élie ne peut venir, c'est un mensonge; s'il dit que le Fr. Élie est irrité et ne veut pas venir, il craint de donner mauvais exemple.

Or, comme Fr. Massée hésitait à retourner, le jeune homme frappa encore à la porte comme la première fois; peu d'instants après, Frère Massée alla à la porte, et dit au jeune homme : « Tu n'as pas observé ma recommandation sur la manière de frapper. » Le jeune homme répondit : « Le Fr. Élie ne veut pas venir jusqu'à moi; mais va, et dis au Fr. François que je suis venu pour parler avec lui; mais comme je ne veux pas l'interrompre dans son oraison, dis-lui qu'il m'envoie Fr. Élie. »

Alors Fr. Massée alla trouver saint François qui priait dans le bois, le visage levé vers le ciel, il lui dit le message du jeune homme, et la réponse du Fr. Élie. Or, ce jeune homme était un ange de Dieu, sous une forme humaine.

Saint François, sans changer de place, et sans baisser le visage, dit à Fr. Massée : « Va, et dis à Fr. Élie que, par obéissance, il aille sur-le-champ trouver ce jeune homme. »

Fr. Élie, entendant l'ordre de saint François, alla à la porte, très irrité, et l'ouvrit avec grand emportement et grand bruit, et dit au jeune homme : « Que veux-tu ? » Le jeune homme répondit : « Garde-toi, Frère, de te mettre en colère comme tu sembles l'être ; car la colère est une entrave pour l'âme et ne lui permet pas de discerner la vérité. » Le Fr. Élie lui dit : « Dis moi ce que tu veux de moi ? » Le jeune homme répondit : « Je veux te demander s'il est permis aux observateurs du saint Évangile de manger ce qu'on leur présente devant eux, selon ce qu'a dit le Christ à ses disciples, et s'il est permis de mettre en avant quoi que ce soit de contraire à la liberté évangélique. » Fr. Élie répondit avec orgueil : « Je sais parfaitement tout cela, mais je ne veux pas te répondre ; passe ton chemin. » Le jeune homme dit : « Je saurais mieux répondre à cette question que toi. »

Fr. Élie, irrité, ferma la porte avec violence et s'en alla, puis il commença à penser à cette question, et à douter en lui-même de la solution qu'on en pouvait donner. Il comprit qu'en réalité il ne savait pas la résoudre : en effet, étant vicaire de l'Ordre, il avait ordonné et établi par une constitution qui dépassait les prescriptions de l'Évangile et celles de la Règle de saint François, qu'aucun Frère ne mangerait de viande, et c'est ainsi que la question proposée était formellement contre lui.

Ne sachant donc trouver un éclaircissement en lui-même, et considérant la modestie du jeune homme, se rappelant que celui-ci lui avait dit qu'il saurait répondre à cette question mieux que lui, Fr. Élie retourna à la porte, et l'ouvrit pour interroger le jeune homme sur la question; mais il était déjà parti, car l'orgueil de Fr. Élie n'était pas digne de parler avec un ange. Ceci fait, saint François à qui toute chose était révélée par Dieu, revint du bois, et reprit fortement et à haute voix Fr. Élie, lui disant : « Vous faites mal, Frère Élie l'orgueilleux, vous qui chassez de chez nous les anges saints venus ici pour nous instruire : Je vous dis que je crains fort que votre orgueil ne vous fasse finir hors de cet Ordre. » Et cela lui arriva par la suite, comme saint François le lui avait dit; car il mourut en dehors de l'Ordre.

Au même jour et à la même heure où l'ange avait disparu, il se montra sous la même forme à Fr. Bernard qui revenait de Saint-Jacques, et qui se trouvait sur la rive d'un grand fleuve; et il le salua dans sa langue, disant : « Que Dieu te donne la paix, ô bon Frère! » Le bon Fr. Bernard s'étonnant fortement, considérant la beauté du jeune homme et le langage de sa patrie, dont celui-ci se servait pour le saluer pacifiquement, avec un joyeux visage, lui demanda : « D'où viens-tu, bon jeune homme? » L'ange répondit : « Je viens de ce couvent où demeure saint

François; j'étais allé pour parler avec lui; mais je ne l'ai pas pu, parce qu'il était dans le bois, contemplant les choses divines, et je n'ai pas voulu l'interrompre. Dans ce couvent demeurent Fr. Massée, Fr. Égide et Fr. Élie; Fr. Massée m'a appris à frapper à la porte, comme le fait un Frère. Mais Fr. Élie ne voulut pas répondre à la question que je lui ai proposée, et s'en alla; puis il est revenu, a voulu m'entendre et me voir : il n'a pas pu. »

Après ces paroles, l'ange dit à Fr. Bernard : « Pourquoi ne passes-tu pas par là ? » Fr. Bernard répondit : « Parce que je crains d'être en danger à cause de la profondeur des eaux que je vois distinctement. » L'ange dit : « Passons ensemble, ne crains rien », il le prend par la main et, en un clin d'œil, le pose de l'autre côté du fleuve. Alors Fr. Bernard connut qu'il était l'ange de Dieu, et avec un grand respect et une grande joie, il dit à haute voix : « O ange béni de Dieu, dis-moi quel est ton nom ? » L'ange répondit : « Pourquoi me demandes-tu mon nom ? il est *Merveilleux*. » Après avoir dit cela, l'ange disparut, laissa Fr. Bernard grandement consolé; le Frère acheva sa route dans une grande allégresse, remarquant exactement le jour et l'heure auxquels l'ange lui était apparu. Et, arrivant au couvent où était saint François avec ses compagnons cités plus haut, il leur raconta toutes choses avec beaucoup d'ordre; ils reconnurent avec certitude que c'était un même ange qui, à cette même heure et à ce même jour, était apparu à eux et à lui.

CHAPITRE ADDITIONNEL *A* (1)

Comment le glorieux François obtint l'église de Sainte-Marie des Anges, située en dehors d'Assise.

Le glorieux Père saint François, voyant le nombre de ses Frères s'accroître et se multiplier, par la volonté du Seigneur Dieu, commença à en parler autour de lui, disant : « Mes chers Frères et mes aimés fils en Jésus-Christ, notre béni Seigneur veut que notre pauvre petite famille se multiplie. Aussi me semble-t-il bon de demander une église à Mgr l'évêque, ou aux chanoines de Saint-Rufin, ou bien encore à l'abbé de Saint-Benoît; et, près de l'église, une petite maison construite en terre et en argile, ou bien en chaux recouverte de branches d'osier, dans laquelle les Frères puissent reposer et apprêter ce qui leur sera nécessaire; dans l'église nous rendrons grâces à Notre-Seigneur Dieu, nous dirons l'office, nous pleurerons dévotement nos péchés et nous prierons Dieu pour les pécheurs.

1. Ce chapitre, ainsi que les deux suivants, nous sont donnés à cette place par le manuscrit de la « Bibliothèque angélique » : comme ces chapitres ne sont pas reproduits dans les éditions courantes des *Fioretti*, nous ne les avons pas numérotés, afin de ne pas déranger l'ordre traditionnel. On remarquera leur importance, et c'est pourquoi nous avons tenu à les insérer.

Nous pourrons alors prier plus facilement, appliquer la discipline à notre misérable chair, faire quelque bien aux âmes et leur procurer le salut; ainsi nous plairons au Seigneur qui favorisera l'accroissement de notre Ordre.

« Nous ne sommes pas bien dans ce couvent, il ne me semble pas convenable; il est en effet bien petit, cet endroit qu'on appelle *Rivo Torto*. C'est à peine si les Frères peuvent se remuer, et nous n'y avons aucune église où nous puissions dire l'office, louer Dieu et sa très sainte Mère, que nous supplions sans cesse de vouloir bien nous servir d'avocate. Aussi je veux que tous mes Frères d'aujourd'hui, et tous ceux qui viendront à l'avenir dans l'Ordre, honorent toujours la Mère du Sauveur, l'exaltent de toutes les façons, par tous les moyens en leur pouvoir, et aient pour Elle la plus grande dévotion et la plus profonde vénération. Enfin, j'entends que nous soyons toujours ses serviteurs fidèles.

« Et, si nous passions de cette vie présente à la vie future, comment pourrions-nous donner la sépulture à nos morts? et administrer les sacrements de notre sainte Église? Aussi, mes très chers Frères, je viens vous demander ce que vous pensez de la situation que je vous expose? »

Les Frères, ayant entendu le glorieux saint François, dirent immédiatement : « Qu'il soit fait comme tu le désires, et nous remercierons Dieu de ce qu'il nous donnera. » Alors le bienheureux saint François se mit en route avec quelques-uns de ses compagnons, et alla trouver l'évêque de cette cité d'Assise, lui répétant ce qu'il avait dit à ses Frères; l'évêque lui répondit qu'il n'avait aucune église à lui donner.

Saint François comprenant que c'était la volonté de Dieu, lui demanda sa bénédiction et s'en alla trouver les chanoines seigneurs de Saint-Rufin, leur tenant le même langage; les chanoines répondirent avec orgueil : « Va-t'en en paix; nous ne voulons pas que tu aies d'église ni de couvent. Va-t'en servir dans les hôpitaux, où il y a tant de malades! »

En quittant les seigneurs chanoines, saint François se rendit immédiatement auprès de l'abbé de Saint-Benoît du mont Subasio. Cet abbé, voyant arriver saint François si mortifié, ressentit sur-le-champ un grand attachement pour lui, et sachant d'ailleurs que le Saint avait abandonné sa position et sa fortune pour servir Dieu, se mit à verser des larmes de compassion et de piété. Puis, l'abbé demanda à saint François ce qu'il venait ainsi chercher; le Bienheureux lui répondit qu'il avait été demander à l'évêque et aux seigneurs chanoines la jouissance d'une église, sans pouvoir l'obtenir; aussi priait-il l'abbé de bien vouloir lui en concéder une où les Frères puissent servir Dieu humblement.

Après l'avoir écouté attentivement, l'abbé lui répondit : « Attendez ici la venue de mes religieux; je veux réunir le chapitre, le consulter, puis je vous répondrai. » A ces mots, le bienheureux François se mit en prières, avec ses Frères, pour demander à Dieu d'exaucer leurs désirs.

L'abbé réunit le chapitre, et présente aux moines la supplique du serviteur de Dieu; il leur demande d'accorder aux Frères-Mineurs cette église en ruines et abandonnée qui s'appelait Sainte-Marie des Anges, et qui était située à deux milles environ d'Assise. Après avoir écouté leur Supérieur, et sachant quelle était la sainteté du bienheureux François, tous les moines furent émus jusqu'aux larmes, et répondirent unanimement à l'abbé : « Père, fais tout ce qu'il te plaira; nous serons très heureux de faire la convention suivante : Si Dieu permet que l'Ordre des Frères-Mineurs se multiplie, saint François promettra que cette église soit toujours appelée la tête de son Ordre, et la première de toutes les autres églises. »

Le chapitre terminé, l'abbé manda le bienheureux François, et, avec beaucoup d'affectueuses paroles, lui concéda l'église de Sainte-Marie des Anges de la Portioncule; c'était la plus pauvre de tout le comté d'Assise. L'abbé ajouta que le désir des moines était que cette église fût appelée la tête et la première de toutes les autres églises de l'Ordre. Saint François le promit, très joyeux du don qui lui était fait. Cette église qui portait le nom, ainsi qu'il vient d'être dit, de Sainte-Marie des Anges de la Portioncule, était ainsi appelée depuis les temps les plus reculés. Saint François disait : « Dieu a voulu que cette église fût concédée la première aux Frères-Mineurs, et qu'ils n'aient pas à la construire à neuf; il faut que la prophétie concernant leur apparition sur la terre s'accomplisse : ils doivent être toujours pauvres, et toujours consacrés à la Reine du ciel. »

CHAPITRE ADDITIONNEL *B*

Comment saint François eut une vision céleste dans l'église Sainte-Marie des Anges.

Après avoir quitté l'abbé de Saint-Benoît, saint François dit à Fr. Massée de Marignan : « Allons tous deux voir cette église que l'abbé vient de nous donner ! » Arrivés dans l'église, ils virent qu'elle était peuplée d'orties et d'épines; devant la porte était un tronc de figuier sous lequel saint François se reposa et se mit à dormir. Puis il lui sembla qu'il était en oraison, et voici que lui apparurent le Christ avec sa Mère; le Christ lui dit : « Mon François, les pays d'outre-mer où je suis né, Nazareth, Bethléem, Jérusalem, et toute la Terre sainte, ces contrées qui sont l'héritage de ma Mère, sont occupées depuis bien longtemps par les Sarrazins, pour les péchés des mauvais chrétiens. Il est juste que tu aies ta part d'héritage; aussi, je veux que tu réédifies ces constructions, et que tu en aies grand soin. C'est ainsi que ma Mère sera honorée ici de tous les chrétiens fidèles, par votre intermédiaire et vos bonnes œuvres. »

En entendant ce que lui disait le Christ, saint François éprouva une consolation infinie; revenant à lui, il appela immédiatement Fr. Massée, qui était demeuré en oraison dans le bois voisin de l'église, et lui raconta avec une extrême joie l'apparition dont il avait été favorisé. Frère Massée s'en émerveilla. Puis, le bienheureux François lui dit : « Va de suite trouver nos Frères, et dis-leur que nous devons demeurer ici par ordre de Dieu et de sa Mère, la Vierge Marie. » Fr. Massée obéit, et alla répéter tout ce qui venait de se passer aux Frères ; ceux-ci, pleins d'allégresse, partirent et vinrent trouver le glorieux saint François, avec tous leurs pauvres petits bagages, ainsi que leur Père le leur avait ordonné.

Cette apparition a été racontée par Fr. Massée à Fr. Marin, son neveu ; et c'est sous la dictée de Fr. Marin que nous l'avons écrite.

Le nombre des Frères de Sainte-Marie des Anges s'accrut de jour en jour, et leur réputation de sainteté se répandit par toute la ville d'Assise, et par tous les pays de la vallée de Spolète. Les habitants du pays voyant combien ces Frères étaient saints, commencèrent par suivre leurs bons exemples ; puis ils réédifièrent l'église, de telle façon que les Frères s'y trouvèrent fort bien. L'abbé avait donné l'église et le terrain à saint François, très libéralement, sans demander le paiement d'un prix quelconque ; cependant le Saint voulut que l'église demeurât la propriété de l'abbé, et que chaque année, comme loyer, les Frères donnassent à l'abbé une écuelle ou un petit baquet, plein de poissons appelés gardons ; les Frères, en effet, ne peuvent rien avoir qui soit à eux, et dont la propriété n'appartienne pas à autrui.

Lorsque les Frères portaient ces poissons dans le petit baquet aux moines, ceux-ci leur donnaient à leur tour du pain, du vin, et même de l'huile, de façon que si les Frères avaient besoin de quoi que ce fût à l'avenir, ils n'ignorassent pas où il fallait aller pour recevoir des aumônes. Aussi faut-il louer et remercier, à cause de sa générosité, cet Ordre si saint de Saint-Benoît, qui, le premier, a été le soutien des Frères-Mineurs, leur prodiguant les aumônes, et ne les laissant manquer de rien de ce qui leur était nécessaire.

CHAPITRE ADDITIONNEL C

Comment Dieu révéla à saint François qu'il devait aller trouver le pape Honorius pour obtenir les indulgences.

Pendant que saint François était à Sainte-Marie des Anges, il lui fut une fois révélé par le Seigneur Dieu qu'il fallait aller trouver messire Honorius III Souverain Pontife, qui était alors à Pérouse, afin d'obtenir de lui une indulgence en faveur de l'église que saint François avait fait réparer.

Lorsque le matin fut venu, saint François se leva, appela Fr. Massée de Marignan d'Assise, lui dit la vision dont il avait été favorisé, et tous deux allèrent trouver le Souverain Pontife. S'adressant au Saint-Père, saint François lui dit : « Je viens, très saint Père, de faire reconstruire tout récemment une église dans la plaine d'Assise, en l'honneur de la Vierge Marie; je prie votre Sainteté de bien vouloir, pour l'amour de Dieu, accorder à cette église l'indulgence plénière sans aucune offrande. »

Après avoir écouté le Saint, le Pape lui répondit : « Je ne peux faire ce que tu me demandes : il faut que celui qui sollicite une indulgence la mérite; la main doit agir pour être récompensée, c'est-à-dire que l'on doit faire l'aumône. Cependant, dis-moi pour combien d'années tu voudrais cette indulgence. » Le serviteur de Dieu, François, répondit : « Bienheureux Père, je ne demande pas à votre Sainteté de m'accorder des années, mais des âmes. » Le Pape répliqua qu'il ne comprenait pas ce que désirait le Saint; alors François reprit : « Je voudrais, si cela plaît à votre Sainteté, que tout chrétien qui entrera dans cette église, contrit et confessé, soit absous de tous ses péchés, que toute faute et toute peine lui soient remises, au ciel et sur la terre, depuis le jour de son baptême, jusqu'au jour et à l'heure à laquelle cette personne entrera dans l'église. »

Le Saint-Père lui répondit : « C'est une grande faveur que tu me demandes, François, et il n'est pas dans les usages de la cour de Rome d'accorder une indulgence pareille! » Le bienheureux François reprit : « Ce n'est pas de ma part que je viens vous demander cette indulgence, mais de la part de celui qui m'envoie, et qui est Notre-Seigneur Jésus-Christ. » Alors le Pape, subitement inspiré par Dieu, lui dit : « Il nous plaît que tu obtiennes ce que tu nous demandes. En entendant le Saint-Père parler ainsi, les cardinaux qui étaient présents dirent : « Considérez, Saint-Père, que si vous accordez une indulgence semblable, vous diminuez l'importance de celles qu'on peut gagner en Terre sainte. » Mais le Pape leur répondit : « Nous avons donné et concédé cette indulgence, et nous ne pouvons ni ne voulons défaire ce que nous avons fait. Mais nous la voulons restreindre en ce sens qu'elle ne durera qu'un jour chaque année. » Puis, il fit appeler le bienheureux François, et lui dit : « Nous accordons que tout chrétien qui ira à cette église et y entrera, bien contrit et confessé, soit absous de toute faute, et que toute peine lui soit remise. Nous voulons que cette indulgence soit valable une fois par an, et à perpétuité, et seulement pendant un jour, à partir des vêpres, du premier août, toute la nuit, jusqu'au soir du jour suivant. » Ayant obtenu cette immense faveur, saint François inclina la tête devant le Pape en signe de remerciement et pour prendre congé. Le Saint-Père, le voyant partir, le rappela, disant : « O âme simple, où vas-tu? Tu n'emportes donc pas avec toi la preuve de la concession d'indulgence que tu viens de recevoir? » Le bienheureux François répondit : « Votre parole me suffit. Et si c'est l'œuvre de Dieu, il saura le manifester. Et je ne veux pas d'autre preuve que celle-ci : la Vierge Marie sera le papier du contrat, le Christ sera le notaire, et les anges seront les témoins. »

Il partit ensuite de Pérouse, et retourna à Assise. Au milieu de la route parcourue, le Saint se reposa avec son compagnon dans un endroit où était et où est encore aujourd'hui une maison destinée aux lépreux; puis, il se réveilla, et, après avoir fait oraison, il appela son compagnon et lui dit : « Frère Massée, je t'affirme de la part de Dieu que l'indulgence accordée à mes prières par le Souverain Pontife, est confirmée dans le ciel. »

Tout ceci a été raconté par Fr. Marin, neveu de Fr. Massée; Fr. Marin en avait entendu bien souvent le récit de la bouche même de son oncle. Ce Fr. Marin passa de la vie présente à une vie meilleure, chargé d'années, et en odeur de sainteté, en 1308. Amen.

CHAPITRE V

Comment le saint Fr. Bernard d'Assise fut par saint François envoyé à Bologne, et là fonda un couvent.

Or, saint François et ses compagnons étaient appelés et choisis par Dieu, pour porter dans leurs cœurs et leurs actions, et pour prêcher par leurs paroles la croix du Christ; ils paraissaient et ils étaient réellement des hommes crucifiés par leur habit, leur vie austère, leurs actes et leurs œuvres; aussi désiraient-ils bien plus supporter la honte et les opprobres pour l'amour du Christ, que d'obtenir les honneurs du monde, les respects ou les louanges des hommes; des outrages, ils se réjouissaient; des honneurs, ils s'affligeaient : c'est ainsi qu'ils s'en allaient par le monde, comme des pèlerins et des étrangers, ne portant avec eux autre chose que Jésus-Christ crucifié.

Et, parce qu'ils étaient de véritables branches de la vraie vigne, qui est le Christ, ils produisaient de grands et bons fruits dans les âmes qu'ils gagnaient à Dieu.

Il arriva qu'au commencement de l'Ordre, saint François envoya Fr. Bernard à Bologne, afin que, selon la grâce divine, il y fît une récolte de fruits pour Dieu. Alors, Fr. Bernard, faisant le signe de la très sainte croix, au nom de la sainte obéissance, partit et arriva à Bologne.

Les enfants, le voyant vêtu d'un habit inusité et grossier, lui adressaient beaucoup de railleries et d'injures, comme on ferait à un fou. Fr. Bernard supporta avec patience et allégresse toutes ces choses pour l'amour du Christ; et même, afin d'être mieux tourmenté, il s'arrêta exprès sur la place de la ville, où s'étant assis, beaucoup d'enfants et d'hommes se rassemblèrent autour de lui et lui tiraient le capuchon, les uns par derrière, les autres par devant; ils lui jetaient qui de la poussière, qui des pierres, et le poussaient de-çi de-là : lors Fr. Bernard, toujours de la même façon et avec la même patience, ayant le visage joyeux, ne se plaignait pas, et ne changeait pas de place. Pendant plusieurs jours il revint au même lieu, pour avoir à supporter les mêmes outrages.

Comme la patience est une œuvre de perfection et une preuve de vertu, un savant docteur ès-lois, voyant tant de constance et de vertu chez Fr. Bernard qui n'était troublé par aucun tourment, ni aucune injure, pendant tant de jours, et réfléchissant, se dit en lui-même : « Il est impossible que celui-ci ne soit pas un saint homme! » S'approchant de lui, il lui demanda : « Qui es-tu? et pourquoi es-tu venu ici? » Fr. Bernard, pour toute réponse, mit la main dans son sein et en tira la Règle de saint François, en lui disant : « Lis cela! » Dès que le docteur en eut fait la lecture, considérant le sublime état de perfection auquel on pouvait parvenir par cette Règle, il se tourna avec une grande stupeur et une grande admiration vers ceux qui l'accompagnaient, et dit : « Véritablement ceci est l'état de religion le plus élevé dont j'aie jamais entendu parler; aussi, celui-ci et ses compagnons sont les hommes les plus saints de ce monde; et qui les injurie commet un grand péché. Il faudrait honorer grandement cet homme, car c'est un véritable ami de Dieu! » Lors, il dit à Fr. Bernard : « Si vous voulez fonder ici un couvent dans lequel vous puissiez servir Dieu aisément, moi, pour le salut de mon âme, je vous le donnerai volontiers. » Fr. Bernard répondit : « Seigneur, je crois que ceci vous a été inspiré par Notre-Seigneur Jésus-Christ; aussi, votre offre, je l'accepte volontiers en l'honneur du Christ. » Alors le juge, avec une grande allégresse et une grande charité, conduisit Fr. Bernard dans sa maison; puis il lui donna le couvent qu'il avait promis, le répara et l'acheva complètement, à ses frais; et dès lors, devint le père et le défenseur spécial de Fr. Bernard et de ses compagnons.

Fr. Bernard, par sa sainte manière de vivre, commença à être grandement honoré de tous, si bien que, se croyait fort heureux, quiconque pouvait le toucher ou le voir. Mais lui, comme vrai disciple du Christ et de l'humble saint François, craignant que les honneurs du monde ne fussent un obstacle à la paix et au salut de son âme, partit un jour, retourna vers saint François, et lui dit : « Père, le couvent est fondé dans la ville de Bologne; envoyez-y des Frères qui le soutiennent et y demeurent; car moi, je n'y faisais plus de profit; et même par les trop grands honneurs qui m'y sont faits, je crains de perdre plus que je ne gagnerais. » Alors saint François comprenant que toutes choses étaient disposées par Dieu, dont Fr. Bernard n'était que l'instrument, remercia le Seigneur de ce qu'il avait commencé à étendre le nombre des pauvres disciples de la Croix; puis il envoya à Bologne et en Lombardie plusieurs de ses compagnons qui établirent beaucoup de couvents, en divers endroits.

CHAPITRE VI

Comment saint François bénit le saint Fr. Bernard, et le laissa son vicaire quand il vint à passer de cette misérable vie.

Fr. Bernard était d'une si grande sainteté que saint François lui portait un grand respect, et souventes fois le louait. Un jour que saint François se tenait dévotement en oraison, il lui fut révélé de Dieu que Fr. Bernard, par une permission divine, devait soutenir de nombreux et vifs combats contre les démons : dès lors, saint François, ayant grande compassion du Fr. Bernard, qu'il aimait comme son fils, pendant bien des jours pria avec des larmes, suppliant Dieu pour le Frère, et le recommandant à Jésus-Christ, pour qu'il voulût bien lui donner la victoire sur le démon.

Un jour que saint François priait de cette façon dévotement, Dieu lui répondit : « François, ne crains rien; car, toutes les tentations par lesquelles Fr. Bernard doit être assailli, sont permises par Dieu, comme exercice de sa vertu et couronne de son mérite; et finalement, sur tous ses ennemis, il remportera la victoire, parce qu'il est un des commissaires du royaume du ciel. » De cette réponse, saint François eut une grande allégresse et remercia Dieu : et, dès ce moment, il porta à Fr. Bernard une affection et un respect encore plus grands. Il le lui montra bien, non seulement pendant sa vie, mais encore au moment où il était près de la mort.

En effet, saint François approchant de son trépas, comme le saint patriarche Jacob, ses dévots fils se tenant autour de lui, accablés de douleur et dans les larmes en voyant partir un si aimable père, il demanda : « Où est mon fils aîné? Viens près de moi, mon fils, pour que mon âme te bénisse, avant que je ne m'en aille. » Alors Fr. Bernard, dit tout bas à Fr. Élie, lequel était vicaire de l'Ordre : « Père, va à la droite du Saint pour qu'il te bénisse. » Et Fr. Élie s'étant placé à la droite, saint François, qui avait perdu la vue en répandant trop de larmes, posa la main droite sur la tête de Fr. Élie, et dit : « Ce n'est pas la tête de mon fils aîné, Fr. Bernard. » Alors, Fr. Bernard alla à lui du côté gauche, et saint François mit ses bras en croix, puis, posa la main droite sur la tête de Fr. Bernard, et la gauche sur la tête de Fr. Élie, et dit à Fr. Bernard : « Que Dieu le Père de Notre-Seigneur Jésus-Christ te bénisse, en toute bénédiction spirituelle et céleste, dans le Christ! Tu es le fils aîné, choisi dans cet Ordre saint pour donner l'exemple évangélique, et pour suivre le Christ dans la pauvreté évangélique. Non seulement tu as donné ton bien et tu l'as distribué intégralement et libéralement aux pauvres pour l'amour du Christ, mais aussi tu t'es toi-même offert à Dieu dans cet Ordre, en sacrifice de suavité. Sois donc béni au nom de Notre-Seigneur Jésus-Christ, et en mon nom, moi qui suis son pauvre serviteur, d'éternelle bénédiction, dans tes marches, et tes séjours, et tes voyages, et ton sommeil, et ta vie, et ta mort; que celui qui te bénira soit rempli de bénédictions; que celui qui te maudira ne reste pas sans punition. Sois le premier de tes Frères, et qu'à ton commandement tous tés Frères obéissent. Aie le pouvoir de recevoir dans cet Ordre qui tu voudras; qu'aucun Frère n'ait de supériorité sur toi, et qu'il te soit permis d'aller et de rester où il te plaira! »

Et depuis la mort de saint François, les Frères aimaient et respectaient Fr. Bernard comme un père vénérable; et, quand il vint à mourir, arrivèrent près de lui un grand nombre de Frères de diverses parties du monde, parmi lesquels vint le séraphique et divin Fr. Égide. Celui-ci, voyant Fr. Bernard, lui dit avec une grande allégresse : « *Sursum corda*, Frère Bernard, *Sursum corda!* » et Fr. Bernard dit en secret à un Frère qu'il préparât pour Fr. Égide un endroit propice à la contemplation : et ceci fut fait.

Fr. Bernard étant à sa dernière heure, se fit mettre debout, et parla aux Frères qui étaient devant lui, disant : « Chers Frères, je ne veux pas vous dire beaucoup de choses; mais vous devez considérer que cet état de religion que j'ai eu, vous l'avez; que ce que j'ai en ce moment, vous l'aurez; et je trouve ceci dans mon âme, que pour mille mondes semblables à celui-ci, je ne voudrais pas avoir servi un autre Maître que

Notre-Seigneur Jésus-Christ ; et, de toute faute que j'ai faite, je m'accuse, j'en demande pardon à mon Sauveur Jésus et à vous. Priez, mes Frères bien chers, que vous vous aimiez les uns les autres. » Et après ces paroles, et d'autres bonnes exhortations, se replaçant sur son lit, son visage devint resplendissant et empreint d'une vive allégresse. Tous les Frères s'en émerveillèrent, et ce fut dans cette joie que son âme très sainte, couronnée de gloire, passa de la vie présente à la vie bienheureuse des anges.

CHAPITRE VII

Comment saint François fit le carême dans une île du lac de Pérouse, où il jeûna quarante jours et quarante nuits, et ne mangea que la moitié d'un pain.

Le véritable serviteur du Christ saint François, étant en certaines choses comme un autre Christ donné au monde pour le salut du genre humain, Dieu le Père voulut le rendre dans un grand nombre de circonstances conforme et semblable à son fils Jésus-Christ. C'est ainsi que le prouvent le vénérable collège de ses douze compagnons, l'admirable mystère de ses sacrés stigmates, et le jeûne continu du saint carême qu'il fit de la manière suivante.

Saint François étant allé une fois, le jour du Carnaval, près du lac de Pérouse, dans la maison d'un de ses dévots, avec lequel il s'était logé pendant la nuit, fut inspiré de Dieu d'aller faire ce carême dans une île du lac. Lors saint François pria son dévot de vouloir bien pour l'amour du Christ, le transporter avec sa nacelle dans une île du lac, où personne n'habiterait, et de le faire pendant la nuit du jour des Cendres, afin que personne ne s'en aperçût. Son ami, ayant une très affectueuse dévotion pour saint François, se rendit immédiatement à sa prière, et le transporta dans l'île. Saint François n'emporta rien avec lui que deux petits pains. Étant tous deux dans l'île, et son ami partant pour retourner à sa maison, saint François le pria tendrement de ne révéler à personne qu'il fût là, et de ne revenir le chercher que le Jeudi Saint : et l'ami partit. Saint François resta seul ; et comme il n'y avait là aucune habitation dans laquelle il pût se retirer, il entra dans un taillis très touffu, où des ronces et des arbustes en grand nombre avaient formé une sorte de tanière ou de petite hutte : et, dans ce lieu, il se mit en oraison à contempler les choses célestes. Et là, il resta pendant tout le carême, sans boire et sans manger autre chose que la moitié de l'un des petits pains, ainsi que le constata son dévot, le Jeudi Saint, quand il revint vers saint François : des deux petits pains il trouva l'un intact, et la moitié de l'autre. On croit que saint François mangea par respect pour le jeûne du Christ béni, lequel avait jeûné quarante jours et quarante nuits sans prendre aucune nourriture matérielle ; c'est ainsi qu'avec cette moitié de pain, il chassa loin de lui le poison de la vaine gloire, et à l'exemple du Christ, jeûna quarante jours et quarante nuits.

Par la suite, dans ce lieu où saint François avait fait une si merveilleuse abstinence, par ses mérites Dieu fit beaucoup de miracles ; et à cause de cela, des hommes commencèrent à bâtir là des maisons, et à les habiter. En peu de temps il se construisit un bon et grand village, et un couvent de Frères qui s'appelle le couvent de l'île; et encore aujourd'hui les hommes et les femmes de ce village ont un grand respect et une grande dévotion pour ce lieu où saint François fit le carême comme il vient d'être dit.

CHAPITRE VIII

Comment, tout en cheminant avec Fr. Léon, il lui expliqua quelles choses font la parfaite joie.

Saint François allant un jour de Pérouse à Sainte-Marie des Anges, avec Fr. Léon, pendant l'hiver, le très grand froid le tourmentait fortement; il appela Fr. Léon, qui marchait devant lui, et lui dit : « Frère Léon, quand même les Frères-Mineurs donneraient sur toute la terre un grand exemple de sainteté et de bonne édification, cependant écris et note soigneusement que là n'est pas la joie parfaite. »

Allant plus loin, saint François l'appela pour la seconde fois : « O Frère Léon, quand même le Frère-Mineur rendrait la vue aux aveugles, redresserait les contrefaits, chasserait les démons, rendrait l'ouïe aux sourds et la marche aux boiteux, ferait parler les muets, et ce qui est une chose encore plus grande, ressusciterait les morts de quatre jours, écris que ce n'est pas en tout cela qu'est la joie parfaite. »

Marchant encore un peu, il s'écria à haute voix : « O Frère Léon, si le Frère-Mineur savait toutes les langues et les sciences et toutes les écritures, s'il savait prophétiser et révéler non seulement les choses futures, mais aussi les secrets des consciences et des âmes, écris que là n'est pas la joie parfaite! »

Allant encore un peu plus loin, saint François s'écria d'une voix forte : « O Frère Léon, petite brebis de Dieu, alors même que le Frère-Mineur parlerait la langue des anges, et saurait le cours des étoiles et les vertus des plantes, et que lui seraient révélés tous les trésors de la terre; alors même qu'il connaîtrait les propriétés des oiseaux, des poissons et de tous les animaux, et des hommes, et des arbres, et des pierres et des racines, et de l'eau, écris que là n'est pas la joie parfaite! » Et allant encore un peu plus loin, saint François s'écria avec force : « O Frère Léon, quand le Frère-Mineur saurait si bien prêcher qu'il convertirait tous les infidèles à la foi du Christ, écris que là n'est pas la joie parfaite. »

Comme en parlant de cette façon, saint François avait bien parcouru deux milles, Fr. Léon l'interrogea avec un grand étonnement, lui demandant : « Père, je te prie, de la part de Dieu, de me dire où est la joie parfaite? »

Saint François lui répondit : « Quand nous serons à Sainte-Marie des Anges, tout trempés de pluie, transis de froid, souillés de boue, tourmentés de faim, et que nous frapperons à la porte du couvent; quand alors le portier arrivera tout en colère et nous dira : « Qui êtes-vous? » que nous répondrons : « Nous sommes « deux de vos Frères! » et qu'il nous dira : « Vous « mentez; vous êtes plutôt deux coquins qui « allez trompant le monde, et volant les au- « mônes des pauvres; allez-vous-en! » Lors, il ne nous ouvrira pas, et nous fera rester dehors à la neige, à la pluie, avec le froid et la faim, jusqu'à la nuit; et alors, si nous supportons tant d'injures, tant de cruautés, tant de refus, patiemment, sans nous troubler, sans murmurer, si nous pensons avec humilité et charité que ce portier vraiment nous connaît et que c'est Dieu qui le fait parler contre nous : ô Frère Léon, écris que c'est là la joie parfaite.

« Et si nous continuons à frapper, et que le portier sorte en colère, nous chasse comme d'importuns galefretiers, avec des outrages et des soufflets, disant : « Partez d'ici, vils larrons, « allez à l'hôpital; ici vous ne mangerez pas et « ne logerez pas. » Si nous supportons tout cela avec patience, allégresse et amour, ô Frère Léon, écris que là est la joie parfaite.

« Et si, pressés par la faim et par le froid, et par la nuit, nous frappons encore, criant et suppliant avec d'abondantes larmes, qu'il ouvre et nous mette seulement à l'intérieur du couvent; si le portier toujours plus courroucé, s'écrie : « Voici des galefretiers fort importuns : je vais « bien les payer comme ils le méritent! » S'il sort avec un bâton noueux, nous prenne par le capuchon, nous jette par terre, nous roule dans la neige, et nous batte successivement avec chaque nœud de son bâton; si nous supportons ces choses avec patience et allégresse, pensant aux souffrances du Christ béni, que nous devons supporter pour son amour, ô Frère Léon, écris que c'est dans tout cela qu'est la plus parfaite joie.

« Maintenant, écoute la conclusion, ô Frère Léon. Au-dessus de toutes les grâces et de tous les dons du Saint-Esprit, ceux que le Christ accorde à ses amis, c'est de se vaincre soi-même, et de supporter volontiers, pour l'amour du Christ, les peines, les outrages, les opprobres et les malaises. En effet, de tous les autres dons de Dieu, nous ne pouvons nous glorifier, parce qu'ils ne sont pas nôtres, mais viennent de Dieu; ainsi que dit l'Apôtre : « Qu'as-tu que tu n'aies de Dieu? et si tu l'as « eu de lui, pour quoi te glorifies-tu, comme « si tu l'avais de toi? » Mais dans la croix de la tribulation et de l'affliction, nous pouvons nous glorifier, car c'est de nous; et c'est ainsi que dit l'Apôtre : « Je ne veux pas me glorifier, si ce « n'est dans la croix de Notre-Seigneur Jésus-« Christ. »

CHAPITRE IX

Comment saint François enseignait à Fr. Léon à répondre, et comment Fr. Léon ne pouvait jamais dire autre chose que le contraire de ce que voulait saint François.

Au commencement de son Ordre, saint François était un jour avec Fr. Léon dans un couvent où ils n'avaient pas de livres pour dire l'office divin. Quand vint l'heure de matines, saint François dit à Fr. Léon : « Mon très cher, nous n'avons pas de bréviaire avec lequel nous puissions dire matines; cependant, pour passer le temps à louer Dieu, je parlerai, et toi tu répondras comme je t'enseignerai; et garde-toi de changer les paroles, et d'en dire d'autres que celles que je t'enseignerai. »

Je dirai ceci : « O Frère François, tu as fait tant de mal et tant de péchés dans le siècle, que tu es digne de l'enfer ! Et toi, Frère Léon, tu répondras : C'est une chose vraie et tu mérites bien l'enfer le plus profond. »

Fr. Léon, avec une simplicité de colombe, répondit : « Volontiers, Père; commence au nom de Dieu ! »

Alors saint François se mit à dire : « Frère François, tu as fait tant de mal et de péchés dans le siècle, que tu es digne de l'enfer ! » Et Fr. Léon répondit : « Dieu fera par toi tant de bien, que tu iras en paradis ! »

Saint François dit : « Ne dis pas cela, Frère Léon ; mais quand je dirai : Frère François, tu as fait tant d'iniquités contre Dieu que tu es digne d'être maudit de Dieu ; tu répondras de cette façon : Vraiment, tu es digne d'être mis parmi les maudits. » Fr. Léon répondit : « Volontiers, Père ! » Alors saint François, avec beaucoup de larmes et de soupirs, et se frappant la poitrine, dit à haute voix : « O mon Seigneur du ciel et de la terre, j'ai commis contre toi tant d'iniquités et tant de péchés, que je suis tout à fait digne d'être maudit de toi. » Et Fr. Léon répondit : « O Frère François, Dieu te fera tel que, parmi les bénis, tu seras singulièrement béni. »

Saint François, s'étonnant de ce que Fr. Léon répondait le contraire de ce qu'il lui avait ordonné, le reprit en lui disant : « Pourquoi ne me réponds-tu pas comme je te l'enseigne ? Je te commande, par la sainte obéissance, que tu me répondes comme je te l'enseignerai. Je vais te dire ceci : « O Frère François, mauvais petit frère, penses-tu que Dieu aura miséricorde de toi ? alors que tu as commis tant de péchés contre le Père de la miséricorde, et le Dieu de toute consolation ? Tu n'es pas digne de trouver miséricorde ? Et toi, Frère Léon, petite brebis, tu répondras : En aucune manière tu n'es digne de trouver miséricorde. » Mais après, quand saint François dit : « O Frère François, mauvais petit frère, etc. », Fr. Léon répondit : « Dieu le Père, dont la miséricorde est infinie, plus que ton péché, te fera grande miséricorde, et il y ajoutera pour toi beaucoup de grâces. »

A cette réponse, saint François, doucement irrité et ému sans perdre patience, dit à Fr. Léon : « Et pourquoi as-tu la présomption de ne pas observer l'obéissance ? Voilà tant de fois que tu réponds le contraire de ce que je t'ai imposé ! »

Fr. Léon répondit très humblement et très respectueusement : « Dieu sait, mon Père, que chaque fois j'avais décidé dans mon cœur de répondre comme tu m'avais commandé ; mais Dieu me fait parler comme il lui plaît, et non selon ce qui me plaît à moi-même. »

Saint François s'en étonna, et dit à Fr. Léon : « Je te prie très affectueusement de me répondre cette fois comme je te l'ai dit. » Fr. Léon répondit : « Dis, au nom de Dieu, et, pour sûr, je te répondrai cette fois comme tu le veux. » Et saint François pleurant dit : « O Frère François, petit homme méchant, penses-tu que Dieu ait miséricorde de toi ? » Fr. Léon répondit : « Bien plus encore, tu recevras de grandes grâces de Dieu, et il t'exaltera, et il te glorifiera dans l'éternité, car celui qui s'humilie sera exalté, et je ne puis pas dire autrement, parce que Dieu parle par ma bouche. » Et c'est ainsi, dans cette dispute d'humilité, avec beaucoup de larmes, et beaucoup de consolations spirituelles qu'ils veillèrent jusqu'au jour.

CHAPITRE X

Comment Fr. Massée, comme en plaisantant, dit à saint François que tout le monde allait à sa suite; et saint François répondit que c'était à la confusion du monde et par la grâce de Dieu.

Saint François demeurait au couvent de la Portioncule avec Fr. Massée de Marignan. C'était un homme d'une grande sainteté, d'une grande prudence, comblé de grâces particulières lorsqu'il parlait de Dieu; c'est pourquoi saint François l'aimait beaucoup.

Un jour que saint François revenait du bois et de l'oraison, ledit Fr. Massée étant à la sortie du bois, voulut éprouver combien saint François était humble. Il alla au-devant de lui et sur le ton de la plaisanterie lui dit: « Pourquoi vers toi? pourquoi vers toi? pourquoi vers toi? » Saint François répondit: « Qu'est-ce que tu veux dire. » Fr. Massée dit: « Je dis: Pourquoi tout le monde va-t-il à ta suite? et pourquoi, paraît-il, que chacun désire te voir, et t'entendre, et t'obéir? tu n'es pas un homme beau de corps, tu n'es pas d'une grande science, tu n'es pas noble; d'où vient donc que tout le monde court derrière toi? »

Saint François, entendant cela, tout réjoui en esprit, levant le visage au ciel, resta pendant longtemps l'âme perdue en Dieu; puis, revenant en lui, s'agenouilla et rendit grâces à Dieu : avec une grande ferveur d'esprit, il se retourna vers Fr. Massée, et dit : « Tu veux savoir pourquoi vers moi ? Tu veux savoir pourquoi vers moi ? Tu veux savoir pourquoi vers moi ? Pourquoi tout le monde court à ma suite ? Cela vient des yeux du Dieu Très-Haut, qui contemplent en tout temps les bons et les mauvais : et ces yeux très saints n'ont vu parmi les pécheurs personne de plus vil, ni de plus insuffisant, ni de plus grand pécheur que moi : aussi, pour opérer l'œuvre merveilleuse qu'il se propose de faire, n'a-t-il pas trouvé plus vile créature sur la terre, et c'est pour cela qu'il m'a choisi pour confondre et la noblesse, et la grandeur, et la force, et la beauté et la science du monde ; et c'est ainsi que l'on connaîtra que toute vertu et tout bien viennent de lui, et non de la créature ; que personne ne peut se glorifier en sa présence ; mais que celui qui se glorifiera, se glorifiera dans le Seigneur, à qui tout honneur et toute gloire sont dus dans l'éternité. » Alors, Fr. Massée, devant cette humble réponse, faite avec ferveur, fut tout saisi ; il reconnut avec évidence que saint François était humble avant tout et par-dessus tout.

CHAPITRE XI

Comment saint François fit tourner Fr. Massée plusieurs fois sur lui-même, et ensuite alla à Sienne.

Un jour que saint François allait par les chemins avec Fr. Massée, ledit Fr. Massée allait un peu en avant ; et, arrivant à un carrefour de la route, d'où l'on pouvait aller à Florence, à Sienne et à Arezzo, Fr. Massée dit : « Père, par quel chemin devons-nous prendre ? » Saint François répondit : « Par la route que Dieu voudra. » Fr. Massée dit : « Et comment pourrons-nous savoir la volonté de Dieu ? » Saint François répondit : « Au signe que je t'indiquerai ; or donc, je te commande par le mérite de la sainte obéissance que dans ce carrefour, à l'endroit où tu tiens tes pieds, tu te mettes à tourner sur toi-même, comme font les enfants, et que tu ne t'arrêtes de tourner que lorsque je te le dirai. » Alors Fr. Massée commença à s'agiter en tournant, et il tournait tellement qu'à cause des vertiges qu'il éprouvait à la tête, comme cela arrive habituellement quand on tourne ainsi, il tomba plusieurs fois par terre. Mais saint François ne lui disant pas de rester en place, et voulant lui obéir fidèlement, il se relevait et tournait encore. A la fin, alors qu'il tournait avec force, saint François dit : « Tiens-toi immobile ; ne remue plus »; et il s'arrêta. Saint François lui demanda : « De quel côté as-tu le visage tourné ? » Fr. Massée répondit : « Vers Sienne. » Saint François dit : « C'est là, la route par laquelle Dieu veut que nous allions. »

Tout en cheminant sur cette route, Fr. Massée s'étonnait de ce que saint François lui avait fait faire, comme font les enfants, et devant les mondains qui passaient; toutefois, par respect, il n'osait rien dire à son saint Père. Quand ils approchèrent de Sienne, le peuple de la ville apprit l'arrivée du Saint, et se porta à sa rencontre. Lors, par dévotion, on porta saint François et son compagnon jusque chez l'évêque, sans qu'ils touchassent la terre avec leurs pieds. A ce moment quelques hommes de Sienne combattaient les uns contre les autres, et déjà il y en avait deux qui étaient morts. En arrivant, saint François leur prêcha si dévotement et si saintement, qu'il les ramena tous ensemble à la paix, à l'unité et à la concorde parfaite. Aussi l'évêque apprenant quelle sainte œuvre avait faite saint François, l'invita à venir chez lui, le reçut avec de grands honneurs ce jour-là, et aussi la nuit.

Or le matin suivant, saint François, vraiment humble, et qui dans ses actions ne cherchait rien que la gloire de Dieu, se leva de bonne heure avec son compagnon et partit à l'insu de l'évêque.

A cause de cela, Fr. Massée allait murmurant au dedans de lui-même, se disant au long de la route : « Qu'est-ce donc, ce qu'a fait ce bon homme? Il me fait tourner comme un enfant; et, à l'évêque qui lui a fait tant d'honneurs, il n'a pas dit seulement une parole, et ne l'a pas remercié », et il apparaissait à Fr. Massée que saint François s'était conduit ainsi d'une façon étourdie. Mais après, par une divine inspiration, rentrant en lui-même, se reprenant au dedans de son cœur, Fr. Massée se dit : « Tu es trop présomptueux, toi qui juges les œuvres divines, tu es digne de l'enfer pour ton indiscret orgueil. Car, dans la journée d'hier, Fr. François a accompli des œuvres si grandes, que si l'ange de Dieu les avait faites, elles n'auraient pas été plus merveilleuses : et s'il te commandait de te jeter des pierres, tu devrais le faire et lui obéir! ce qu'il a fait sur cette route lui est venu par une opération divine, comme le démontre le bon résultat qui s'en est suivi. En effet, s'il n'avait pas pacifié ceux qui combattaient les uns contre les autres, non seulement beaucoup de corps seraient morts de coups de couteau, comme cela avait déjà eu lieu, mais aussi beaucoup d'âmes eussent été entraînées par le diable en enfer : aussi n'es-tu qu'un triple insensé et un orgueilleux, toi qui murmures contre les choses qui manifestement proviennent de la volonté de Dieu. »

Toutes ces choses que Fr. Massée se disait dans son cœur, allant en avant sur la route, furent révélées par Dieu à saint François. Alors, saint François s'approchant de lui, lui dit : « Tu dois t'appesantir sur toutes les pensées qui te viennent en ce moment, car elles sont bonnes et utiles, et inspirées par Dieu; mais les premiers murmures que tu faisais étaient aveugles, et vains, et orgueilleux, et envoyés à ton âme par le démon. » Alors Fr. Massée vit clairement que saint François savait les secrets de son cœur, et comprit avec certitude que l'esprit de la divine sagesse dirigeait dans toutes ses actions le Père saint.

CHAPITRE XII

Comment saint François confia à Fr. Massée la charge de la porte, de l'aumône et de la cuisine; puis, comment, à la prière des autres Frères, il lui retira ces offices.

Saint François voulut humilier Fr. Massée, afin que tant de dons et de grâces que Dieu lui avait donnés ne se changeassent pas en vaine gloire et que par l'humilité il pût croître de vertu en vertu.

Lors donc que François habitait un couvent solitaire avec quelques-uns de ses premiers compagnons vraiment saints, parmi lesquels était Massée, il s'adressa à lui devant ses compagnons et lui dit :

« O Frère Massée, tous tes compagnons ont la grâce de la contemplation et de l'oraison ; mais toi, tu as la grâce de la prédication de la parole de Dieu, pour plaire au peuple; et comme je veux que tes compagnons puissent s'adonner à la contemplation, tu prendras la charge de la porte, de l'aumône et de la cuisine; et quand les autres Frères mangeront, toi tu mangeras en dehors de la porte du couvent; de façon que tu puisses contenter par quelques bonnes paroles de Dieu ceux qui viendront au couvent, avant qu'ils ne frappent. Dès lors il n'est plus nécessaire que personne sorte dehors excepté toi ;

et fais cela par le mérite de la sainte obéissance. »

Alors Fr. Massée tira son capuchon, inclina la tête, reçut et exécuta avec humilité l'obédience, en prenant dès lors la charge de la porte, de l'aumône et de la cuisine.

Mais ses compagnons, comme des hommes illuminés de Dieu, commencèrent à sentir dans leurs cœurs de grands reproches. Ils considéraient que Fr. Massée était un homme d'une grande perfection, comme ils ne l'étaient pas eux-mêmes. Cependant c'était à lui que le fardeau du couvent avait été imposé et non pas à eux. Aussi, tous se réunirent dans une même pensée, et allèrent prier le saint Père qu'il lui plût de distribuer entre eux ces différentes charges, parce que leur conscience ne pouvait pas tolérer que Fr. Massée supportât tant de fatigues.

Après les avoir entendus, saint François céda à leurs conseils et accéda à leurs désirs ; appelant Fr. Massée, il dit : « Frère Massée, tes compagnons veulent prendre leur part des charges que je t'ai confiées, aussi je veux que les dites charges soient réparties. »

Fr. Massée dit avec une grande humilité et une grande patience : « Père, ce que tu m'imposes, soit en tout, soit en partie, je le regarde comme fait complètement par Dieu ! » Saint François, voyant la charité de ses compagnons et l'humilité du Fr. Massée, leur fit une merveilleuse prédication sur la très sainte humilité, leur enseignant que plus sont considérables les dons et les grâces que Dieu nous donne, plus nous devons être humbles, car, sans l'humilité, aucune vertu n'est acceptable par Dieu. Et, la prédication terminée, il distribua les charges avec une très grande charité.

CHAPITRE XIII

Comment saint François et Fr. Massée posèrent le pain qu'ils avaient mendié sur une pierre près d'une fontaine, et comment saint François loua beaucoup la pauvreté. Puis, comment saint François pria Dieu, et saint Pierre et saint Paul qu'ils lui fissent aimer la sainte pauvreté, et comment lui apparurent saint Pierre et saint Paul.

L'admirable serviteur et disciple du Christ, saint François, voulut se conformer parfaitement en toutes choses au Christ, lui qui, ainsi que le dit l'Évangile, envoya ses disciples deux à deux dans toutes les villes, et dans tous les pays où ils devaient aller. Aussi, après avoir, à l'exemple du Christ, réuni douze compagnons, les envoya-t-il prêcher par le monde, deux à deux. Et pour leur donner l'exemple de la véritable obéissance, il commença d'abord par agir à l'exemple du Christ, lequel pratiqua avant d'enseigner. Ayant donc assigné à ses compagnons l'autre partie du monde, lui, prenant Fr. Massée comme compagnon, se dirigea vers la province de France.

Un jour, ils arrivèrent à un village, très affamés, et se mirent, selon la règle, à mendier du pain pour l'amour de Dieu, saint François allant par une rue et Fr. Massée par une autre. Mais, comme saint François était un homme d'un extérieur très pitoyable, petit de corps, et qu'alors il était regardé comme un vil mendiant par ceux qui ne le connaissaient pas, il ne reçut que quelques bouchées, et quelques petits morceaux de pain sec; mais, parce que Fr. Massée était grand et beau de corps, on lui donna de bons morceaux, grands, et en quantité, et des pains entiers.

Après qu'ils eurent mendié, ils se rejoignirent hors du village pour manger dans un endroit où il y avait une belle fontaine, et, tout près, une belle et large pierre, sur laquelle chacun d'eux posa les aumônes qu'il avait quêtées; et saint François, voyant que les morceaux de pain de Fr. Massée étaient plus nombreux, et plus beaux, et plus considérables que les siens, manifesta une très grande allégresse et dit: « O Frère Massée, nous ne sommes pas dignes d'un aussi grand trésor! »

Comme il répétait plusieurs fois ces paroles, Fr. Massée répondit: « Père, comment pouvez-vous appeler trésor là où tout est si grande pauvreté, et où nous fait défaut tout ce dont nous avons besoin, nous n'avons ici ni nappe, ni couteau, ni tranchoir, ni écuelle, ni maison, ni table, ni serviteur, ni servante. » Saint François dit: « Et c'est précisément ce que je regarde comme un grand trésor, qu'il n'y ait rien ici d'apprêté par l'industrie humaine; mais, tout ce qui est là, est préparé par la Providence divine, ainsi que cela se voit manifestement par ce pain mendié, cette table faite d'une pierre si belle, cette fontaine si limpide;

aussi je veux que nous priions Dieu, que ce trésor si noble de la sainte pauvreté, qui a Dieu même pour serviteur, il nous le fasse aimer de tout notre cœur ! »

Ces paroles dites, l'oraison achevée, et le repas fait avec ces morceaux de pain et cette eau, ils se levèrent pour reprendre leur chemin vers la France.

Arrivés près d'une église, saint François dit à son compagnon : « Entrons dans cette église pour prier. » Et saint François alla devant l'autel et se mit en oraison. Dans cette oraison, il reçut de la visite divine une ferveur si extraordinaire, qui enflamma si fortement son âme de l'amour de la sainte pauvreté, qu'à l'éclat de sa figure et au frémissement inaccoutumé de ses lèvres, il semblait qu'il jetât des flammes d'amour.

Ainsi tout embrasé, il vint près de son compagnon et lui dit : « Ah ! Ah ! Ah ! Frère Massée, abandonne-toi à moi ! » Il le répéta trois fois ; et à la troisième fois saint François par son souffle enleva Fr. Massée en l'air, et il fut jeté devant le Saint à la distance d'une grande lance ; sur quoi, Fr. Massée fut frappé d'une grande stupeur ; par la suite, il raconta à ses compagnons, qu'alors qu'il était ravi et suspendu par le souffle de saint François, il avait senti dans son âme une si grande douceur et une si grande consolation du Saint-Esprit, que jamais de sa vie, il n'en avait éprouvé de semblables.

Cela fait, saint François dit : « Mon compagnon, allons à saint Pierre et saint Paul, et prions-les qu'ils nous enseignent et nous aident à posséder le trésor incomparable de la sainte pauvreté, car c'est un trésor si excellent, si divin, que nous, vases très vils, ne sommes pas dignes de le posséder. Elle est, en effet, cette vertu céleste par laquelle les choses terrestres et passagères sont foulées aux pieds, et par laquelle l'âme voit s'évanouir tout ce qui s'oppose à son union libre avec le Dieu éternel. C'est encore cette vertu qui fait que l'âme restant encore sur terre, converse dans le ciel avec les anges; c'est elle qui accompagna le Christ sur la croix; avec le Christ elle a été ensevelie; avec le Christ elle est ressuscitée; avec le Christ elle est montée au ciel; c'est elle qui, même dès cette vie, accorde aux âmes qui la chérissent la facilité de s'envoler au ciel; et, de plus, elle conserve les armes de la vraie humilité et de la vraie charité. Aussi, prions les très saints apôtres du Christ, qui furent les parfaits amis de cette perle évangélique, qu'ils nous obtiennent de Notre-Seigneur Jésus-Christ cette grâce que, par sa très sainte miséricorde, il nous concède le mérite d'être de vrais amis, observateurs et humbles disciples de la très précieuse, très aimable, et très évangélique Pauvreté. »

Tout en s'entretenant ainsi, ils arrivèrent à Rome, et ils entrèrent dans l'église de Saint-Pierre; saint François se mit en oraison dans un petit coin, et Fr. Massée dans un autre. Et, pendant qu'ils se tenaient longtemps en prières, avec beaucoup de larmes et de dévotion, apparurent à saint François les très saints apôtres Pierre et Paul, brillants d'une grande splendeur, et ils lui dirent : « Parce que tu demandes et tu désires observer ce que le Christ et ses saints apôtres ont observé, le Seigneur Jésus-Christ nous envoie vers toi pour t'annoncer que ta prière est entendue, et que le trésor de la très sainte pauvreté t'est concédé dans toute sa plénitude par Dieu, à toi et à ceux qui te suivront, et, de sa part, nous t'assurons que quiconque, à ton exemple, poursuivra parfaitement ce désir, est assuré de la béatitude éternelle; et toi, et tous ceux qui te suivront, vous serez bénis. » Après ces paroles, ils disparurent, laissant saint François rempli de consolation. Il se leva et, terminant son oraison, retourna vers son compagnon, auquel il demanda si Dieu lui avait révélé quelque chose, et Fr. Massée répondit : « Non ! » Alors, saint François lui dit comment les saints apôtres lui étaient apparus, et ce qu'ils lui avaient révélé. Sur quoi, tous deux, pleins de joie, décidèrent de retourner dans la vallée de Spolète, et abandonnèrent le voyage en France.

CHAPITRE XIV

Comment saint François étant à parler de Dieu avec ses Frères, Dieu apparut au milieu d'eux.

Au début de la fondation de son Ordre, saint François, ayant autour de lui ses compagnons réunis, pour parler du Christ, ordonna dans un moment de ferveur et au nom de Dieu, à un des assistants, d'ouvrir la bouche et de parler de Dieu comme le Saint-Esprit lui inspirerait de le faire. Ce Frère ayant obéi à l'ordre donné, et parlant de Dieu d'une façon merveilleuse, saint François lui imposa silence, et ordonna à un autre Frère de faire la même chose. Celui-ci ayant obéi, et parlant de Dieu savamment, saint François lui imposa pareillement silence, et commanda à un troisième de parler de Dieu. Ce troisième Frère commença de même que les autres à parler avec tant de profondeur des choses secrètes de Dieu, que saint François reconnut avec certitude, que tous avaient, en parlant, été inspirés par l'Esprit-Saint, celui-là comme les deux autres. Et ceci est encore prouvé par un fait et un signe sensible : au cours de ces entretiens, apparut le Christ béni au milieu d'eux sous l'apparence et la forme d'un très beau jeune homme, qui les bénit tous, et les remplit de tant de grâces et de douceur qu'ils furent hors d'eux-mêmes, gisants à terre comme morts, et ne tenant plus à rien de ce monde. Puis saint François, revenant à lui, leur dit : « Mes frères bien-aimés, remerciez Dieu qui a voulu, par la bouche des simples, révéler les trésors de la divine sagesse. C'est lui qui ouvre la bouche des muets, et fait parler très savamment la langue des simples. »

CHAPITRE XV

Comment sainte Claire mangea avec saint François et ses Frères compagnons, à Sainte-Marie des Anges.

Saint François, quand il séjournait à Assise, souventes fois visitait sainte Claire, et lui donnait de saintes instructions. Elle avait un très grand désir de manger une fois avec lui, et, bien qu'elle l'en eut prié nombre de fois, il ne voulait jamais lui donner cette consolation. Lors, ses compagnons, voyant le désir de sainte Claire, dirent à saint François : « Père, il ne nous semble pas que cette sévérité soit selon la charité divine ; que la Sœur Claire, vierge si sainte, aimée de Dieu, ne soit pas exaucée par toi dans une si petite chose que de manger avec toi, si surtout tu considères spécialement que, par ta prédication, elle a abandonné les richesses et les pompes du monde. Et, en vérité, si elle te demandait une faveur encore plus grande que celle-là, tu devrais l'accorder à ta fille spirituelle.

Alors saint François répondit : « Il vous paraît donc que je doive l'exaucer ? « Les compagnons répondirent : « Oui, Père, c est une excellente chose que tu lui fasses cette grâce et cette consolation. » Alors saint François dit : « Dès que cela vous paraît ainsi, il me paraît à moi de même ; mais, pour qu'elle soit encore plus consolée, je désire que ce repas se fasse à Sainte-Marie des Anges ; en effet, elle a été pendant longtemps recluse à Saint-Damien, et cela la réjouira de voir le couvent de Sainte-Marie où elle a été faite religieuse et épouse du Christ. C'est là que nous mangerons ensemble au nom de Dieu. »

Quand le jour indiqué fut arrivé, sainte Claire sortit du monastère avec une compagne, et, suivie des compagnons de saint François, vint à Sainte-Marie des Anges. Elle salua d'abord dévotement la Vierge Marie devant son autel, où elle avait eu les cheveux coupés, et où elle avait reçu le voile ; puis ils la conduisirent pour visiter le couvent, jusqu'à ce qu'il fut l'heure de prendre le repas.

Pendant ce temps-là, saint François fit tout préparer sur la terre nue, comme il en avait l'habitude. Quand il fut l'heure du repas, ils s'assirent ensemble, saint François et sainte Claire, un des compagnons de saint François et la compagne de sainte Claire ; puis, tous les autres compagnons se disposèrent humblement comme autour d'une table à manger. Dès les premiers mets, saint François commença à parler de Dieu avec tant de suavité, tant d'élévation et tant de magnificence, que l'abondance de la grâce divine descendant sur eux, ils furent tous ravis en Dieu.

Pendant qu'ils étaient ainsi en extase, les yeux et les mains levés au ciel, les habitants d'Assise, de Bettona, et ceux des pays des environs, s'aperçurent que Sainte-Marie des Anges, et le couvent, et la forêt qui était alors près du couvent, étaient tout embrasés ; il leur sembla que c'était un grand feu qui brûlait l'église, le couvent et la forêt tout ensemble ; aussi, les gens d'Assise coururent-ils en grande hâte pour éteindre le feu, croyant réellement que tout était en flammes. Mais, arrivant au couvent, et trouvant que rien ne brûlait, ils entrèrent, et virent saint François, sainte Claire, et tous ceux qui étaient avec eux, ravis en Dieu par la contemplation, et assis autour de cette humble table. Alors, ils comprirent avec certitude que ce feu était un feu divin, et non matériel, que Dieu avait fait apparaître miraculeusement afin de montrer et signifier le feu du divin amour dont les âmes de ces saints Frères et de ces saintes religieuses étaient embrasées ; puis ils partirent avec une grande consolation dans leur cœur et une sainte édification.

Enfin, longtemps après, revenant à eux, saint François, sainte Claire, ainsi que tous les autres, se sentant bien réconfortés par la nourriture spirituelle, se préoccupèrent peu de la nourriture corporelle. Et, ce repas béni terminé, sainte Claire, bien accompagnée, retourna à Saint-Damien, où les Sœurs, en la voyant, manifestèrent une vive allégresse. Elles craignaient, en effet, que saint François ne lui eut assigné quelqu'autre monastère à diriger, comme il avait déjà fait pour Sœur Agnès, qui était la sainte sœur de Claire : il l'avait envoyée comme abbesse pour gouverner le monastère de Monticelli de Florence. Saint François avait déjà dit quelquefois à sainte Claire : « Prépare-toi ; il faut que je t'envoie en quelqu'autre couvent », et elle, comme fille de la sainte obéissance, avait répondu : « Père, je suis toujours prête à aller où vous voudrez m'envoyer. » Aussi, les Sœurs se réjouirent-elles très fortement lorsqu'elles la virent de retour ; et dès lors, sainte Claire demeura très consolée.

CHAPITRE XVI

Comment saint François reçut de sainte Claire et du saint Fr. Sylvestre l'avis qu'il devait prêcher pour convertir beaucoup de monde; comment il fonda le troisième Ordre, prêcha aux oiseaux, et fit tenir tranquilles les hirondelles.

L'humble serviteur du Christ, saint François, peu de temps après sa conversion, ayant déjà rassemblé beaucoup de compagnons qu'il avait reçus dans l'Ordre, entra dans un grand souci et une grande anxiété au sujet de ce qu'il devait faire ; devait-il s'appliquer uniquement à l'oraison, ou quelquefois s'adonner à la prédication : sur ce point, il désirait vivement connaître la volonté de Dieu.

Comme la sainte humilité qui était en lui ne le laissait pas présumer de lui-même, ni de ses prières, il pensa qu'il fallait chercher la divine volonté par les prières d'autrui. Il appela donc Fr. Massée et lui dit : « Va trouver la Sœur Claire, et dis-lui, de ma part, qu'elle et quelques-unes de ses compagnes les plus pieuses, prient dévotement Dieu afin qu'il lui plaise de me montrer quel est le meilleur : ou de m'appliquer à la prédication, ou seulement à l'oraison. Puis, tu iras au Fr. Sylvestre, et tu lui diras de même. » Celui-ci avait été dans le monde, et c'était le même Fr. Sylvestre qui avait vu sortir, de la bouche de saint François, une croix d'or dont la hauteur s'élevait jusqu'au ciel, et la largeur s'étendait aux extrémités du monde. Ce Fr. Sylvestre était d'une telle dévotion et d'une telle sainteté que, sur tout ce qu'il demandait à Dieu, il était exaucé, et souventes fois il s'entretenait avec Dieu; aussi saint François avait-il pour lui une grande et pieuse affection.

Fr. Massée partit; et, selon l'ordre de saint François, porta d'abord le message à sainte Claire, puis à Fr. Sylvestre. Celui-ci, dès qu'il l'eut reçu, se jeta sur-le-champ en oraison; et, pendant qu'il priait, reçut la réponse divine, se tourna vers Fr. Massée, et lui parla ainsi : « Voici ce que me dit Dieu pour que tu le redises à Fr. François : Dieu ne l'a pas appelé à son genre de vie uniquement pour lui, mais aussi pour qu'il en fasse profiter les âmes, et beaucoup seront sauvées par lui. » Ayant reçu cette réponse, Fr. Massée retourna près de sainte Claire pour savoir ce qu'elle avait obtenu de Dieu ; elle répondit qu'elle et sa compagne avaient reçu de Dieu la même réponse que Fr. Sylvestre.

Muni ainsi des réponses que François attendait, Fr. Massée retourna vers le Saint, qui le reçut avec une très grande charité, lui lavant les pieds, et lui apprêtant un repas. Après avoir mangé, saint François appela Fr. Massée dans le bois, et là, s'agenouilla devant lui, baissa son capuchon, mit les bras en croix, et lui demanda : « Que me commande mon Seigneur Jésus-

Christ ? » Fr. Massée répondit : « Tant à Fr. Sylvestre qu'à la Sœur Claire et à sa compagne, le Christ a répondu et révélé : que sa volonté est que tu ailles prêcher par le monde, parce qu'il ne t'a pas choisi pour toi seul, mais encore pour le salut des autres. » Et alors, saint François, après avoir entendu cette réponse, et après avoir connu par elle la volonté de Jésus-Christ, se releva avec une très grande ferveur, et dit : « Allons, au nom de Dieu. »

Il prit donc pour compagnons Fr. Massée et Fr. Ange, deux hommes saints. Cédant à l'impétuosité de l'Esprit, sans considérer ni la route ni le sentier, ils arrivèrent à un village qui s'appelle *Savurniano*. Là, saint François se mit à prêcher, et d'abord il ordonna aux hirondelles qui gazouillaient, de faire silence jusqu'à ce qu'il eut fini de prêcher; et les hirondelles lui obéirent. Il prêcha avec tant de ferveur que tous les hommes et toutes les femmes de ce village, par dévotion, voulaient le suivre et quitter le village. Mais saint François ne les laissa pas faire, leur disant : « Ne vous hâtez pas tant et ne partez pas; et moi, je vous prescrirai ce que vous devez faire pour le salut de vos âmes. » Et, dès lors, il pensa à établir le Tiers-Ordre pour l'universel salut de tous. Les laissant très consolés et bien disposés à la pénitence, il partit de ce pays-la, et se rendit dans la contrée entre *Caunaio* et *Revagna*.

Il passait outre avec la même ferveur, lorsqu'il leva les yeux et vit quelques arbres près de la route, sur lesquels était une multitude presqu'infinie d'oiseaux. Saint François s'en émerveilla, et dit à ses compagnons : « Vous, attendez-moi ici sur la route, et moi, j'irai prêcher mes frères les oiseaux. » Il entra dans le champ et commença à prêcher aux oiseaux qui étaient sur la terre ; puis, tout à coup, ceux qui étaient sur les arbres vinrent à lui, et tous, sans exception, se tinrent ensemble tranquilles, jusqu'à ce que saint François eût fini de prêcher ; puis ils ne partirent que lorsqu'il leur eut donné sa bénédiction. Et, selon ce que raconta ensuite Fr. Massée à Fr. Jacques de Massa, saint François marchait au milieu des oiseaux, les touchant avec sa robe, et aucun cependant ne bougeait.

Saint François leur prêcha en substance comme ceci : « Mes frères les oiseaux, vous êtes tenus à beaucoup d'obligations envers Dieu votre Créateur ; et toujours, et partout, vous devez le louer : il vous a donné la liberté de voler en tous lieux, et il vous a donné encore un double et triple vêtement ; il a réservé des oiseaux de votre espèce dans l'Arche de Noé, afin que votre espèce ne vint pas à périr ; vous lui devez encore de la reconnaissance pour l'élément de l'air qu'il vous a departi ; en outre vous ne semez pas, vous ne moissonnez pas, et Dieu vous nourrit, et il vous donne les fleuves et les fontaines pour que vous y buviez ; il vous donne les monts et les vallées pour vous servir de refuge, et les arbres élevés pour faire vos nids ;

et comme vous ne savez ni filer ni coudre, Dieu vous habille, vous et vos petits; aussi, vous voyez combien il vous aime, votre Créateur, puisqu'il vous comble de tant de bienfaits; or donc, mes petits frères, gardez-vous bien du péché d'ingratitude, et appliquez-vous à toujours louer Dieu. »

Pendant que saint François leur parlait ainsi, tous les oiseaux sans exception à ouvrir le bec, à tendre le cou, à étendre les ailes, et à incliner respectueusement leur tête jusqu'à terre, montrant par leur attitude et par leurs chants que le Père saint leur avait fait une très grande joie. Saint François avec eux se réjouissait, se récréait, s'émerveillait beaucoup, et d'une semblable multitude, et d'une si grande variété d'oiseaux, et aussi de leur attention et de leur familiarité; pour cette raison, il louait dévotement en eux le Créateur.

La prédication une fois finie, saint François leur fit le signe de la croix et leur donna licence de partir; alors, tous les oiseaux s'envolèrent avec des chants admirables; puis, suivant la croix que leur avait faite saint François, ils se divisèrent en quatre parties : l'une vola vers l'orient, l'autre vers l'occident, l'autre vers le midi, et la quatrième vers l'aquilon, et chaque bande volait en chantant des chants merveilleux. Ces oiseaux montraient ainsi, que comme saint François, gonfalonnier de la croix du Christ, leur avait fait une prédication, puis le signe de la croix, selon lequel ils s'étaient divisés entre les quatre parties du monde ; de même la prédication de la croix du Christ, renouvelée par saint François, devait, par lui et par les Frères, être portée dans le monde entier ; lesquels Frères, comme les oiseaux, ne possédant rien qui fut à eux en ce monde, confiaient à la providence de Dieu leur vie.

CHAPITRE XVII

Comment un tout jeune Frère, pendant que saint François priait de nuit, vit le Christ et la Vierge Marie, et beaucoup d'autres saints converser avec saint François.

Un jeune enfant, très pur et très innocent, fut reçu dans l'Ordre, du vivant de saint François ; il demeurait dans un petit couvent, où les Frères dormaient par nécessité sur des planches. Saint François vint une fois en ce couvent, et le soir, après avoir dit complies, il alla dormir pour pouvoir se lever et prier pendant que les autres Frères dormiraient, comme il avait coutume de le faire.

Le jeune enfant se proposa dans son cœur d'observer avec soin les démarches de saint François, pour pouvoir connaître sa sainteté, et spécialement, pour savoir ce que celui-ci faisait la nuit quand il se levait. Afin de n'être pas trompé par le sommeil, cet enfant alla dormir près de saint François, et attacha sa corde à la sienne afin d'être averti quand le Saint se lèverait.

Saint François ne s'aperçut de rien. Mais, pendant la nuit, au moment du premier sommeil, alors que tous les autres Frères dormaient, saint François se leva et trouva sa corde attachée de la façon que nous venons de dire ; il la dénoua tout doucement pour que l'enfant ne sentît rien, et il alla seul dans le bois qui était près du couvent, entra dans une cellule qui s'y trouvait, et se mit en oraison.

Au bout de quelques moments, l'enfant se réveilla ; voyant que la corde était dénouée, et que saint François était levé, se leva lui aussi, et se mit à le chercher. Trouvant ouverte la porte par laquelle on allait dans le bois, il pensa que saint François avait été par là, et lui-même entra dans le bois. Arrivant auprès de l'endroit où saint François priait, il entendit d'abord un grand bruit de voix, et approchant plus près pour voir et pour comprendre ce qu'il entendait, il vint à apercevoir une lumière admirable qui entourait saint François, et, dans la lumière, il vit le Christ, la Vierge Marie, saint Jean-Baptiste, saint Jean l'Évangéliste, et une grande foule d'anges : ils s'entretenaient avec saint François. L'enfant, voyant et entendant tout cela, tomba par terre évanoui ; saint François, le mystère de cette sainte apparition étant accompli, retourna au couvent, et heurta du pied l'enfant gisant à terre, comme s'il était mort ; par compassion, il le prit et l'emporta dans ses bras, comme fait le bon pasteur pour ses brebis. Puis, apprenant de l'enfant qu'il avait vu la dite vision, il lui ordonna, tant qu'il vivrait, de ne jamais en rien dire à personne.

L'enfant croissant en grâce devant Dieu, et en dévotion à saint François, devint un homme de grand mérite dans l'Ordre ; et c'est lui qui, après la mort de saint François, révéla aux Frères la vision qu'il avait eue.

CHAPITRE XVIII

Du merveilleux chapitre que tint saint François à Sainte-Marie des Anges, où se trouvèrent plus de cinq mille Frères.

Le fidèle serviteur du Christ, saint François, tint une fois un chapitre général à Sainte-Marie des Anges ; à ce chapitre, se rassemblèrent plus de cinq mille Frères ; saint Dominique, chef et fondateur de l'Ordre des Frères-Prêcheurs, y vint aussi, en allant de Bologne à Rome. Ayant appris la réunion de ce chapitre que faisait saint François dans la plaine de Sainte-Marie des Anges, il s'y rendit avec sept Frères de son Ordre. Il y eut aussi audit chapitre un cardinal très dévot à saint François, duquel le Saint avait prédit qu'il serait Pape, et qui le fut en effet. Ce cardinal était venu tout exprès de Pérouse, où était alors la Cour romaine, à Assise ; chaque jour, il venait voir saint François et ses Frères, et quelquefois il chantait la messe, d'autres fois il faisait un sermon aux Frères dans le chapitre ; et c'était pour ce cardinal une grande joie et une grande consolation lorsqu'il venait visiter ce saint chapitre.

Voyant dans cette plaine, assis autour de Sainte-Marie, les Frères réunis par groupes, ici de quarante, là de cent, plus loin de quatre-vingts, tous occupés à raisonner de Dieu, dans les oraisons, dans les larmes, dans des exercices de charité, se tenant avec tant de silence et de modestie qu'on n'y entendait pas la moindre rumeur, pas le moindre mouvement; et s'émerveillant d'une si grande multitude aussi ordonnée avec des pleurs et une si grande dévotion, le cardinal disait: « Vraiment, c'est bien ici le camp et l'armée des chevaliers de Dieu. » Il ne se disait dans une telle multitude aucune parole légère, aucune plaisanterie, mais, partout où se réunissait un groupe de Frères, ou bien ils priaient ensemble, ou bien ils disaient l'office, ou ils pleuraient soit leurs propres péchés, soit les péchés de leurs bienfaiteurs, ou bien encore ils s'entretenaient du salut des âmes.

Il y avait dans ce camp des tentes faites de claies et de nattes, divisées par groupes, selon les provinces d'où venaient les Frères; aussi ce chapitre s'appela-t-il le chapitre des claies ou des nattes. Leur lit était la terre nue; quelques-uns avaient un peu de paille; leurs oreillers étaient des pierres ou des morceaux de bois. Aussi, ils excitaient une si grande dévotion chez ceux qui les voyaient ou les entendaient, et le renom de leur sainteté était si grand, que de la cour du Pape qui était alors à Pérouse, et d'autres points de la vallée de Spolète, accoururent les voir de nombreux comtes, barons et chevaliers et d'autres gentilshommes, beaucoup de bourgeois, de cardinaux, d'évêques, d'abbés avec beaucoup d'autres clercs : tous venaient admirer une si sainte et si grande assemblée de tant de saints hommes réunis ensemble, telle enfin que le monde n'en avait jamais vu. Ils venaient surtout voir le chef et le père très saint de cette sainte famille, celui qui avait enlevé au monde une si belle proie, celui qui avait réuni un si beau et si dévot troupeau qui suivait les pas du vrai pasteur Jésus-Christ.

Tout le chapitre général se trouvant donc rassemblé, le saint Père de tous et le ministre général saint François, dans sa ferveur d'esprit, annonça la parole de Dieu et se mit à prêcher a haute voix, disant ce que l'Esprit-Saint lui faisait dire, et pour sujet de son sermon prit ces paroles : « Mes fils, nous avons promis à Dieu de grandes choses, mais bien plus considérables sont les promesses que Dieu nous a faites ; accomplissons ce que nous lui avons promis, et attendons avec confiance ce qu'il nous a promis. Courtes sont les joies du monde, perpétuelle est la peine qui les suit ; petite est la souffrance de cette vie, infinie est la gloire de l'autre vie. » Et sur ces paroles, prêchant avec la plus grande dévotion, il réconfortait les Frères, les excitait à l'obéissance et au respect de la sainte Mère l'Église, et à la charité fraternelle ; il les portait à adorer Dieu pour tout le peuple, à garder la patience dans les adversités du monde, et la modération dans la prospérité, à conserver la pureté et la chasteté angélique ; il les exhortait à se maintenir en paix et en union avec Dieu et avec les hommes, comme avec leur propre conscience, enfin à aimer et à observer la très sainte pauvreté. Il dit ensuite : « Je vous commande par le mérite de la sainte obéissance, à vous tous qui êtes rassemblés ici, qu'aucun de vous n'ait de souci, ni d'inquiétude d'aucune chose pour vous nourrir, ni des choses qui peuvent être nécessaires au corps, mais de vous appliquer uniquement à prier et à louer Dieu; et tout le soin de votre corps, laissez-le lui, parce qu'il a de vous une sollicitude toute spéciale. » Et tous reçurent cet ordre le cœur plein d'allégresse, et le visage joyeux, et lorsque le sermon de saint François fut terminé, se mirent en oraison.

Cependant saint Dominique, qui était témoin de tout ce qui se passait, s'étonna fortement de l'ordre donné par saint François et le regardait comme indiscret, ne pouvant s'imaginer comment une telle multitude d'hommes pouvait être dirigée sans qu'ils eussent souci, ni inquiétude des choses nécessaires à leur corps; mais le premier pasteur, le Christ béni, voulant rendre évident le soin qu'il a de ses brebis, et l'amour singulier qu'il porte à ses pauvres, inspira aussitôt aux gens de Pérouse, de Spolète, de Foligno, de Spello, d'Assise, et des autres pays d'alentour, d'apporter à manger et à boire à cette sainte congrégation. Et voici que, subitement, arrivent de ces pays des hommes avec des bêtes de somme, des chevaux, des charrettes chargées de pain, de vin, de fèves, de fromage, et d'autres bonnes choses à manger, comme ces pauvres du Christ en avaient besoin. En outre, ils apportaient des nappes, des pots, des coupes, des verres et d'autres vases, qui étaient nécessaires à une telle multitude; et très heureux s'estimait qui pouvait porter le plus de choses ou servir avec le plus de rapidité, si bien que, eux aussi, les chevaliers et barons, et les autres gentilshommes qui étaient venus pour regarder, se mirent à servir avec une grande humilité et une grande dévotion.

Aussi saint Dominique, témoin de toutes ces choses, reconnaissant que véritablement la Providence divine s'employait pour les Frères, reconnut humblement qu'il avait jugé témérairement saint François coupable d'un ordre indiscret, et allant devant lui, saint Dominique s'agenouilla, avoua sa faute avec humilité, et ajouta : « Vraiment, Dieu a un soin tout particulier de ces saints pauvres, et je ne le savais pas! et maintenant je promets d'observer l'évangélique et sainte pauvreté ; et je maudis, de la part de Dieu, tous les Frères de mon Ordre qui prétendraient conserver quelque chose à eux. » C'est ainsi que saint Dominique fut très édifié de la foi de saint François, de l'obéissance et de la pauvreté d'une assemblée si nombreuse, si bien ordonnée, et de la Providence divine, qui répandait une si grande abondance de biens.

Dans ce même chapitre, il fut dit à saint François que beaucoup de Frères portaient le cilice sur leur chair, et des cercles de fer; ce qui était cause que beaucoup étaient malades, presqu'à en mourir, et que beaucoup étaient

6

empêchés de prier. A raison de quoi, saint François, comme un père très discret, commanda par la sainte obéissance, que quiconque aurait un cilice ou un cercle de fer les retirât, et les posât devant lui ; c'est ce qu'ils firent. On compta bien cinq cents cilices de fer et encore plus de cercles, tant pour les bras que pour la ceinture. On en fit un énorme monceau, et saint François voulut qu'on les laissât là.

Enfin, le chapitre terminé, saint François, après les avoir affermis dans le bien, et leur avoir appris comment ils devraient s'en aller sans péché de ce monde si mauvais, les renvoya dans leurs provinces avec la bénédiction de Dieu et la sienne, tous remplis de joie spirituelle.

CHAPITRE XIX

Comment tout le raisin de la vigne du prêtre de Rieti, chez lequel priait saint François, fut ravagé et cueilli par le grand nombre de gens qui venaient voir le Saint. Comment ensuite le prêtre récolta miraculeusement plus de vin que jamais, ainsi que saint François lui avait promis; et comment enfin Dieu révéla à saint François qu'il aurait le paradis en quittant la terre.

François étant une fois gravement malade des yeux, le cardinal Ugolin, protecteur de l'Ordre, qui avait pour le Saint une grande tendresse, lui écrivit de venir le trouver à Rieti, où il y avait d'excellents médecins pour les yeux. Ayant reçu la lettre du cardinal, saint François alla en premier lieu à Saint-Damien, où était Claire, très dévote épouse du Christ, pour lui donner quelques consolations, et ensuite se rendre près du cardinal.

Saint François étant là, la nuit suivante, son mal d'yeux s'aggrava tellement qu'il ne voyait plus la lumière; et dès lors, ne pouvant plus partir, sainte Claire lui fit faire une pauvre cellule de roseaux, où il put mieux reposer. Mais saint François, tant par suite des douleurs de la maladie qu'à cause du trouble extrême causé par une multitude de souris, ne put reposer ni de jour ni de nuit; souffrant encore davantage de cette peine et de cette tribulation, il se mit à réfléchir et à reconnaître que c'était un fléau de Dieu pour ses péchés, et il commença à remercier Dieu avec tout son cœur, puis s'écria à haute voix : « Mon Seigneur, je suis digne de tout cela, et de bien pire encore; ô mon Seigneur Jésus-Christ, bon pasteur, toi qui, pour nous pécheurs, as placé ta miséricorde dans les diverses peines et les angoisses corporelles, accorde-moi, à moi ta pauvre brebis, la grâce et le courage de ne jamais me séparer de toi, ni par maladie, ni par angoisses, ni par souffrances. »

Il priait ainsi lorsque se fit entendre une voix venue du ciel, et disant : « François, réponds-moi; si toute la terre était en or, si toutes les mers, les sources et les fleuves étaient du baume, si tous les monts, toutes les collines, tous les rochers étaient en pierres précieuses; et si tu trouvais un autre trésor, plus précieux encore que tout cela, comme l'or l'emporte sur la terre, le baume sur l'eau, et les pierres précieuses sur les monts et les rochers, et que ta maladie te procurât cet inestimable trésor, ne devrais-tu pas en être bien content, bien joyeux ? » Saint François répondit : « Seigneur, je ne suis pas digne d'un aussi précieux trésor. » Et la voix de Dieu lui dit : « Réjouis-toi, François, parce que c'est là le trésor de la vie éternelle, que je te réserve; et dès maintenant je t'en donne l'investiture; cette maladie et cette affliction sont les arrhes de ce trésor bienheureux. » Alors, saint François appela son compagnon, avec une très grande joie d'une aussi glorieuse promesse, et lui dit : « Allons trouver le cardinal. » Et consolant tout d'abord sainte Claire avec de saintes paroles, et prenant congé d'elle avec humilité, il prit le chemin de Rieti.

Arrivé près de cette ville, une foule de peuple si considérable vint à sa rencontre, qu'il ne voulut pas entrer dans Rieti, mais il alla dans une église qui était éloignée de la cité d'environ deux milles. Dès que les habitants apprirent que saint François était dans cette église, ils accoururent si nombreux pour le voir, que la vigne de ladite église fut entièrement dévastée, et le raisin tout cueilli ; de quoi le prêtre s'affligea fortement dans le fond de son cœur, se repentant d'avoir reçu saint François dans son église. Mais lés sentiments intérieurs du prêtre étant révélés par Dieu à saint François, il le fit appeler et lui dit : « Père très cher, combien de charges de vin te rend cette vigne, l'année où elle t'en rend le plus ? » Il répondit : « Douze charges. » Saint François lui dit : « Je te prie, mon Père, de supporter patiemment que je demeure ici pendant quelques jours encore, car j'y trouve un grand repos, et de laisser prendre du raisin dans ta vigne par tout le monde, pour l'amour de Dieu et de moi, pe'it pauvre, et je te promets de la part de mon Seigneur Jésus-Christ qu'elle te rendra chaque année vingt charges. » Si saint François voulait rester encore là, c'est qu'il voyait de grands fruits dans les âmes des gens qui accouraient, parmi lesquels beaucoup repartaient enivrés du divin amour, et abandonnaient le monde. Le prêtre se fia à la promesse de saint François, et laissa sa vigne à la libre disposition de ceux qui venaient trouver le Saint. Merveilleuse chose ! La vigne fut entièrement ravagée et les raisins cueillis ; c'est à peine s'il y restait quelques grappes. Vint le temps de la vendange, le prêtre recueillit ces grappes, les mit dans la cuve, les foula, et selon la promesse de saint François, récolta vingt charges d'excellent vin.

Par ce miracle, il était donné manifestement de comprendre que comme, par les mérites de saint François, la vigne dépouillée de ses raisins avait fourni du vin en abondance, de même le peuple chrétien, stérile en vertus par le péché, allait abonder souventes fois en bons fruits de pénitence, par les mérites et la doctrine de saint François.

CHAPITRE XX

D'une très belle vision que vit un jeune Frère qui avait en telle abomination le froc, qu'il était disposé à abandonner l'habit, et à sortir de l'Ordre.

Un jeune homme très noble, élevé dans la délicatesse, entra dans l'Ordre de saint François. Au bout de quelques jours, par l'instigation du démon, il commença à voir en telle abomination l'habit qu'il portait, qu'il semblait porter le sac le plus vil; il avait horreur des manches, détestait le capuchon; la longueur et la grossièreté du vêtement lui paraissait un fardeau insupportable. Enfin son dégoût pour la Religion croissant toujours davantage, il finit par se décider a quitter l'habit et à retourner au monde.

Il avait déjà pris pour habitude, ainsi que le lui avait appris son maître, quelle que fût l'heure à laquelle il passât devant l'autel du couvent où se conservait le corps du Christ, de s'agenouiller avec un grand respect, de baisser son capuchon et de s'incliner les bras en croix.

Il arriva que la nuit pendant laquelle il devait partir et quitter l'Ordre, il eut à passer devant l'autel du couvent; et en passant, selon son habitude, il s'agenouilla et s'inclina; subitement, il fut ravi en esprit, et par Dieu lui fut montré une merveilleuse vision. Il vit devant lui une multitude presqu'innombrable de saints, comme en procession, deux à deux, vêtus de très beaux et très précieux vêtements d'étoffes superbes. Leurs figures et leurs mains resplendissaient comme le soleil, et ils s'avançaient aux sons des chants et des instruments des anges. Parmi ces saints, il y en avait deux plus noblement vêtus et plus ornés que tous les autres : et ils étaient entourés d'une telle clarté qu'ils causaient une grande stupeur à qui les regardait. Enfin presqu'à la fin de la procession, le jeune homme vit un saint orné de tant de gloire qu'il semblait un nouveau chevalier, plus honoré que les autres.

En voyant ladite procession, ce jeune homme s'émerveillait, et il ne savait ce que cette procession voulait dire, n'étant pas assez audacieux pour le demander, et restant plongé dans une stupéfaction pleine de douceur. Et cependant la procession étant toute passée, il prit courage en son cœur, courut droit aux derniers saints et les interrogea avec une grande crainte, leur demandant : « O mes très chers, je vous en prie, qu'il vous plaise me dire quels sont ceux si merveilleux qui forment une procession si vénérable ? » Ils répondirent : « Sache, mon fils, que nous sommes tous des Frères-Mineurs qui venons en ce moment de la gloire du paradis. » Et le jeune homme demanda : « Quels sont ces deux qui resplendissent plus que tous les autres ? » Ils répondirent : « Ce sont saint François et saint Antoine, et ce dernier que tu as vu si honoré est un saint Frère qui est mort nouvellement : il combattit vaillamment contre les tentations, et persévéra jusqu'à la fin ; nous le conduisons en triomphe à la gloire du paradis. Quant à ces vêtements si beaux, d'étoffes magnifiques que nous portons, ils nous sont donnés par Dieu, en échange des âpres tuniques que nous portions patiemment en religion. Cette glorieuse clarté que tu vois en nous est donnée par Dieu pour l'humilité, et pour la sainte pauvreté, et pour la patience, et pour la chasteté, que nous avons observées jusqu'à la fin. Aussi, mon fils, qu'il ne te soit plus dur de porter le sac de la religion, si fructueux ; en effet, si avec le sac de saint François, pour l'amour du Christ, tu méprises le monde, tu mortifies ta chair, et tu combats valeureusement contre le démon, tu auras avec nous tous ensemble un vêtement semblable au nôtre, et la clarté de la gloire. »

Ces paroles dites, le jeune Frère revint à lui, réconforté par la vision ; il chassa de lui toute tentation, confessa sa faute devant le Gardien et les autres Frères, aima la rudesse de la pénitence et de l'habit, et termina sa vie dans l'Ordre, en grande sainteté.

CHAPITRE XXI

Du très saint miracle que fit saint François quand il convertit le très féroce loup de Gubbio.

Au temps où saint François demeurait en la ville de Gubbio, parut aux environs un loup très grand, terrible et féroce ; non seulement il dévorait les animaux, mais aussi les hommes, si bien que tous les habitants étaient très effrayés parce que le loup s'approchait souvent de la ville. Tout le monde ne sortait qu'avec des armes, comme si on allait au combat, et, malgré tout, on ne pouvait se défendre contre cette bête féroce, quand on la rencontrait étant seul ; enfin, par peur de ce loup, on en vint au point que personne n'était assez hardi pour sortir de la ville.

Aussi, saint François ayant compassion des gens du pays, voulut aller au-devant de ce loup bien que les habitants ne le lui conseillassent pas du tout, et faisant le signe de la très sainte croix, saint François sortit de la ville avec ses compagnons, toute sa confiance étant placée en Dieu. Mais les autres hésitant à aller plus loin, saint François prit le chemin conduisant à l'endroit où était le loup. Et voici que, voyant une foule d'habitants de la ville qui étaient venus pour voir ce miracle, le dit loup s'élance au-devant de saint François, la gueule ouverte :

mais, approchant de lui, saint François fait sur lui le signe de la très sainte croix, et l'appelant lui dit : « Viens ici, mon frère loup ; je te commande de la part du Christ, que tu ne fasses de mal ni à moi, ni à personne. »

Admirable chose! aussitôt que saint François eut fait le signe de la croix, le loup terrible ferma sa gueule, et s'arrêta de courir, et sur l'ordre donné, vint doucement, comme un agneau, se coucher aux pieds de saint François. Et alors saint François lui parla ainsi : « Frère loup, tu fais beaucoup de ravages dans ce pays, tu as détruit et tué des créatures de Dieu, sans sa permission. Et non seulement tu as tué et dévoré des animaux, mais tu as eu l'audace de tuer des hommes faits à l'image de Dieu. Aussi es-tu digne du gibet, comme brigand et le pire des homicides ; tous les gens se plaignent de toi, murmurent contre toi, et tout le pays est ton ennemi. Mais je veux, frère loup, faire la paix entre toi et eux ; si bien que tu ne les offenseras plus, et eux te pardonneront toutes les offenses passées, et ni les hommes, ni les chiens, ne te persécuteront plus. »

Ces paroles dites, le loup, par les mouvements de son corps, de sa queue, de ses oreilles et en inclinant la tête, montra qu'il acceptait ce que saint François disait et qu'il entendait l'observer à l'avenir. Lors, saint François répéta ceci : « Frère loup, puisqu'il te convient de conclure et d'observer cette paix, je te promets que je te ferai donner tes aliments d'une façon continue, tant que tu vivras, par les hommes de ce pays, de façon que tu ne souffres plus de la faim, car je sais bien que c'est à cause de la faim que tu as fait tant de mal. Mais puisque je t'accorde cette grâce, je veux, frère loup, que tu me promettes que tu ne nuiras plus à personne, ni homme, ni animal, me le promets-tu ? » Et le loup, en inclinant la tête, fit un signe évident de promesse. Et saint François lui dit : « Frère loup, je veux que tu me fasses foi de cette promesse, afin que moi, je puisse bien m'y fier. » Saint François ayant étendu la main pour recevoir la foi du loup, celui-ci leva sa patte droite de devant, et familièrement la posa dans la main de saint François, lui donnant tout le signe de foi qu'il pouvait.

Alors, saint François dit : « Frère loup, je te commande, au nom de Jésus-Christ, de venir immédiatement avec moi, sans aucune hésitation, et nous allons ratifier cette paix, au nom de Dieu. » Le loup, obéissant, va avec le Saint, comme le ferait un doux agneau ; les gens voyant cela s'émerveillaient prodigieusement.

Promptement la nouvelle se répandit par toute la cité, et toutes gens, hommes et femmes, grands et petits, jeunes et vieux se pressaient sur la place pour voir le loup et saint François. Tout le peuple étant rassemblé, saint François monta sur une élévation, se mit à prêcher, disant entre autres choses comment, pour leurs péchés, Dieu permettait de telles choses et de telles calamités, et combien était plus redoutable la flamme de l'enfer qui devait durer éternellement pour les damnés, que la fureur du loup qui ne peut tuer que le corps, et combien dès lors il fallait craindre la gueule de l'enfer, puisque la gueule d'un pauvre animal fait trembler toute une multitude. « Tournez-vous donc vers Dieu, ô mes très chers, et faites une convenable pénitence de vos péchés. Dieu vous délivrera du loup dans le temps présent et du feu de l'enfer dans le temps à venir. »

La prédication terminée, saint François dit : « Écoutez, mes Frères : mon frère loup qui est ici devant vous, m'a fait la promesse, et m'en a fait foi, de faire la paix avec vous et de ne plus jamais vous offenser en aucune chose ; et vous, promettez-lui de lui donner chaque jour les choses qui lui seront nécessaires. Et je me porte fort pour lui que ce pacte de paix, il l'observera fermement. » Alors, tout le peuple, d'une seule voix, promit de nourrir le loup, toujours. Saint François devant tous dit : « Et toi, frère loup, promets-tu d'observer vis-à-vis d'eux ce pacte de paix, et de n'offenser ni les hommes, ni les animaux, ni aucune créature? » Et le loup s'agenouilla, inclina la tête, et par un très doux mouvement de son corps, de sa queue et de ses oreilles, montra, autant qu'il lui était possible, son intention d'observer vis-à-vis des habitants le pacte de paix. Saint François dit : « Mon frère loup, tu m'as donné ta foi en dehors des portes de la ville, je veux que devant tout ce peuple, tu me donnes la foi de ta promesse, afin que je sois certain que tu n'abuseras pas de l'assurance et de la caution que j'ai données en ton nom. » Alors, le loup, levant la patte droite, la mit dans la main de saint François.

En voyant cela, et tout ce qui vient d'être raconté ci-dessus, tout le peuple ressentit tant d'allégresse et tant d'admiration, et pour la dévotion du Saint, et pour la nouveauté du miracle, et pour la paix faite avec le loup, que tous se mirent à crier vers le ciel, louant et bénissant Dieu, lequel leur avait envoyé saint François qui, par ses mérites, les avait délivrés de la gueule d'une bête cruelle. Puis, ledit loup vécut deux ans à Gubbio, entrant familièrement dans les maisons, de porte en porte, sans faire de mal à personne, et sans qu'on lui en fît à lui-même ; et il fut nourri courtoisement par les gens du pays, et, quand il allait ainsi par le pays et par les maisons, aucun chien n'aboyait contre lui. Finalement, après deux ans, frère loup mourut de vieillesse ; de quoi, les habitants eurent un vif chagrin, car voyant le loup aller avec tant de douceur dans la ville, ils se rappelaient mieux la vertu et la sainteté de saint François.

CHAPITRE XXII

Comment saint François apprivoise des tourterelles sauvages.

Un jeune homme avait pris un jour beaucoup de tourterelles, et alors qu'il allait les vendre, saint François se rencontra avec lui; le Saint qui avait une particulière affection pour les animaux pacifiques, regarda ces tourterelles d'un regard plein de compassion et dit au jeune homme : « Je te prie de me les donner, afin que ces oiseaux si doux, qui sont dans la sainte Écriture les emblèmes des âmes chastes, humbles et fidèles, ne viennent pas à tomber entre les mains des cruels qui les feraient mourir. »

Soudainement inspiré de Dieu, le jeune homme les donna toutes à saint François; et celui-ci les recevant dans son sein, se mit à leur dire de douces paroles : « O mes sœurs, tourterelles simples, innocentes et chastes, pourquoi vous laissez-vous prendre ? Maintenant, moi, je veux vous arracher à la mort, et vous faire des nids, afin que vous puissiez multiplier selon l'ordre de notre Créateur. »

Saint François alla leur faire des nids à toutes : Elles s'en servirent, pondirent des œufs, et élevèrent des petits, devant les Frères. Elles étaient apprivoisées et se conduisaient à l'égard de saint François et des autres Frères, comme si elles étaient des poules toujours nourries par eux. Elles ne partirent que quand saint François, avec sa bénédiction, leur donna la permission de s'envoler. Et saint François dit au jeune homme qui lui avait donné ces tourterelles : « Mon fils, tu seras aussi Frère dans cet Ordre, et tu serviras généreusement Jésus-Christ. » Et ce fut ainsi : le jeune homme se fit Frère, et vécut dans l'Ordre avec une grande sainteté.

CHAPITRE XXIII

Comment saint François délivra le Frère qui était en péché, entraîné par le démon.

Saint François étant un jour en oraison au couvent de la Portioncule, vit par divine révélation tout le couvent entouré et assiégé par les démons, comme une grande armée. Mais aucun d'eux ne pouvait rentrer dans le couvent, parce que les Frères étaient d'une telle sainteté que les démons n'avaient accès dans aucun d'eux. Cependant les démons persévérèrent dans leurs assauts de la même façon. Un jour, l'un des Frères se scandalisa contre un autre, et pensait au fond de son cœur comment il pourrait l'accuser et se venger de lui ; c'est pourquoi le Frère persistant dans cette mauvaise pensée, le démon, ayant ainsi l'entrée ouverte, pénétra dans le couvent, et mit la main au collet du Frère.

Mais le pasteur, plein de piété et de sollicitude, lui qui veillait toujours sur son troupeau, voyant que le loup était entré et allait dévorer sa petite brebis, fait immédiatement appeler auprès de lui le Frère ; il lui ordonne de découvrir sur-le-champ le venin de la haine qu'il avait conçue contre son prochain, cette haine, grâce à laquelle il était entre les mains de l'ennemi. Le Frère, tout épouvanté de se voir compris de son saint Père, reconnut tout le venin et toute la rancune de son cœur, avoua sa faute, et humblement demanda pénitence et miséricorde ; ceci fait, le Frère étant absous de son péché, et ayant reçu la pénitence, subitement, devant saint François, le démon prit la fuite.

Le Frère, ainsi délivré des mains de la bête cruelle par la bonté du bon pasteur, revint corrigé et instruit au troupeau, où il vécut désormais dans une grande sainteté.

CHAPITRE XXIV

Comment saint François convertit à la foi le soudan de Babylone.

Saint François, excité par le zèle de la foi du Christ, et par le désir du martyre, passa la mer avec douze de ses compagnons très saints, pour aller tout droit au soudan de Babylone. Ils arrivèrent à une contrée habitée par les Sarrazins où les frontières étaient gardées par des hommes si cruels qu'aucun des chrétiens qui y passaient ne pouvaient échapper à la mort ; cependant, ainsi qu'il plut à Dieu, ils ne furent pas mis à mort, mais pris, battus, garrottés, et conduits devant le soudan.

Étant devant lui, saint François, instruit par l'Esprit-Saint, prêcha si divinement la foi du Christ, que bien plus, pour rendre témoignage de cette foi, il voulait entrer dans le feu. Alors, le soudan commença à avoir une grande dévotion envers saint François, à cause de la constance de la foi et du mépris du monde qu'il voyait en ce Saint (qui ne voulait recevoir du soudan aucun don, bien que très pauvre) et aussi pour cette ferveur qu'il lui voyait pour le martyre.

Dès lors, le soudan l'entendit volontiers, et le pria de souventes fois revenir le voir, lui accordant libéralement à lui et à ses compagnons de pouvoir prêcher partout où il leur plairait. Il leur donna même un signe, grâce auquel ils ne puissent pas être offensés par personne. Ayant obtenu cette permission, saint François envoya ses Frères et d'autres compagnons deux par deux dans les diverses parties du pays des Sarrazins pour prêcher la foi du Christ.

A la fin, saint François, voyant qu'il ne pouvait plus faire de fruits dans ces contrées, se disposa, par suite d'une révélation divine, avec tous ses compagnons, à revenir parmi les fidèles, et s'étant tous rassemblés, ils retournèrent auprès du soudan, afin de prendre congé de lui.

Alors le soudan dit : « Frère François, je me convertirais volontiers à la foi du Christ, mais je crains de le faire maintenant : car si mes sujets le savaient, ils nous tueraient, toi, moi, et tous tes compagnons avec nous. Et comme tu peux faire encore beaucoup de bien, et que, moi, j'ai à expédier certaines affaires de grande importance, je ne veux pas actuellement causer ma mort et la tienne. Mais enseigne-moi comment je pourrai me sauver, je suis prêt à faire tout ce que tu m'imposeras. » Alors saint François dit : « Seigneur, aujourd'hui je vous quitte, mais après, quand je serai revenu dans mon pays, et quand j'irai au ciel, par la grâce de Dieu, après ma mort, je t'enverrai deux de mes Frères de qui tu recevras le saint baptême du Christ et tu seras sauvé, comme l'a révélé mon Seigneur Jésus-Christ. Mais, toi, en attendant, débarrasse-toi de tout obstacle, de telle sorte que quand la grâce de Dieu viendra à toi, elle te trouve prêt à la foi et à la dévotion. »

Le soudan promit de le faire, et le fit en effet. Après cet entretien, saint Francois s'en retourna avec le vénérable groupe de ses saints compagnons, et quelques années plus tard, saint François, mourant de sa mort corporelle, rendit son âme à Dieu. Lors, le soudan, devenu malade, attendait l'accomplissement de la promesse de saint François ; il avait fait placer des gardes à certains passages, et ordonné que si deux Frères apparaissaient revêtus de l'habit de saint François, ils fussent immédiatement conduits devant lui.

En ce temps, le bienheureux François apparut à deux Frères, et leur donna l'ordre d'aller, sans tarder, trouver le soudan pour lui procurer le salut, ainsi qu'il le lui avait promis ; ces Frères, immédiatement, se mirent en route, et après avoir passé la mer, furent conduits au soudan par les gardiens. En les voyant, le soudan rempli d'une vive allégresse, dit : « Maintenant je sais vraiment que Dieu m'a envoyé ses serviteurs pour mon salut, selon la promesse que saint François m'a faite par révélation divine. » Et dès lors, recevant les enseignements de la foi du Christ, et le saint baptême par lesdits Frères, ainsi régénéré dans le Christ, il mourut pendant cette maladie et fut son âme sauvée par les mérites et les prières de saint François.

CHAPITRE XXV

Comment saint François guérit miraculeusement le lépreux de l'âme et du corps; et ce que lui dit l'âme en montant au ciel.

Le vrai disciple du Christ, saint François, dans cette misérable vie, s'appliquait de tous ses efforts à suivre le Christ, maître parfait; d'où il arriva souventes fois que par la divine opération, celui dont saint François guérissait le corps, était en même temps guéri par Dieu quant à l'âme, comme fit le Christ, ainsi qu'on peut le lire dans l'Évangile. Aussi, non seulement il servait volontiers les lépreux, mais, en outre, il avait établi que les Frères de son Ordre, allant par le monde, ou séjournant, serviraient les lépreux pour l'amour du Christ, lui qui a voulu être regardé comme lépreux, à cause de nous.

Il arriva une fois que dans un couvent, près de celui où saint François demeurait alors, où les Frères desservaient un hôpital pour les lépreux et les malades, il se trouva un lépreux si impatient, si intraitable et si obstiné, que tout le monde tenait pour certain, et cela était, que ce lépreux était possédé du démon; il insultait par ses paroles et maltraitait de coups, outrageusement, quiconque le servait, et, ce qui est pire, il blasphémait si indignement le Christ béni et sa sainte Mère, que d'aucune façon on ne pouvait trouver quelqu'un qui voulût ou pût le servir. Et, bien que les Frères s'appliquassent à supporter patiemment les injures et les brutalités personnelles, pour accroître le mérite de leur patience, leur conscience ne leur permettait pas de supporter ce qui s'adressait au Christ et à sa Mère; ils résolurent à la fin d'abandonner ledit lépreux, mais ils ne voulurent pas le faire avant d'avoir signifié leur résolution, régulièrement, à saint François qui demeurait alors dans un couvent près de là.

Après qu'ils eurent signifié leur résolution, saint François vint trouver ce lépreux pervers, et arrivant près de lui, le salue, disant: « Dieu te donne la paix, mon frère très cher. » Le lépreux répondit: « Quelle paix puis-je recevoir de Dieu, lui qui m'a enlevé la paix, et tout bien, et qui m'a fait tout pourri et tout puant. » Et saint François dit : « Aie patience, mon fils, car les maladies du corps nous sont données par Dieu en ce monde, pour le salut de l'âme, et elles sont d'un grand mérite quand elles sont supportées patiemment. » Le malade répondit : « Et comment puis-je supporter patiemment la peine continuelle qui m'afflige le jour et la nuit. Et non seulement je suis affligé par ma maladie, mais les Frères me font encore pire : tu me les as donnés pour me servir et ils ne me servent pas comme ils le devraient. »

Lors saint François, reconnaissant par révélation que ce lépreux était possédé du malin esprit, alla se mettre en oraison et pria Dieu dévotement pour lui; et l'oraison faite, il retourna vers lui, et lui dit : « Mon fils, c'est moi qui veux te servir, puisque tu n'es pas content des autres. — Bien volontiers, dit le malade, mais que pourras-tu faire de plus que les autres? » Saint François répondit: « Tout ce que tu voudras, je le ferai. » Le lépreux dit : « Je veux que tu me laves tout le corps; car je pue si fortement que je ne puis moi-même supporter mon odeur. »

Saint François fit immédiatement chauffer de l'eau avec beaucoup d'herbes odoriférantes; puis il déshabilla le lépreux et commença à le laver avec ses mains, et un autre Frère lui versait l'eau. Alors, par un miracle divin, à chaque endroit que saint François touchait de ses mains, la lèpre s'en allait et la chair devenait parfaitement saine.

En même temps que la chair commençait à se guérir, l'âme elle aussi commençait à se guérir; aussi, le lépreux voyant qu'il commençait à guérir, se mit à avoir une grande componction et un grand repentir de ses péchés, et à pleurer très amèrement. Pendant que le corps se débarrassait à l'extérieur de la lèpre par l'eau qui coulait sur lui, de même l'âme à l'intérieur se purifiait du péché par la repentance et par les larmes. Et, quand il fut complètement guéri, quant au corps et quant à l'âme, il demanda pardon, et, en pleurant, dit à haute voix :

« Malheur à moi, qui suis digne de l'enfer par les violences et les injures que j'ai faites et dites aux Frères ! J'en suis digne par les impatiences et les blasphèmes que j'ai proférés contre Dieu. » Et il persévéra pendant quinze jours dans les regrets les plus amers de ses péchés, ne cessant de crier miséricorde à Dieu, et se confessant à un prêtre, d'un entier aveu.

Saint François, voyant le si manifeste miracle, que Dieu avait opéré par ses mains, le remercia, et partit de là, allant à un pays assez éloigné : car, par humilité, il voulait fuir toute gloire, et dans toutes ses actions, il ne cherchait que l'honneur et la gloire de Dieu, et non la sienne propre.

Puis, comme il plut à Dieu, le dit lépreux, guéri de corps et d'âme, après quinze jours passés dans la pénitence, tomba malade d'une autre maladie, et armé des sacrements de l'Église, mourut saintement ; et, son âme, allant en paradis, apparut en l'air à saint François, qui était en oraison, et lui dit : « Me reconnais-tu ? — Qui es-tu ? dit saint François. — Je suis ce lépreux que le Christ béni a guéri par tes mérites, et aujourd'hui je vais à la vie éternelle ; de quoi, je rends grâces à Dieu et à toi. Que bénis soient ton âme et ton corps ; et que bénies soient tes saintes paroles et tes œuvres ; car, par toi, beaucoup d'âmes seront sauvées dans le monde : et sache bien qu'il n'y a pas un jour au monde où les saints anges et les autres saints ne remercient Dieu des saints fruits que toi et ton

Ordre vous faites dans les diverses parties du monde ! Aussi, sois tout réjoui et remercie Dieu, et demeure avec sa bénédiction. » Et ces paroles dites, l'âme alla au ciel, et saint François demeura infiniment consolé.

CHAPITRE XXVI

Comment saint François convertit trois larrons homicides qui se firent Frères; et de la très majestueuse vision que l'un d'eux vit, lequel devint par la suite un très saint Frère.

Saint François s'en allait une fois par le désert de Borgo san Sepolchro, et, passant par un château qui s'appelait Mont-Casale, vit venir à lui un jeune homme noble et délicat qui lui dit : « Je voudrais très volontiers être de vos Frères. » Saint François répondit : « Mon fils, tu es jeune, délicat et noble, peut-être ne pourrais-tu pas supporter et notre pauvreté, et notre rude existence? » Et le jeune homme lui dit : « Père, n'êtes-vous pas des hommes comme moi? Donc, si vous supportez tout cela, de même je le pourrai avec la grâce de Jésus-Christ. »

Cette réponse plut beaucoup à saint François. Aussi, le bénissant, il le reçut immédiatement dans l'Ordre, et lui donna le nom de Fr. Ange. Ce jeune homme se conduisit si admirablement, que, peu de temps après, saint François le nomma Gardien du couvent appelé Mont-Casale.

En ce temps, il y avait dans la contrée trois bandits célèbres qui faisaient beaucoup de mal dans le pays ; ils vinrent un jour audit couvent des Frères, et prièrent ledit Fr. Ange, gardien, de vouloir bien leur donner à manger. Le Gardien leur répondit de cette manière, en les reprenant durement : « Vous, larrons et cruels homicides, vous n'avez pas honte de voler les fatigues d'autrui ; mais en outre, audacieux et effrontés, vous voulez dévorer les aumônes qui sont envoyées aux serviteurs de Dieu, vous qui n'êtes pas dignes d'être supportés par la terre ; ainsi, vous n'avez aucun respect ni pour les hommes, ni pour Dieu qui vous a créés. Allez donc, retournez à vos méfaits, et ne revenez plus ici ! »

Troublés par ce langage, les voleurs partirent avec une grande colère. Lors, voici que saint François revient du dehors avec une besace de pain et un petit vase de vin, que lui et son compagnon avaient mendiés ; et le Gardien, lui racontant comment il avait chassé les brigands, saint François le reprit fortement, lui disant qu'il s'était conduit avec cruauté. « Car, ajouta-t-il, les pécheurs sont ramenés à Dieu bien mieux par la douceur que par de durs reproches ; aussi, notre maître Jésus-Christ, dont nous avons promis d'observer l'Évangile, nous dit-il que ce ne sont point les gens en bonne santé qui ont besoin du médecin, mais les malades. Il n'est pas venu appeler les justes, mais les pécheurs à la pénitence. C'est pourquoi souventes fois il mangea lui-même avec eux. Or donc, puisque tu as agi contre la charité et contre le saint Évangile du Christ, je te commande, par la sainte obéissance, de prendre immédiatement cette besace de pain que j'ai mendié et ce petit vase de vin, et de courir après eux au plus vite. Tu iras par les montagnes et les vallées, jusqu'à ce que tu les trouves ; tu leur présenteras tout ce pain et tout ce vin de ma part. Puis, tu t'agenouilleras devant eux, et tu leur diras humblement la faute que tu as commise par ta dureté ; enfin, tu les prieras de ma part de ne plus faire de mal, mais de craindre Dieu et de ne plus l'offenser. S'ils font cela, je leur promets de pourvoir à leurs besoins, et de leur donner toujours à manger et à boire. Et, quand tu leur auras dit tout cela, tu reviendras ici avec humilité. »

Pendant que ledit Gardien allait faire ce que lui avait dit saint François, celui-ci se mit en oraison, priant Dieu d'attendrir le cœur de ces voleurs et de les convertir à la pénitence. L'obéissant Gardien les rejoint, leur présente le pain et le vin, et fait ce que saint François lui avait imposé.

Il plut à Dieu que les voleurs, tout en mangeant l'aumône de saint François, se mirent à dire entre eux : « Malheur à nous, misérables infortunés. Ah ! comme elles sont dures les peines de l'enfer que nous devons attendre ! Nous qui allons non seulement volant le prochain, mais aussi le tuant ; et cependant, de tant de maux, de tant de scélératesses que nous commettons, nous n'avons aucun remords de conscience, aucune crainte de Dieu ; et voilà ce saint Frère, qui est venu à nous, et pour quelques paroles, méritées par notre malice, il a avoué humblement sa faute ! Bien plus, il nous apporte ici, avec le pain et le vin, de si libérales promesses du saint Père ! Vraiment, ceux-là sont des Frères saints du Christ, qui méritent le paradis de Dieu ! et nous, nous sommes les fils de l'éternelle perdition, qui méritons les peines de l'enfer ! Chaque jour, nous avançons vers notre perte, et nous ne savons pas si, des péchés que nous avons commis jusqu'ici, nous pourrons retourner à la miséricorde de Dieu. »

L'un d'eux disant cela, et d'autres paroles semblables, les autres dirent : « Bien certainement, tu dis vrai ; mais voilà, que devons-nous faire maintenant ? — Allons, dit un autre, trouver saint François, et s'il nous donne l'espoir de pouvoir retrouver le pardon de Dieu pour nos péchés, faisons ce qu'il nous ordonnera. Puissions-nous libérer notre âme des peines de l'enfer. »

Cet avis plut aux autres, et ainsi tous trois d'accord, allèrent trouver en hâte saint François. Ils lui dirent ceci : « Père, nous, à cause de nos scélératesses et de nos péchés si nombreux, nous ne croyons pas pouvoir revenir en grâce auprès de Dieu ; mais toi, si tu as un peu d'espoir que Dieu nous reçoive à miséricorde, voici que nous sommes tout prêts à faire ce que tu diras, et à faire pénitence avec toi. » Alors saint François, les retenant avec charité et bonté, les encouragea par de nombreux exemples, les assurant de la miséricorde divine, leur promettant que certainement il l'implorerait pour eux, et leur démontrant que la miséricorde de Dieu est infinie. Ajoutant : « Quand même nous aurions commis des péchés infinis, la miséricorde de Dieu est encore plus grande que nos péchés, c'est ce que dit l'Évangile. L'apôtre saint Paul ne dit-il pas : « Le Christ béni est « venu en ce monde pour racheter les pécheurs. »

Éclairés par ces paroles, et par d'autres semblables, les dits trois larrons renoncèrent au démon et à ses œuvres. Saint François les reçut dans l'Ordre, et ils commencèrent à faire grande pénitence. Deux d'entre eux vécurent peu après leur conversion, et allèrent en paradis. Mais le dernier survivant, et repensant à ses péchés, s'adonna à faire une telle pénitence que, pendant quinze années de suite, outre les carêmes ordinaires qu'il faisait avec les autres Frères, en autres temps il jeûnait trois fois par semaine au pain et à l'eau, il marchait toujours nu-pieds avec une seule tunique sur le dos, et ne dormait jamais jusqu'au matin.

Vers ce temps-là, saint François quitta cette misérable vie. Lors, ce Frère, ayant pendant de nombreuses années continué sa grande pénitence, voilà qu'une nuit après Matines, il lui vint une telle tentation de dormir, qu'en aucune manière il ne pouvait résister au sommeil, et veiller comme il en avait l'habitude. A la fin, ne pouvant ni résister au sommeil, ni prier, il se mit sur son lit pour dormir ; et, dès qu'il eut posé sa tête, il fut ravi et conduit en esprit sur une montagne très élevée, au pied de laquelle était un précipice très profond, et deçà, delà, des rochers brisés et entr'ouverts, des aspérités informes qui sortaient des rochers : aussi, le fond de ce précipice était-il d'un aspect effroyable à voir. L'ange qui conduisait ce Frère, le poussa et le jeta rudement dans l'abîme : rebondissant et tombant de pointe en pointe, et de rochers en rochers, à la fin il alla s'abattre au fond de ce précipice, tout démembré et tout brisé, ainsi qu'il lui paraissait.

Alors qu'il était gisant à terre dans cet état affreux, celui qui le conduisait lui dit : « Lève-toi, car il convient que tu fasses un plus grand voyage. » Le Frère répondit : « Tu me parais un homme bien téméraire et bien cruel ; tu vois que je vais mourir de cette chute qui m'a ainsi déchiré, et tu me dis de me lever. » Alors l'ange s'approcha de lui, et le touchant, lui remet parfaitement tous les membres et le guérit. Puis, il lui montre une grande plaine garnie de pierres aiguës et tranchantes, d'épines et de ronces, et lui dit qu'il fallait courir par toute cette plaine, et la traverser à pieds nus, jusqu'à ce qu'il arrive à la fin, où il devait voir une fournaise ardente dans laquelle il lui fallait pénétrer.

Lors, le Frère ayant traversé toute la plaine avec une grande angoisse et beaucoup de peines, l'ange lui dit : « Entre dans cette fournaise, il faut absolument que tu le fasses ! » Il répondit : « Hélas ! que tu es pour moi un cruel guide ! tu me vois presque mort après avoir parcouru cette plaine angoissante, et maintenant comme repos, tu veux que j'entre dans cette fournaise ardente ! » Et, en regardant, le Frère vit dans la fournaise beaucoup de démons ayant à la main des fourches de fer, avec lesquelles, comme il hésitait à entrer, ils le poussèrent tout à coup.

Dès qu'il fut entré dans la fournaise, il vit un homme qui avait été son compère et qui brûlait entièrement ; et alors, il demanda : « O mon malheureux compère, comment es-tu venu ici ? » Et il lui répondit : « Avance un peu plus loin, et tu trouveras ma femme, ta commère, et elle te dira la cause de notre damnation. » Allant plus loin, voici qu'apparaît ladite commère toute en flammes, et renfermée dans une mesure à grain tout embrasée. Et le Frère lui demanda : « O infortunée et misérable commère, comment es-tu arrivée à subir un aussi cruel tourment ? » Et elle répondit : « Parce qu'au temps de la grande famine que saint François avait prédite auparavant, mon mari et moi nous avons falsifié les blés et les grains que nous vendions avec cette mesure à blé, dans laquelle, pour ce péché, je brûle serrée ! »

Ces paroles dites, l'ange qui conduisait le Frère, le tira hors de la fournaise, et puis lui dit : « Prépare-toi à faire un horrible voyage, par lequel tu dois passer. » Et le Frère répondit en gémissant : « O le plus dur des conducteurs, qui n'as aucune pitié, tu vois que je suis presque tout brûlé dans cette fournaise et, malgré cela, tu veux me conduire à un voyage dangereux et horrible. Et alors, l'ange le toucha et le rendit guéri et vaillant.

Puis il le mena à un pont sur lequel on ne pouvait passer sans grand danger, parce qu'il était très mince, très étroit, très glissant et sans aucun parapet; sous ce pont coulait un fleuve terrible, plein de serpents, de dragons, de scorpions, et qui exhalait une très grande puanteur. Lors, l'ange lui dit : « Passe sur ce pont; absolument il faut que tu y passes ! » Le Frère répondit : « Et comment pourrai-je passer, sans tomber dans ce fleuve si dangereux ? » L'ange dit : « Viens, suis-moi, pose ton pied où tu verras que je pose le mien, et ainsi tu passeras bien. » Le Frère passa derrière l'ange, comme il lui avait dit de le faire, jusqu'à ce qu'il atteignit le milieu du pont. Mais, étant à peu près au milieu, l'ange s'envola, et quittant le Frère, s'en alla sur une montagne très haute, assez loin du pont.

Le Frère considérait bien le lieu où l'ange avait volé, mais, restant sans guide, et regardant le fleuve, il voyait ces animaux si terribles se tenir la tête hors de l'eau, et la gueule ouverte, prêts à le dévorer s'il tombait : il avait une telle frayeur qu'il ne savait que faire, ni que dire, ne pouvant retourner sur ses pas, ni marcher en avant. Donc, se voyant dans une telle tribulation, n'ayant plus d'autre refuge qu'en Dieu, il s'agenouilla, embrassa le pont, et, de tout son cœur avec larmes, il se recommanda à Dieu, implorant secours par sa sainte miséricorde.

Ayant fait son oraison, il lui sembla qu'il commençait à avoir des ailes, et, avec une grande allégresse, il attendait qu'elles eussent poussé suffisamment pour pouvoir voler de ce pont jusqu'à l'endroit où l'ange lui-même avait volé. Mais, au bout de peu de temps, à cause du grand désir qu'il avait de passer sur le pont, il se mit à voler, et comme ses ailes n'étaient pas encore assez grandes, il retomba sur le pont, et ses plumes se détachèrent. Alors, il se mit de nouveau à embrasser le pont, et comme la première fois, se recommanda à Dieu : l'oraison faite, il lui parut derechef que ses ailes repoussaient. Mais, comme la première fois, il n'attendit pas qu'elles fussent complètement poussées, et, se mettant à voler avant le temps, il retomba encore sur le pont, et ses plumes se détachèrent.

Voyant que par suite de sa précipitation à voler avant le temps, il tombait, le Frère commença à se dire en lui-même : « Certainement, s'il me pousse des ailes pour la troisième fois, j'attendrai jusqu'à ce qu'elles soient assez grandes pour que je puisse voler sans tomber. » Restant sur ces pensées, il se voit pour la troisième fois pousser des ailes ; et, attendant fort longtemps, jusqu'à ce qu'elles fussent très grandes, il lui sembla que pendant le temps où les ailes avaient poussé, la première, puis la seconde, et enfin la troisième fois, il s'était bien écoulé cent cinquante ans, et même davantage.

Enfin, pour la troisième fois, le Frère se leva, prit son vol de toutes ses forces et s'envola très haut, jusqu'à l'endroit où l'ange avait volé ; et comme il frappait à la porte du palais où était l'ange, le portier lui demanda : « Qui es-tu, toi qui es venu ici ? » Il répondit : « Je suis Frère-Mineur. » Le portier lui dit : « Attends-moi ; je veux amener ici saint François, pour voir s'il te connaît. »

Pendant que le portier était allé chercher saint François, le Frère commença à considérer les murs merveilleux de ce palais, et ces murs lui semblaient transparents et d'une telle clarté qu'on voyait distinctement les chœurs des saints, et tout ce qui s'y passait à l'intérieur. Pendant qu'il restait là, jetant des regards stupéfaits et émerveillés, voici qu'arriva saint François, et Fr. Bernard, et Fr. Égide, et, les suivant, une grande multitude de saints et de saintes qui avaient embrassé sur terre leur genre de vie. Ils paraissaient innombrables. Saint François, s'avançant vers le portier, lui dit : « Laisse-le entrer à l'intérieur, parce qu'il est de mes Frères. »

Aussitôt qu'il fut entré, il sentit une telle consolation et une telle douceur, qu'il oublia toutes les tribulations qu'il avait éprouvées, comme si elles n'avaient jamais existé. Lors, saint François le conduisant à l'intérieur, lui montra beaucoup de choses merveilleuses, puis il lui dit : « Mon fils, il faut que tu retournes au monde ; tu y resteras sept jours, pendant lesquels tu te prépareras avec soin et avec une grande dévotion ; car, après ces sept jours, je viendrai te prendre, et alors tu viendras avec moi dans ce séjour des bienheureux. »

Saint François était couvert d'un manteau merveilleux, orné des plus belles étoiles, et ses cinq stigmates brillaient comme cinq étoiles très belles, avec une telle splendeur, qu'elles illuminaient tout le palais de leurs rayons. Fr. Bernard avait sur la tête une couronne des plus belles étoiles ; Fr. Égide était orné d'une merveilleuse clarté ; et étaient aussi là beaucoup d'autres saints Frères que le nouveau venu n'avait pas connus dans le monde.

Congédié par saint François, il retourna dans le monde, quoique peu volontiers, se réveilla, revenant à lui et reprenant ses sens, au moment où les Frères sonnaient Prime ; en sorte qu'il n'avait été ravi dans cette vision, que de Matines à Prime, bien qu'il lui parût être resté ainsi pendant un très grand nombre d'années. Il raconta exactement toute cette vision à son Gardien.

Quand le septième jour arriva, il commença à avoir la fièvre ; et, le huitième, saint François vint à lui, selon la promesse qu'il lui avait faite, avec une très grande multitude de glorieux saints, et conduisit l'âme du Frère au royaume des bienheureux, à la vie éternelle.

CHAPITRE XXVII

Comment saint François convertit à Bologne deux étudiants qui se firent Frères; puis, comment à l'un d'eux, il enleva une grande tentation.

Saint François étant un jour allé à la ville de Bologne, tout le peuple accourut pour le voir, et si grande était la foule que tous eurent grand'-peine à atteindre la place. Quand toute cette place fut pleine d'hommes, de femmes et d'étudiants, saint François monta au milieu, sur un endroit élevé, et commença à prêcher comme le Saint-Esprit le lui inspirait. Or, il prêchait si merveilleusement, qu'il semblait à tous que ce fût plutôt un ange qu'un homme qui prêchât. Ses paroles célestes semblaient autant de flèches aiguës, qui traversaient le cœur de ses auditeurs : si bien que, pendant cette prédication, une grande multitude d'hommes et de femmes se convertirent à la pénitence.

Parmi ces convertis, furent deux nobles étudiants de la Marche d'Ancône, dont l'un avait nom Pellegrino, et l'autre Rinieri ; tous deux, en écoutant ladite prédication, furent touchés au cœur par une divine inspiration. Ils vinrent à saint François, disant qu'à toute force ils voulaient abandonner le monde, et être de ses Frères. Alors saint François, sachant par révélation qu'ils étaient envoyés par Dieu, et que, dans l'Ordre, ils devaient mener une sainte vie, considérant leur grande ferveur, les reçut avec allégresse, disant : « Toi, Pellegrino, tu suivras dans l'Ordre la voix de l'humilité. Toi, Frère Rinieri, tu serviras les Frères. » Et ce fut ainsi.

Fr. Pellegrino ne voulut jamais être clerc, mais rester simple laïque, quoiqu'il fût éminent littérateur et grand canoniste; par cette humilité, il parvint à une grande perfection de vertu, si bien que Fr. Bernard, le fils aîné de saint François, disait de ce Frère qu'il était l'un des plus parfaits qu'il y eût au monde. Finalement, le dit Fr. Pellegrino, rempli de vertu, passa de cette misérable vie à la vie bienheureuse, ayant fait beaucoup de miracles, avant et après sa mort.

Le dit Fr. Rinieri servit les autres Frères dévotement et fidèlement, vivant dans une grande sainteté et une grande humilité; il devint l'un des plus familiers de saint François. Étant plus tard nommé Ministre de la Province de la Marche d'Ancône, il la dirigea fort longtemps en très grande paix et discrétion.

Au bout de quelque temps, Dieu permit qu'il eût une très grande tentation dans son âme : plein de trouble et d'angoisse, il s'infligeait des jeûnes, de la discipline, des oraisons, des larmes, et le jour et la nuit. Il ne pouvait, malgré tout, chasser cette tentation; bien souvent, il tombait dans un grand désespoir, parce qu'il se croyait abandonné de Dieu. Lors, se trouvant ainsi désespéré, pour dernier remède, il se détermina à aller trouver saint François, pensant ceci : « Si saint François me fait bon visage et me montre de la familiarité comme d'habitude, je croirai que Dieu prend encore pitié de moi : si non, ce sera la preuve que Dieu m'abandonne! »

Fr. Rinieri partit donc, alla trouver saint François, qui à cette époque était dans le palais de l'évêque d'Assise, gravement malade. Or, Dieu révéla au Saint toutes les circonstances de la tentation de Fr. Rinieri, ses dispositions et son projet de venir le trouver. Immédiatement saint François appela Fr. Léon et Fr. Massée, et leur dit : « Allez tout de suite à la rencontre de mon fils très cher, le Fr. Rinieri, et embrassez-le de ma part, Saluez-le, et dites-lui que parmi tous les Frères qui existent dans le monde, je l'aime, lui, particulièrement. »

Ils allèrent donc, et trouvèrent par le chemin Fr. Rinieri; l'embrassant, ils lui dirent ce que saint François leur avait ordonné. Le Frère sentit alors dans son âme tant de douceur et de consolation, qu'il était comme hors de lui-même. Remerciant Dieu de tout son cœur, il se dirigea vers la chambre où saint François était couché, malade, et y arriva. Entendant venir Fr. Rinieri, bien qu'il fût gravement malade, saint François se leva néanmoins et alla à sa rencontre. L'embrassant très affectueusement, il lui dit : « Mon fils bien cher, Frère Rinieri, entre tous les Frères qui sont dans le monde, je t'aime, toi, je t'aime particulièrement. » Et, ayant dit ces paroles, il lui fit le signe de la très sainte croix sur le front, l'embrassa à l'endroit de ce signe, puis il lui dit : « Mon fils très cher, cette tentation, Dieu l'a permise pour toi, pour faire augmenter grandement tes mérites; mais, si tu ne veux plus de ce gain, ne l'aie pas. » Merveilleuse chose! Aussitôt que saint François eut dit cette parole, subitement la tentation s'éloigna de lui, comme s'il ne l'avait jamais éprouvée de sa vie et il demeura tout consolé.

CHAPITRE XXVIII

D'une extase de Fr. Bernard, dans laquelle il resta de Matines jusqu'à None, sans recouvrer ses sens.

Combien elles sont grandes, les grâces que Dieu fait fort souvent aux pauvres évangéliques qui abandonnent le monde pour l'amour du Christ! Tout le démontre chez le Fr. Bernard de Quintavalle; lui qui, après avoir pris l'habit de saint François, était ravi très fréquemment en Dieu, par la contemplation des choses célestes. Une fois entre autres, il arriva qu'étant à l'église pour entendre la messe, et toute son âme étant suspendue en Dieu, il devint si absorbé, si ravi en Dieu, qu'au moment de l'élévation du corps du Christ, il ne s'aperçut de rien, ne s'agenouilla pas et ne baissa pas son capuchon comme faisaient les autres; mais sans remuer les yeux, regardant fixement, il demeura de Matines jusqu'à None tout insensible. Et, après None, revenant à lui, il allait dans le couvent, s'écriant d'une voix pleine d'admiration : « O Frères! ô Frères! ô Frères! Il n'est pas d'homme dans ce pays, si grand et si noble qu'il soit, auquel il ne soit agréable, si on lui promettait un superbe palais plein d'or, de porter un sac de fumier, pour gagner un aussi noble trésor. »

Vers ce trésor céleste promis à ceux qui aiment Dieu, ledit Fr. Bernard eut l'âme si entraînée, que pendant quinze années de suite, il alla toujours l'esprit et le visage dirigés vers le ciel. Pendant tout ce temps, il ne mangea jamais à sa faim, à table, bien qu'il mangeât toujours quelque peu de ce qui était placé devant lui, aussi disait-il : Que des mets auxquels l'homme ne goûte pas, on ne fait pas une parfaite abstinence : mais que la véritable abstinence consistait à se priver des choses qui sont bonnes au goût. En outre, Fr. Bernard arriva à une si grande clarté et une telle lumière d'intelligence que souventes fois de très grands clercs eurent recours à lui pour avoir la solution de très importantes questions et de passages très difficiles de l'Écriture. Lui, immédiatement, dissipait tous les doutes de ceux qui le consultaient au sujet des difficultés qui lui étaient soumises.

Comme son esprit était dégagé et séparé complètement des choses terrestres, lui comme une hirondelle, s'envolait dans les airs, très haut, par la contemplation : dès lors, quelquefois pendant vingt jours, d'autres fois pendant trente jours, il demeurait seul sur les cimes des plus hautes montagnes, contemplant les choses célestes. Aussi le Fr. Égide disait-il de lui que ce don qui était accordé à Fr. Bernard de Quintavalle n'était pas donné aux autres hommes, à savoir qu'en volant, il se nourrissait comme l'hirondelle : et saint François, à cause de ces grâces très excellentes que Fr. Bernard avait reçues de Dieu, très volontiers et bien souvent s'entretenait avec lui, et de jour, et de nuit : aussi furent-ils trouvés quelquefois ensemble pendant toute la nuit ravis en Dieu, dans le bois où ils s'étaient rendus pour parler des choses divines.

CHAPITRE XXIX

Comment le démon, sous la figure du Crucifié, apparut plusieurs fois à Fr. Rufin, et lui dit que tout le bien qu'il faisait était perdu; puisqu'il n'était pas parmi les élus destinés à la vie éternelle. Comment saint François l'apprit par révélation de Dieu, et fit reconnaître à Fr. Rufin son erreur, à laquelle celui-ci avait ajouté foi.

Fr. Rufin, un des hommes les plus nobles de la cité d'Assise, compagnon de saint François et d'une très grande sainteté, fut pendant un temps combattu et tenté très fortement dans le fond de son âme, au sujet de la prédestination. Il en était devenu tout mélancolique, tout triste, car le démon lui avait mis au cœur la pensée qu'étant damné, il ne comptait pas au nombre des élus prédestinés à la vie éternelle, et que tout ce qu'il faisait dans l'Ordre était perdu. Tandis que durait cette tentation pendant tant et plus de jours, lui, n'osant rien révéler à saint François, ne laissait cependant pas que de faire l'oraison et les abstinences d'usage. Alors l'ennemi commença à ajouter tristesse sur tristesse, et outre le combat intérieur, il livrait bataille au Frère extérieurement avec de fausses apparitions. Enfin, une fois, il lui apparut sous la figure du Crucifié, et lui dit : « O Frère Rufin, pourquoi t'affliger dans la pénitence et l'oraison, puisque tu n'es pas désigné pour être parmi les prédestinés à la vie éternelle. Crois-moi : je sais, moi, qui j'ai élu et prédestiné ! Ne crois pas le fils de Pierre Bernardone, s'il te dit le contraire ; et même, ne l'interroge pas sur ce sujet, car ni lui, ni les autres ne le savent, excepté moi, qui suis le fils de Dieu. Aussi, crois-moi, certainement tu es du nombre des damnés, ainsi que le fils de Pierre Bernardone, ton père même, ton propre père est damné. Quiconque suit le fils de Bernardone est dans l'erreur. »

Ces paroles dites, Fr. Rufin commença à être si enténébré par le prince des ténèbres, qu'il perdait déjà toute la confiance et tout l'amour qu'il avait pour saint François. Il ne se souciait pas de lui dire quoi que ce soit. Mais, ce que le Fr. Rufin ne disait pas à son Père, le Saint-Esprit le lui révéla ; et saint François voyant en esprit le péril si grand dans lequel était ledit Frère, l'envoya chercher par le Fr. Massée.

Fr. Rufin répondit en grondant : « Qu'ai-je donc à faire avec le Fr. François ? » Et alors, Fr. Massée, tout rempli de sagesse divine, reconnaissant la fausseté du démon, lui dit : « O Frère Rufin, ne sais-tu pas que Fr. François est comme un ange de Dieu, qui a éclairé tant d'âmes dans le monde, et par lequel nous avons reçu la grâce de Dieu ? aussi je veux qu'à toute force tu viennes avec moi, car je vois clairement que tu es trompé par le démon. »

Ceci dit, Fr. Rufin partit et alla vers saint

François, qui, le voyant venir de loin, commença à s'écrier : « O malheureux Frère Rufin, à qui as-tu ajouté foi? » Et quand Fr. Rufin fut auprès de lui, il redit de point en point au Frère toutes les tentations que le démon lui avait fait subir extérieurement et intérieurement; lui démontrant clairement que celui qui lui était apparu était le démon, et non le Christ, et que d'aucune manière, il ne devait obéir à ses suggestions. « Quand le démon, ajouta saint François, te dira encore : tu es damné! tu lui répondras : Ouvre la bouche, que je t'y jette de la fiente! alors, ce sera le signe que tu as affaire au démon et non au Christ, dès que tu lui auras fait cette réponse, immédiatement il s'enfuira. D'ailleurs, ne devais-tu pas aussi reconnaître que c'était le démon, puisqu'il t'endurcissait le cœur à l'égard de tout ce qui est bien; c'est là son œuvre propre. Tandis que le Christ béni jamais n'endurcit le cœur de l'homme fidèle; au contraire, il l'adoucit, selon qu'il l'a dit par son prophète : « Je vous arracherai ce cœur de « pierre, et je vous donnerai un cœur de chair. »

Fr. Rufin, voyant que saint François lui disait de point en point tout ce qui s'était passé lors de ses tentations, commença à pleurer très fortement, à tomber aux pieds de saint François et à reconnaître humblement la faute qu'il avait commise en lui cachant sa tentation; il demeura ainsi tout consolé et réconforté par les enseignements du Père saint et complètement changé en bien. Et finalement, saint François lui dit :

« Va, mon fils, confesse-toi, et n'abandonne pas l'habitude de l'oraison accoutumée; sache que très certainement cette tentation te sera d'une grande utilité et d'une grande consolation; dans peu de temps, tu en auras la preuve. »

Fr. Rufin retourna à sa cellule dans le bois, et pendant qu'il était en oraison, répandant beaucoup de larmes, voici venir l'ennemi, sous la personne du Christ, comme il avait déjà apparu, et il lui dit : « O Frère Rufin, ne t'ai-je pas dit de ne pas croire le fils de Pierre Bernardone, et de ne pas te consumer en larmes et en prières, puisque tu es damné? A quoi bon t'affliger pendant que tu es vivant, puisque tu seras damné après ta mort? » et immédiatement Fr. Rufin répond au démon : « Ouvre ta bouche, que je te jette dedans de la fiente! » Alors le démon, outré de colère, disparut immédiatement, avec une telle tempête et une telle commotion des rochers du mont Soubassio qui était proche, que les pierres en roulant s'étendirent sur un très large espace jusqu'au bas de la montagne. Le heurt produit par ces pierres roulant et se choquant ensemble était si grand, qu'elles faisaient briller un feu horrible par toute la vallée. A ce bruit terrible, saint François et ses compagnons sortirent au dehors du couvent, très surpris, pour voir quel était cet événement insolite. Or, aujourd'hui encore, on peut voir cet amoncellement de rochers disjoints.

Fr. Rufin reconnut alors avec évidence que celui qu'il avait vu était bien le démon, qui l'avait trompé. Retournant vers saint François, il se jeta de nouveau à terre et confessa sa faute; saint François le réconforta par de douces paroles et le renvoya tout consolé dans sa cellule. Tandis que Fr. Rufin demeurait là en oraison, très dévotement, le Christ béni lui apparut, et toute son âme fut embrasée du divin amour. Le Christ lui dit : « Tu as bien fait, mon fils, de croire saint François; celui qui t'avait attristé était le démon; mais je suis le Christ, ton maître; et pour t'en donner une certitude absolue, je te donne ce signe : Tant que tu vivras, tu ne ressentiras plus jamais ni tristesse aucune, ni mélancolie. » Et ceci dit, le Christ disparut, laissant le Frère dans une telle allégresse, une telle douceur d'esprit et une telle élévation de l'âme, que jour et nuit il était absorbé et ravi en Dieu.

Dès lors, il fut si confirmé dans la grâce, si en sécurité pour son salut, qu'il fut changé tout entièrement en un autre homme. Il serait toujours resté le jour et la nuit en oraison, à contempler les choses divines, si les autres Frères l'avaient laissé faire. Aussi saint François disait en parlant de lui, que le Fr. Rufin avait été, dès cette vie, canonisé par le Christ, et que partout, excepté devant lui, il n'hésiterait pas à dire : Saint Rufin; bien que le Frère fût encore vivant sur cette terre.

CHAPITRE XXX

De la belle prédication que firent à Assise saint François et Fr. Rufin.

Ledit Fr. Rufin était par la continuelle contemplation, si absorbé en Dieu, qu'il devenait comme insensible et muet; très rarement il parlait, et d'ailleurs il n'avait ni la grâce, ni le feu, ni l'éloquence de la prédication. Cependant saint François lui ordonna un jour d'aller à Assise, et de prêcher au peuple ce que Dieu lui inspirerait. A quoi Fr. Rufin répondit : « Révérend Père, je te prie de me pardonner et de ne pas m'envoyer; car, tu le sais, je n'ai pas la grâce de la prédication, et je suis simple et ignorant. » Alors saint François lui dit : « Parce que tu n'as pas obéi immédiatement, je t'ordonne par la sainte obéissance d'aller à Assise, nu comme tu es né, avec seulement tes braies, d'entrer dans une église et de prêcher au peuple. »

A cet ordre, Fr. Ruffin se dépouille, va à Assise, entre dans une église, et ayant fait l'inclinaison devant l'autel, monte en chaire, et commence à prêcher; de quoi les enfants et les hommes se mirent à rire, et disaient : « Or, voici que ceux-là font une telle pénitence, qu'ils deviennent fous, et hors d'eux-mêmes! » Au même instant, saint François repensant à la prompte obéissance de Fr. Rufin, qui était l'un des hommes les plus nobles d'Assise, et de l'ordre si dur qu'il lui avait donné, commença à se faire des reproches à lui-même, se disant : « D'où te vient tant de présomption, fils de Pierre Bernardone, vil petit homme, de donner de tels ordres au Fr. Rufin, l'un des plus notables gentilshommes d'Assise? Pourquoi le forcer à prêcher au peuple, comme un fou? Par Dieu, tu vas essayer toi-même ce que tu commandes aux autres. » Et immédiatement, plein d'une ferveur spirituelle, il se dépouille comme l'avait fait Fr. Rufin, et va à Assise, emmenant Fr. Léon pour porter son habit et celui de Fr. Rufin.

Voyant saint François semblable à l'autre Frère, les habitants d'Assise le raillèrent, persuadés que lui et Fr. Rufin étaient devenus fous en faisant par trop pénitence. Saint François entra dans l'église où Fr. Rufin prêchait sur ces paroles : « O mes très chers, fuyez le monde, et laissez là le péché; rendez le bien d'autrui, si vous voulez échapper à l'enfer; observez les commandements de Dieu, aimant Dieu et le prochain, si vous voulez aller au ciel; faites pénitence, si vous voulez posséder le royaume du ciel. » Alors saint François monta dans la chaire, et se mit à prêcher d'une façon si merveilleuse, sur le mépris du monde, la pénitence sainte, la pauvreté volontaire, le désir du royaume du ciel, la nudité et l'opprobre de la passion de Notre-Seigneur Jésus-Christ, que tous ceux qui étaient à cette prédication, hommes et femmes, en très grand nombre, commencèrent à pleurer très fortement, avec dévotion et componction de cœur. Non seulement là, mais par toute la ville d'Assise, il y eut ce jour-là tant de pleurs versés sur la passion du Christ qu'on n'avait jamais rien vu de semblable.

Lors, le peuple étant ainsi édifié et consolé par ce qu'avaient fait saint François et Fr. Rufin, saint François revêtit Fr. Rufin et se revêtit lui-même; ainsi revêtus, ils retournèrent au couvent de la Portioncule, louant et glorifiant Dieu qui leur avait donné la grâce de se vaincre eux-mêmes, par le mépris de soi. Remerciant Dieu qui leur avait permis d'édifier les brebis du Christ par le bon exemple, et de démontrer quel prix doit avoir le mépris du monde. Or donc, en ce jour s'accrut dans le peuple la dévotion envers les deux saints; à un tel point que bienheureux s'estimait qui pouvait toucher le bord eurs vêtements.

CHAPITRE XXXI

Comment saint François connaissait très exactement les secrets de la conscience de tous ses Frères.

Comme Notre-Seigneur Jésus-Christ le dit dans l'Évangile : « Je connais mes brebis et elles me connaissent », de même le bienheureux Père saint François, comme un bon pasteur, connaissait par divine révélation tous les mérites et toutes les vertus de ses compagnons; il savait aussi leurs défauts. Aussi appliquait-il à tous les meilleurs remèdes, humiliant les superbes, exaltant les humbles, blâmant les vices et louant les vertus; ainsi qu'on peut le voir par les récits des admirables révélations qu'il eut au sujet de sa première famille.

Parmi ces récits se trouve le suivant : Un jour que saint François était avec sa dite famille en un couvent, s'entretenant de Dieu, Fr. Rufin n'était pas avec eux, présent à cet entretien, mais dans le bois en contemplation. Tandis que se poursuivait cet entretien sur Dieu, voici que Fr. Rufin sort du bois, et passe à une petite distance d'eux. Lors, saint François le voyant, se retourna vers ses compagnons et les interrogea, disant : « Quelle est l'âme que vous croyez la plus sainte parmi celles que Dieu a créées et qui habitent ce bois? » Lui répondant, tous dirent : « Nous croyons, Père, que c'est la tienne ! » Mais saint François leur dit : « Mes bien chers Frères, pour moi, je suis le plus indigne et le plus vil des hommes que Dieu ait créés en ce monde ; mais voyez-vous ce Fr. Rufin, qui sort en ce moment du bois ? Dieu m'a révélé que son âme est l'une des trois plus saintes âmes du monde ; or, je vous le dis très fermement, je n'hésiterais pas à l'appeler saint Rufin même pendant sa vie, parce que son âme est confirmée en grâce et sanctifiée et canonisée au ciel par Notre-Seigneur Jésus-Christ. » Mais, ces paroles, saint François ne les disait jamais en présence dudit Fr. Rufin.

Et de même, jusqu'à quel point saint François connut les défauts de ses Frères, on le vit très clairement par ce qui arriva au Fr. Élie, auquel saint François adressait de fréquents reproches pour son orgueil, ainsi qu'au Fr. Jean de la Chapelle auquel il prédit qu'il devait se pendre lui-même par la gorge. Saint François montra qu'il connaissait le fond de son âme à un autre Frère que le démon tenait serré par la gorge, lorsqu'on le corrigeait de sa désobéissance. Il agit de même à l'égard de beaucoup d'autres Frères, dont les défauts cachés, comme les vertus, étaient clairement connus de saint François, par révélation du Christ.

CHAPITRE XXXII

Comment Fr. Massée obtint du Christ la vertu d'humilité.

Les premiers compagnons de saint François s'appliquèrent de toutes leurs forces à être pauvres des choses terrestres, et riches des vertus, par lesquelles on parvient aux vraies richesses célestes et éternelles.

Il vint un jour, où étant réunis tous ensemble à parler de Dieu, l'un d'eux leur cita cet exemple : *Il fut un homme qui*, grand ami de Dieu, ayant de grandes grâces pour la vie active et contemplative, avait cependant une humilité très profonde. Il pensait de lui-même qu'il était un très grand pécheur. Cette humilité le sanctifiant et le confirmant dans la grâce, le faisait continuellement croître en vertus et en dons de Dieu, et ne le laissait jamais tomber dans le péché. En entendant ces choses si merveilleuses sur l'humilité, Fr. Massée sachant qu'elle était un trésor de vie éternelle, se sentit enflammé d'ardeur et de désir de cette vertu de l'humilité. Lors, plein d'une grande ferveur, levant son visage vers le ciel, il fit le vœu et le ferme propos de ne plus jamais se réjouir en ce monde, jusqu'à ce qu'il sentît ladite vertu très parfaitement dans son âme. Et dès lors il demeurait presque continuellement reclus dans sa cellule, se macérant par des jeûnes, des veilles, des oraisons, et de très grandes lamentations devant Dieu, pour obtenir de lui cette vertu, sans laquelle il s'estimait digne de l'enfer. Il pensait sans cesse à cet ami de Dieu dont il avait entendu parler, et que Dieu avait favorisé si grandement, par le don de l'humilité. Or, le Fr. Massée demeurant pendant fort longtemps dans ce désir, il arriva qu'un jour il entra dans le bois, animé de la ferveur d'esprit la plus complète. Il allait, marchant droit devant lui, versant des larmes, poussant des soupirs, et demandant à Dieu, avec un ardent désir, la vertu divine de l'humilité. Comme Dieu exauce volontiers les prières des cœurs contrits, alors que le Fr. Massée demeurait ainsi suppliant, une voix du ciel se fit entendre, qui appela deux fois : « Frère Massée! Frère Massée! » Et lui sachant par inspiration que c'était la voix du Christ, répondit : « Mon Seigneur! » Et le Christ lui dit : « Que veux-tu donner pour obtenir la grâce que tu demandes? » Fr. Massée répondit : « Seigneur, je veux donner les yeux de ma tête. » Et le Christ lui dit : « Je veux que tu aies la grâce et aussi les yeux. » Et ceci dit, la voix se tut, et le Fr. Massée demeura plein d'une telle grâce de cette vertu désirée de l'humilité et de la lumière de Dieu, que dès lors il était toujours dans la jubilation. Or, souventes fois, quand il priait, sa joie se montrait sous la forme d'un son très doux, comme le chant d'une colombe, « Hou! hou! hou! » Et avec une figure ravie et un cœur allègre, il demeurait ainsi dans la contemplation. Fr. Jacques de Fallerone l'interrogeait un jour, lui demandant pourquoi dans ses saints transports de joie, il était toujours le même; Fr. Massée répondit avec une grande allégresse que quand dans une chose se rencontrait tout Bien, il n'y avait nul besoin de changer.

CHAPITRE XXXIII

Comment sainte Claire, sur un ordre exprès du Pape, bénit le pain qui était sur la table, et comment après, sur chaque pain, apparut le signe de la sainte croix.

Sainte Claire, très dévote disciple de la croix du Christ, et noble plante de saint François, était d'une telle sainteté, que non seulement les évêques et les cardinaux, mais même le Pape désiraient avec une grande ardeur la voir et l'entendre. Souventes fois le Pape vint en personne lui rendre visite.

Un jour entr'autres, le Saint-Père alla au monastère de sainte Claire, pour l'entendre parler des choses célestes et divines; et, pendant qu'ils étaient ainsi ensemble, s'entretenant de choses diverses, sainte Claire fit apprêter en même temps les tables, et y posa le pain afin que le Saint-Père le bénît.

Dès que les entretiens spirituels furent terminés, sainte Claire s'agenouillant avec un profond respect, pria le Pape qu'il lui plût bénir le pain déposé sur la table. Le Saint-Père répondit : « Sœur Claire très fidèle, je veux que ce soit toi qui bénisse ce pain toi-même, et que tu fasses sur ce pain le signe de la très sainte croix du Christ, à laquelle tu t'es donnée tout entière. » Sainte Claire dit : « Très-Saint Père, excusez-moi; mais je serais trop répréhensible, si devant le Vicaire du Christ, moi qui ne suis qu'une vile et misérable femme, j'avais la témérité de faire une semblable bénédiction! » Et le Pape répondit : « Pour que ceci ne te soit pas imputé à présomption, mais que ce soit pour toi le mérite d'obéissance, je te commande, au nom de la sainte obéissance, de faire sur ce pain le signe de la très sainte croix, et de le bénir au nom de Dieu. »

Alors, sainte Claire, en véritable fille de l'obéissance, bénit ces pains avec le signe de la très sainte croix. Merveilleuse chose! immédiatement sur tous ces pains apparut le signe de la croix admirablement tracé : une partie de ces pains fut mangée, et une autre partie réservée en raison du miracle. Lors le Saint-Père, ayant été témoin de ce miracle, prit de ce pain, et rendant grâces à Dieu, partit, laissant sainte Claire avec sa bénédiction.

En ce temps-là demeuraient au monastère Sœur Ortolane mère de sainte Claire, et Sœur Agnès sa sœur, toutes deux ensemble, avec sainte Claire, pleines de vertus et de l'Esprit-Saint, et aussi beaucoup d'autres religieuses. Saint François leur envoyait beaucoup de malades auxquels, sans exception, elles rendaient la santé par leurs prières et par le signe de la très sainte croix.

CHAPITRE XXXIV

Comment saint Louis, roi de France, se rendit en personne, sous l'habit du pèlerin, à Pérouse, pour visiter le saint Fr. Égide.

Saint Louis, roi de France, allant en pèlerinage visiter les sanctuaires par le monde, et entendant parler de la très grande réputation de sainteté du Fr. Égide, l'un des premiers compagnons de saint François, se proposa dans son cœur, et se détermina absolument à aller visiter ce saint Frère; aussi vint-il à Pérouse où demeurait alors ledit Fr. Égide.

Arrivant à la porte du couvent des Frères, comme un pauvre pèlerin et un inconnu, avec peu de compagnons, il demanda Fr. Égide avec une grande insistance, ne disant pas au portier quel était le pèlerin qui demandait à voir Fr. Égide.

Le portier va donc à Fr. Égide et lui dit qu'à la porte, il y a un pèlerin qui le demande. Une inspiration de Dieu révéla au Frère que c'était le roi de France; aussi, promptement, et avec une grande ferveur, il sort de sa cellule, et court à la porte. Là, sans se rien dire, eux qui ne s'étaient jamais vus, s'agenouillent avec la plus grande dévotion, s'embrassent, et se tiennent embrassés avec autant d'affection que s'ils avaient été liés depuis longtemps d'une profonde amitié. Ils ne se parlaient pas du tout, ni l'un ni l'autre; mais ils demeuraient ainsi embrassés, en silence, avec tous les signes du plus charitable amour. Et après être restés ainsi fort longtemps, sans se dire une seule parole, ils se séparèrent l'un de l'autre. Saint Louis s'en alla reprendre son voyage, et Fr. Égide retourna à sa cellule.

Le roi parti, un Frère demanda à quelqu'un de ses compagnons, qui était celui qui s'était tenu ainsi embrassé avec Fr. Égide, et ce Frère répondit que c'était Louis, roi de France, qui était venu pour voir Fr. Égide. Comme ce Frère le répéta aux autres Frères, ceux-ci éprouvèrent une très grande tristesse de ce que Fr. Égide n'avait pas dit au roi une seule parole; se lamentant, ils dirent : « O Fr. Égide! pourquoi as-tu été si manant? à un aussi saint roi qui est venu de France pour te voir, et pour entendre de toi quelque bonne parole, tu n'as pas su dire un seul mot? » Fr. Égide répondit : « Bien chers Frères, ne soyez pas surpris de cela, car, ni moi à lui, ni lui à moi, ne pouvions-nous dire une parole : en effet, dès que nous nous fûmes embrassés, la lumière de la divine sagesse révéla et manifesta, à moi son cœur, et à lui le mien; ainsi, par une œuvre divine, regardant dans nos cœurs, ce que je voulais lui dire et ce qu'il voulait me dire, nous le savions infiniment mieux, que si nous nous étions parlé par la bouche; nous éprouvions une plus grande consolation que si nous avions voulu expliquer avec la voix ce que nous ressentions dans le cœur. Par suite de l'impuissance de la langue humaine qui ne peut clairement exprimer les mystères secrets de Dieu, parler eût été pour nous plutôt un chagrin qu'une consolation. Aussi, sachez bien que le roi m'a quitté admirablement content, et l'âme toute consolée. »

CHAPITRE XXXV

Comment sainte Claire étant malade, fut miraculeusement transportée, la nuit de la Nativité, à l'église de saint François, et là, entendit l'office.

Sainte Claire était une fois gravement malade, si bien qu'elle ne pouvait absolument pas aller dire l'office dans l'église avec les autres religieuses; quand arriva la solennité de la Nativité du Christ, toutes les autres Sœurs allèrent à Matines, et sainte Claire resta dans son lit. Elle se désolait de ne pouvoir aller avec ses compagnes et d'être ainsi privée de cette consolation spirituelle. Mais Jésus-Christ, son époux, ne voulant pas la laisser inconsolée, la fit miraculeusement porter à l'église de saint François, assister à tout l'office de Matines, à la messe de la nuit, en outre recevoir la sainte communion; puis, ensuite, elle fut reportée à son lit.

Les Sœurs étant revenues auprès de sainte Claire, quand l'office fut achevé à Saint-Damien, elles lui dirent : « O notre Mère, Sœur Claire, quelle grande consolation nous avons eue dans cette sainte fête de la Nativité! Plût à Dieu que vous ayez pu vous trouver avec nous! » Sainte Claire répondit : « Grâces et louanges soient rendues à Notre-Seigneur Jésus-Christ béni, ô mes Sœurs et filles très chères. J'ai, moi aussi, assisté avec une grande consolation pour mon âme à toute la solennité de cette très sainte nuit, et à une plus magnifique encore que celle à laquelle vous avez pris part vous-mêmes. Par l'intercession de mon Père saint François, et par la grâce de Notre-Seigneur Jésus-Christ, j'ai été là, dans l'église de mon vénérable Père saint François, et de mes propres oreilles, de corps et d'esprit, j'ai entendu tout l'office, et le son des orgues qui chantaient; là, j'ai moi-même fait la très sainte communion. Réjouissez-vous donc de tant de grâces reçues par votre Sœur, et remerciez Notre-Seigneur Jésus-Christ. »

CHAPITRE XXXVI

Comment saint François expliqua à Fr. Léon une belle vision que ce Frère avait vue.

Il advint une fois que saint François était gravement malade, et que Fr. Léon le servait. Or, pendant que ledit Fr. Léon était en oraison auprès de saint François, il fut ravi en extase, et conduit en esprit près d'un fleuve très grand, large et impétueux. Pendant qu'il restait à considérer ceux qui passaient, il vit quelques Frères chargés entrer dans le fleuve; ils étaient immédiatement renversés par l'impétuosité des eaux, et noyés. Quelques-uns s'avançaient jusqu'au tiers du fleuve, d'autres jusqu'à la moitié; quelques-uns enfin arrivaient jusqu'auprès du rivage opposé; mais tous, à cause de la force irrésistible du courant, et du poids qu'ils portaient sur leur dos, finissaient par tomber, et se noyer. Voyant cela, le Frère ressentait pour eux une très grande compassion. Lors, pendant qu'il demeurait ainsi, voici que subitement une grande multitude de Frères accourut, ne portant aucun fardeau, aucun poids, aucune chose, et resplendissants de la sainte pauvreté; ils entrèrent dans le fleuve, et passèrent sur l'autre rive sans aucun danger. Ayant vu cela, Fr. Léon revint à lui.

Alors saint François sachant en esprit que

Fr. Léon avait eu quelque vision, l'appela près de lui, et lui demanda ce qu'il avait vu. Quand ledit Fr. Léon lui eut raconté, sans rien omettre, toute la vision qu'il avait eue, saint François lui dit : « Ce que tu as vu est réel; le grand fleuve, c'est ce monde. Les Frères qui étaient noyés dans le fleuve sont ceux qui n'observent pas la profession évangélique, spécialement en ce qui regarde la très haute pauvreté. Mais ceux qui ont traversé sans péril sont les Frères qui ne cherchent et ne possèdent aucune chose terrestre, ni charnelle en ce monde, mais qui, n'ayant seulement que le nécessaire pour vivre et pour se vêtir, sont heureux, suivant le Christ nu sur la croix. Ils portent allègrement et volontiers le poids et le joug léger du Christ et de la sainte obéissance; aussi passent-ils facilement de la vie temporelle à la vie éternelle. »

CHAPITRE XXXVII

Comment Jésus-Christ béni, à la prière de saint François, accorda la conversion d'un riche et noble chevalier, qui avait comblé saint François de témoignages de respect et de générosité, et comment ce chevalier se fit Frère.

Saint François, serviteur du Christ, arrivant un soir, assez tard, à la maison d'un grand seigneur très puissant, fut reçu et hébergé par lui, ainsi que son compagnon, avec la plus grande courtoisie et le plus grand respect, comme l'eussent été des anges de Dieu : aussi saint François éprouva-t-il pour lui une vive affection. En effet, ce gentilhomme, dès qu'il vit entrer les Frères dans sa maison, avait serré dans ses bras et embrassé tendrement saint François; puis leur avait lavé et essuyé, et baisé très humblement les pieds. Après avoir allumé un grand feu, et fait apprêter la table, il avait voulu servir lui-même les Frères avec un visage tout joyeux, pendant tout leur repas.

Or, dès que saint François et son compagnon eurent mangé, le seigneur dit : « Voici, mon Père, que je vous offre tout ce que j'ai, et moi-même; toutes les fois que vous aurez besoin d'une tunique, d'un manteau, ou de toute autre chose quelconque, achetez, et moi je vous paierai. Voyez, je suis tout prêt à pourvoir à tous vos besoins, puisque, par la grâce de Dieu, je le peux, car je possède en abondance tous les biens temporels; aussi, pour l'amour de Dieu qui m'a tout donné, je fais avec joie tout le bien que je peux à ces pauvres. »

Voyant tant de courtoisie et tant de bonté chez ce seigneur, et ses offres si généreuses, saint François conçut pour lui une telle affection qu'à son départ, il disait tout en marchant à son compagnon : « Vraiment ce gentilhomme serait bon pour faire partie de notre religion et de notre Compagnie, lui qui est si dévoué, si reconnaissant envers Dieu, si affectueux, si courtois pour son prochain et pour les pauvres. Sache, Frère très cher, que la générosité est un des attributs de Dieu, lui qui donne son soleil et sa pluie aux justes comme aux pécheurs, par une courtoisie généreuse. La générosité est la sœur de la charité qui éteint la haine et conserve l'amour. Or parce que j'ai reconnu dans cet homme bon, une vertu si divine, bien volontiers je le voudrais comme compagnon. Aussi, je veux que nous retournions un jour vers lui; alors, peut-être Dieu touchera-t-il son cœur au point que ce gentilhomme veuille nous accompagner et être au service de Dieu. En attendant, nous prierons Dieu qu'il lui mette ce désir au cœur, et lui donne la grâce de le mettre à exécution. »

Chose merveilleuse ! A quelques jours de là, saint François ayant prié comme il l'avait dit, Dieu mit ce désir au cœur de ce gentilhomme ;

et saint François dit à son compagnon : « Allons, mon petit Frère, à la demeure de cet homme généreux ; car j'ai la ferme espérance en Dieu, qu'en outre de ses libéralités de choses temporelles, ce seigneur se donnera lui-même, et sera notre compagnon. » Ils partirent, et en arrivant près de la maison du gentilhomme, saint François dit à son compagnon : « Attends-moi un peu, parce que je veux tout d'abord prier Dieu qu'il rende heureux notre voyage, et demander à Jésus-Christ cette noble proie que nous voulons arracher au monde, afin qu'il lui plaise de nous l'accorder, à nous pauvres et faibles, par la vertu de sa très sainte Passion. »

Et ceci dit, il se mit en oraison dans un endroit où il pût être aperçu dudit homme si courtois. Celui-ci, ainsi qu'il plut à Dieu, regardant deçà, delà, vit saint François demeurant en oraison très dévotement aux pieds du Christ, qui lui était apparu au milieu d'une grande lumière pendant ladite oraison, et se tenait devant le Saint. En même temps, ledit gentilhomme voyait saint François élevé corporellement de terre à une certaine hauteur. A cause de tout cela, ce gentilhomme fut si touché de Dieu, et poussé à laisser le monde, qu'incontinent il sortit hors de son palais, et courut, dans la ferveur de son esprit, vers saint François. Il rejoignit le Saint qui était resté en oraison, s'agenouilla à ses pieds, et, avec les plus vives instances et la plus grande dévotion, le pria de le recevoir, et de faire pénitence avec lui, tous deux ensemble.

Saint François, voyant alors que sa prière avait été exaucée par Dieu, et que, ce qu'il désirait, le gentilhomme lui-même le demandait avec une vive insistance, se releva. Dans la ferveur et la joie de son âme, le Saint prit le gentilhomme dans ses bras, et l'embrassa très dévotement, remerciant Dieu de ce qu'un chevalier aussi accompli était entré dans sa Compagnie. Et ledit gentilhomme disait à saint François : « Que m'ordonnes-tu de faire, Père? Voici que je suis tout prêt à donner aux pauvres tout ce que je possède, sur ton ordre, et à suivre avec toi le Christ, débarrassé ainsi des choses temporelles. » Et il fit ainsi : sur le conseil de saint François, il distribua aux pauvres tout son bien, il entra dans l'Ordre, et il vécut dans la pénitence la plus grande, de la vie la plus sainte, tenant les conversations les plus pieuses.

CHAPITRE XXXVIII

Comment saint François connut en esprit que Fr. Élie était damné, et devait mourir hors de l'Ordre; et comment, à la demande de Fr. Élie, il fit une prière au Christ pour ce Frère, et comment il fut exaucé.

Alors que saint François et Fr. Élie demeuraient ensemble dans un couvent de l'Ordre, il fut révélé de Dieu à saint François que Fr. Élie était damné, devait répudier l'Ordre, et finalement mourir hors de l'Ordre. A cause de cela, saint François conçut une telle antipathie contre ce Frère, qu'il ne s'entretenait pas avec lui et ne lui parlait même jamais. S'il arrivait quelquefois que Fr. Élie allât au-devant de lui, saint François retournait sur ses pas, et allait d'un autre côté pour ne pas le rencontrer.

Ce pourquoi, Fr. Élie commença à voir et à comprendre que saint François ressentait un grand éloignement à son égard. Dès lors, voulant en savoir la raison, un jour il accosta saint François pour lui parler; saint François l'évitant, le Frère le retint de force, mais avec courtoisie. Lors, il commença à le supplier discrètement de vouloir bien lui faire connaître le motif pour lequel il évitait ainsi sa compagnie et sa conversation. Saint François lui répondit : « Le motif, le voici : c'est parce qu'il m'a été révélé par Dieu que pour tes péchés tu répudieras l'Ordre, et tu mourras hors de l'Ordre ; plus encore, il m'a été révélé par Dieu que tu serais damné ! »

Entendant cela, Fr. Élie lui dit : « Mon Révérend Père, je te supplie, pour l'amour de Jésus-Christ, de ne plus m'éviter pour cette raison, et de ne plus me chasser loin de toi. Comme le bon pasteur, à l'exemple du Christ, je t'en supplie, retrouve et reçois la brebis qui périt, si tu ne lui viens pas en aide ; prie Dieu pour moi, afin que, si possible, il révoque la sentence de ma damnation ; car il est écrit que Dieu change son arrêt, si le pécheur se corrige de son péché ; et j'ai une telle foi dans tes prières, que si j'étais au milieu de l'enfer, et si tu priais alors Dieu pour moi, je ressentirais sûrement quelque adoucissement dans mes tortures ; aussi, je te prie encore de me recommander à Dieu, moi pécheur ; à ce Dieu qui est venu pour sauver les pécheurs ; demande-lui de me recevoir dans sa miséricorde. »

Fr. Élie disait tout cela avec une grande dévotion et des larmes. Lors, saint François, comme un père miséricordieux, lui promit de prier Dieu pour lui ; ce qu'il fit. Et pendant qu'il priait Dieu très dévotement, il comprit, par révélation, que sa prière était exaucée de Dieu, quant à la révocation de la sentence de la damnation du Fr. Élie, que, finalement, son âme ne serait pas damnée : mais que sûrement il sortirait de l'Ordre, et mourrait hors de l'Ordre ; ce qui arriva.

En effet, Frédéric, roi de Sicile, s'étant révolté contre l'Église, et le Pape l'ayant excommunié, lui, et tous ceux qui lui donneraient aide ou conseil, ledit Fr. Élie, qui avait la réputation d'être l'un des hommes les plus savants du monde, fut appelé par ledit roi Frédéric. Il se ligua avec ce roi, devint rebelle envers l'Église, et renégat de l'Ordre. Pour cette raison, il fut excommunié par le Pape, et privé de l'habit de saint François.

Étant ainsi excommunié, et gravement malade, un de ses frères, Frère laïque, qui était resté dans l'Ordre, et était un homme de bonne et honnête vie, entendant dire que le Fr. Élie était malade, alla le voir. Or ce Frère dit entr'autres choses au Fr. Élie : « Mon frère très cher, c'est un grand chagrin pour moi que tu sois excommunié et hors de l'Ordre ; tu vas donc mourir ainsi ! Mais si tu voyais une voie ou un moyen pour que je puisse te tirer de ce péril, volontiers j'y consacrerais tous mes soins. »

Fr. Élie répondit : « Mon cher Frère, je ne vois pas d'autre moyen que celui-ci : tu iras trouver le Pape et tu le prieras, pour l'amour de Dieu et de saint François son serviteur, dont les enseignements m'ont fait abandonner le monde, qu'il m'absolve de son excommunication, et me rende l'habit religieux. » Le Frère lui répondit qu'il ne ménagerait aucune peine pour obtenir le salut de Fr. Élie, et, le quittant, il alla se mettre aux pieds du Saint-Père, le priant humblement de faire grâce à son frère pour l'amour du Christ et de saint François, son serviteur.

Il plut à Dieu que le Pape lui accorda que si, à son retour, il retrouvait vivant le Fr. Élie, il pût l'absoudre, de sa part, de l'excommunication et lui rendre l'habit. Il partit tout joyeux, en grande hâte, retourna vers le Fr. Élie, le trouva vivant, mais à peu près sur le point de mourir ; il l'absolva de l'excommunication et lui rendit l'habit. Au moment où il reprenait l'habit, Fr. Élie quitta cette vie, et son âme fut sauvée par les mérites de saint François, et par sa prière, dans laquelle Fr. Élie avait mis une si grande espérance.

CHAPITRE XXXIX

De la merveilleuse prédication que fit saint Antoine de Padoue, Frère-Mineur, dans un consistoire.

Saint Antoine de Padoue, merveilleux vase du Saint-Esprit, et l'un de ceux que saint François avait choisis pour disciples et compagnons, celui que saint François appelait son vicaire prêcha une fois dans un consistoire devant le Pape et les cardinaux, et où étaient des hommes de diverses nations : grecs, latins, français, allemands, slaves, anglais, et d'autres diverses langues du monde. Enflammé par le Saint-Esprit, il annonça la parole de Dieu si efficacement, si dévotement, si ingénieusement, si doucement, si clairement et si intelligemment, que tous ceux qui étaient au consistoire, bien qu'ils fussent de diverses langues, comprirent parfaitement, distinctement, toutes ses paroles, comme s'il avait parlé la langue de chacun d'eux. Ils demeurèrent tous stupéfaits. Il semblait qu'il se fût renouvelé cet antique miracle des Apôtres au temps de la Pentecôte, lorsque, par la vertu du Saint-Esprit, ils parlèrent toutes les langues. Les assistants se disaient l'un à l'autre avec admiration : « N'est-il pas d'Espagne celui qui nous prêche ? Comment entendons-nous tous dans ses paroles notre langage, celui de notre pays ? » Le Pape, considérant comme eux la profondeur des paroles de saint Antoine, et s'en émerveillant, dit : « Vraiment, celui-là est l'Arche du Testament, et le trésor de l'Écriture divine ! »

CHAPITRE XL

Du miracle que Dieu fit quand saint Antoine étant à Rimini prêcha aux poissons de la mer.

Le Christ béni voulait montrer la grande sainteté de son très fidèle serviteur saint Antoine, et avec quelle dévotion on devait écouter sa prédication et sa doctrine sainte, par le moyen d'animaux privés de raison. Une fois entr'autres, ce fut par les poissons qu'il réprima la sottise des infidèles hérétiques, comme autrefois, dans l'Ancien Testament, par la bouche de l'ânesse, il avait réprimandé l'ignorance de Balaam.

Or donc, un jour que saint Antoine était à Rimini, où se trouvait une grande multitude d'hérétiques, il voulut les ramener à la lumière de la vraie foi et à la voie de la vertu. Pendant plusieurs jours, il les prêcha, et discuta avec eux sur la foi du Christ et sur la sainte Écriture : mais eux, non seulement n'acquiesçaient pas à ses saintes paroles, mais bien plus, endurcis et obstinés, ils ne voulaient même pas l'entendre.

Alors, un jour, par divine inspiration, saint Antoine alla sur la rive d'un fleuve près de la mer, et se tenant ainsi entre le fleuve et l'océan, commença à parler, comme s'il prêchait de la part de Dieu aux poissons : « Écoutez la parole de Dieu, vous poissons de la mer et du fleuve, puisque les infidèles hérétiques évitent de l'entendre. » Et ceci dit, subitement arriva sur le rivage, près de lui, une telle multitude de poissons, grands, petits et moyens, que jamais ni dans cette mer, ni dans ce fleuve, on n'en avait vu une aussi grande quantité. Tous tenaient leur tête hors de l'eau, et tous étaient attentifs, tournés vers la figure de saint Antoine; tous étaient dans un ordre parfait, avec une grande paix et une grande douceur. Par devant, et plus près de la rive, se tenaient les poissons plus petits; après eux, se tenaient les poissons moyens; puis, en arrière, où l'eau était plus profonde, se tenaient les plus gros poissons.

Quand ils furent rangés dans cet ordre, et ainsi disposés, saint Antoine commença à prêcher solennellement, et dit ainsi : « Mes frères les poissons, vous êtes absolument obligés, autant que cela vous est possible, de rendre grâces à notre Créateur; il vous a donné un élément si noble pour votre demeure, car, comme il vous plaît, vous avez l'eau douce, ou l'eau salée; et là, Dieu vous a donné beaucoup de refuges pour éviter les tempêtes. Il vous a encore donné un élément clair et transparent, et la nourriture qui vous permet de vivre. Dieu, votre créateur aimable et bon, quand il vous a créés, vous a donné l'ordre de croître et de multiplier, et il vous a donné sa bénédiction; puis, quand arriva le déluge, tous les autres animaux en général moururent; vous seuls, Dieu vous a réservés sans dommages. En outre, il vous a donné des nageoires pour que vous puissiez courir où il vous plaît. A vous il fut accordé, par l'ordre de Dieu, de conserver le prophète Jonas, et, après trois jours, de le rejeter à terre sain et sauf. Vous avez fourni à Notre-Seigneur Jésus-Christ le cens, qu'il n'avait pas de quoi payer, lui qui était pauvre. Vous avez servi de nourriture à l'éternel roi Jésus-Christ, avant sa résurrection et après, par un singulier mystère. A cause de toutes ces choses, vous êtes absolument tenus de louer et de bénir Dieu, qui vous a donné tant et de si grands bienfaits, plus qu'aux autres créatures. »

A ces paroles de saint Antoine et à d'autres semblables, les poissons commencèrent à ouvrir la bouche ; ils inclinèrent la tête, et, avec ces marques de respect, et d'autres encore, selon la manière qui était en leur pouvoir, louèrent Dieu.

Alors saint Antoine, voyant le si grand respect manifesté par des poissons envers Dieu leur créateur, se réjouit en esprit, et dit à haute voix : « Béni soit le Dieu éternel, car les poissons de l'eau l'honorent plus que ne le font les hommes hérétiques ; et les animaux privés de raison écoutent mieux sa parole que ne le font les hommes infidèles. » Or, plus saint Antoine prêchait, plus s'accroissait la multitude des poissons, et aucun d'eux ne quittait l'endroit qu'il avait choisi. A ce miracle, le peuple de la cité commença à accourir, et parmi le peuple, accoururent aussi les hérétiques dont il vient d'être parlé ; lesquels, voyant un miracle si merveilleux et si manifeste, se repentant dans leur cœur, se jetèrent tous aux pieds de saint Antoine, pour entendre sa parole.

Lors, saint Antoine commença à prêcher sur la foi catholique, et si excellemment, qu'il convertit tous ces hérétiques, qui revinrent à la foi du Christ. D'autre part, les fidèles demeurèrent réconfortés, avec une grande allégresse, et fortifiés dans leur foi. Et ceci fait, saint Antoine congédia les poissons avec la bénédiction de Dieu ; tous s'éloignèrent en donnant des signes merveilleux d'allégresse, et le peuple fit de même. Puis, saint Antoine resta encore plusieurs jours à Rimini, prêchant et récoltant de nombreux fruits spirituels.

CHAPITRE XLI

Comment le vénérable Fr. Simon délivra d'une grande tentation un Frère qui par suite voulait sortir de l'Ordre.

Dans les commencements de l'Ordre et du vivant de saint François, vint dans la Religion un jeune homme d'Assise, qui fut appelé Fr. Simon. Dieu l'avait orné et enrichi de tant de grâces, d'un esprit si contemplatif et si élevé, que, pendant toute sa vie, il fut un miroir de sainteté, ainsi que je l'ai entendu dire par ceux qui pendant longtemps vécurent avec lui. On le voyait bien rarement hors de sa cellule, et si quelquefois il restait avec les Frères, toujours il parlait de Dieu. Il n'avait jamais appris la grammaire, et cependant il parlait de Dieu d'une façon si élevée et si profonde, que ses paroles paraissaient des paroles surnaturelles. Un soir qu'il était allé dans le bois avec le Fr. Jacques de Massa pour parler de Dieu, comme ils s'entretenaient de la façon la plus douce du divin amour, ils passèrent toute la nuit dans cette conversation ; si bien que le matin leur semblait être arrivé au bout de très peu de temps, ainsi que me le raconta ledit Fr. Jacques.

Le Fr. Simon recevait avec une telle suavité et une telle douceur d'esprit les divines lumières de l'amour de Dieu, que souvent, lorsqu'il les sentait venir, il se mettait sur son lit, parce que la suavité tranquille du Saint-Esprit exigeait de lui, non seulement le repos de l'âme, mais aussi le repos du corps. Dans ces visions divines, fort souvent il était ravi en Dieu, et devenait tout insensible aux choses terrestres. Un jour qu'il était ainsi ravi en Dieu, insensible au monde, brûlant à l'intérieur du divin amour et ne sentant rien au dehors, n'ayant aucune sensation corporelle, un Frère voulut en faire l'expérience et voir s'il était réellement ce qu'il paraissait. Il prit un charbon enflammé et le posa sur le pied nu du Fr. Simon, qui ne sentit rien, ne fit aucun mouvement avec son pied, bien que le charbon y restât longtemps, assez pour se consumer lui-même.

Ledit Fr. Simon, quand il se mettait à table, avant que de prendre la nourriture corporelle, prenait pour lui-même et donnait aux autres la nourriture spirituelle, en parlant de Dieu. Ses paroles si pieuses convertirent une fois un jeune homme de Saint-Séverin, qui dans le siècle était très vaniteux et très mondain, de sang noble et de complexion très délicate. Fr. Simon, en recevant ledit jeune homme dans l'Ordre, retint près de lui les vêtements séculiers du Frère, et le fit rester avec lui pour être au courant de son observance de la Règle. Dès lors, le démon, qui s'ingéniait à empêcher tout bien, fit pénétrer en ce Frère un si fort aiguillon et une tentation si ardente de la chair, que d'aucune manière il ne pouvait résister ; aussi se rendit-il auprès de

Fr. Simon, et lui dit : « Rendez-moi mes habits séculiers que j'ai apportés, parce que je ne puis plus supporter la tentation charnelle. »

Fr. Simon, ayant de lui une grande compassion, lui dit : « Assieds-toi là, mon fils, et reste un peu avec moi. » Et il commença à lui parler de Dieu de telle façon que la tentation s'éloigna ; puis, au bout d'un certain temps, la tentation étant revenue, et le Frère redemandant ses habits, Fr. Simon la chassa de nouveau en lui parlant de Dieu. Ceci arriva plusieurs fois ; mais enfin, une nuit, l'assaut de la tentation fut si violent, que pour rien au monde ne pouvant résister, le Frère alla trouver Fr. Simon, lui redemandant à toutes forces ses habits séculiers, disant que de toute façon il ne pouvait plus rester au couvent.

Alors Fr. Simon, ainsi qu'il avait coutume de le faire, le fit asseoir près de lui ; pendant qu'il lui parlait de Dieu, le jeune homme pencha sa tête et la mit sur la poitrine de Fr. Simon, avec un profond chagrin et une grande tristesse. Alors Fr. Simon, ayant une grande compassion, leva les yeux au ciel et fit une oraison, priant Dieu pour le jeune Frère, très dévotement : il fut ravi en extase et Dieu l'exauça ; et quand il revint à lui, le jeune homme se sentit complètement délivré de cette tentation, comme s'il ne l'avait jamais ressentie. L'ardeur de la tentation s'était changée en ardeur de l'Esprit-Saint, parce qu'il s'était approché de ce charbon enflammé qu'était Fr. Simon, lui qui était tout brûlant de l'amour de Dieu et du prochain.

Il arriva qu'un jour un malfaiteur fut pris, auquel on devait arracher les deux yeux, et ledit jeune Frère, ayant compassion, alla trouver le gouverneur en plein conseil et là, avec beaucoup de larmes et de saintes supplications, il demanda qu'on lui arrachât un œil et un autre au malfaiteur, afin que celui-ci ne demeurât pas privé de ses deux yeux à la fois. Mais le gouverneur et son conseil, voyant la grande ferveur de la charité de ce Frère, firent grâce à l'un et à l'autre.

Un autre jour que ledit Fr. Simon demeurait en oraison dans le bois, ressentant une grande consolation dans son âme, une troupe de corneilles commença à le troubler par leurs croassements; mais lui, au nom de Jésus, leur commanda de partir immédiatement et de ne jamais plus revenir: lesdits oiseaux partirent et, depuis ce jour, on ne les vit ni ne les entendit plus, ni là, ni dans le pays d'alentour. Et ce miracle fut manifeste dans toute la custodie de Fermo dans laquelle était ledit couvent.

CHAPITRE XLII

Des éclatants miracles que Dieu fit pour les saints Frères : Fr. Bentivoglio, Fr. Pierre de Monticello et Fr. Conrad d'Offide; comment Fr. Bentivoglio porta un lépreux à quinze milles en très peu de temps; comment saint Michel parla à l'autre Frère, et comment la Vierge Marie apparut au Fr. Conrad et lui mit son Fils dans les bras.

Comme le ciel est semé d'étoiles, ainsi la province de la Marche d'Ancône fut anciennement ornée de Saints et de Frères exemplaires; lesquels, ainsi que les lumières du ciel, ont fait resplendir et ont orné l'Ordre de Saint-François et le monde, par leurs exemples et leurs doctrines.

Parmi ces Frères fut, en premier, Fr. Lucido Antico qui, véritablement, brilla par sa sainteté et brûla par sa charité divine; sa glorieuse langue, dirigée par le Saint-Esprit, produisait des fruits merveilleux par ses prédications.

Un autre fut Fr. Bentivoglio de San Severino, qui fut aperçu par Fr. Massée, élevé en l'air à une grande hauteur, pendant qu'il était en oraison dans le bois; c'est à la suite de ce miracle que le pieux Fr. Massée, qui était alors curé, abandonna sa cure et se fit Frère-Mineur; il fut d'une telle sainteté qu'il opéra de nombreux miracles pendant sa vie et après sa mort. Son corps est déposé à Murro.

Le Fr. Bentivoglio, dont il est parlé ci-dessus, demeurant à Trave-Bonanti, tout seul, chargé de garder et de servir un lépreux, reçut l'ordre de son Supérieur de partir et d'aller à un autre couvent qui était éloigné de là de quinze milles. Ne voulant pas abandonner ce lépreux, il le prend, et, dans la grande ferveur de sa charité, le met sur ses épaules et le porte, de l'aurore au lever du soleil, pendant toute cette route de quinze milles, jusqu'au couvent qui lui avait été assigné et qui s'appelait Monte Sancino. Pour faire ce trajet, s'il s'était rencontré un aigle, il n'aurait pu le parcourir en volant, en aussi peu de temps; et de ce miracle il y eut, dans tout le pays, une grande admiration et une grande stupeur.

Un autre Frère, Pierre de Monticelli, fut aperçu par le Fr. Servodio d'Urbino, qui était alors Gardien de l'ancien couvent d'Ancône, élevé de terre, corporellement, à cinq ou six brasses, jusqu'aux pieds du crucifix de l'église, devant lequel il était en oraison.

Ce même Fr. Pierre jeûnait pendant le carême de saint Michel Archange, avec une grande dévotion; un jour, qui était le dernier de ce carême, alors qu'il était en oraison dans l'église, un jeune Frère, qui se tenait soigneusement caché sous le grand autel pour apercevoir quelque manifestation de la grande sainteté du Fr. Pierre, l'entendit converser avec saint Michel. Et les paroles qu'ils échangeaient étaient les suivantes : saint Michel disait : « Frère Pierre, tu t'es appliqué fidèlement à faire en mon honneur pénitence et, de beaucoup de manières, tu as mortifié ton corps ; voici que je suis venu te consoler ; aussi, demande-moi la grâce que tu voudras, et je veux te l'obtenir de Dieu. » Fr. Pierre répondait : « Très saint prince de la milice céleste, très fidèle zélateur du divin amour, pieux protecteur des âmes, je te demande cette grâce, que tu m'obtiennes de Dieu le pardon de mes péchés. » Saint Michel répondit : « Demande-moi une autre grâce, car, celle-là, je te l'accorderai bien facilement. » Et Fr. Pierre ne demandant rien autre, l'Archange conclut : « Hé bien, moi, à cause de la confiance et de la dévotion que tu as en moi, je t'obtiendrai cette grâce que tu me demandes et beaucoup d'autres grâces encore. » Et, leur entretien terminé, lequel avait duré fort longtemps, l'Archange saint Michel disparut, laissant le Fr. Pierre extrêmement consolé.

Du temps de ce saint Fr. Pierre, vivait le saint Fr. Conrad d'Offide ; ils étaient ensemble, de la même famille spirituelle, au couvent de Forano, de la custodie d'Ancône.

Un jour que le Fr. Conrad alla dans le bois, pour y contempler Dieu, Fr. Pierre, secrètement, le suivit pour voir ce qu'il lui arriverait. Fr. Conrad commença à se mettre en oraison et à prier très dévotement, avec une très grande piété, la Vierge Marie, lui demandant de lui obtenir de son Fils béni la grâce de ressentir un peu de cette douceur qu'éprouva saint Siméon, le jour de la Purification, lorsque ce Saint porta dans ses bras Jésus le Sauveur béni. Cette prière faite, la miséricordieuse Vierge Marie exauça le Fr. Conrad, et voici qu'apparut la Reine du ciel tenant dans ses bras son Fils béni, avec une très grande et très resplendissante clarté; et, s'approchant du Frère, elle lui déposa entre les bras son Fils béni. Le Frère, en le recevant avec la plus grande dévotion, le tint embrassé, le baisa, le serra sur sa poitrine; et il se liquéfiait, se consumait en amour divin, éprouvant d'inexprimables consolations.

Or, Fr. Pierre, lui aussi, qui voyait tout, étant caché, sentit dans son âme une très grande douceur et une très grande consolation. Lorsque la Vierge Marie quitta Fr. Conrad, Fr. Pierre en grande hâte retourna au couvent, pour n'être pas aperçu de son compagnon. Mais, lorsque Fr. Conrad rentrait tout rempli de joie et d'allégresse, Fr. Pierre lui dit: « O céleste, tu as eu aujourd'hui une grande consolation. » Fr. Conrad lui dit: « Que dis-tu là, Frère Pierre? Et que sais-tu de ce qui m'est arrivé? — Je le sais, je le sais bien, dit Fr. Pierre, je sais comment la Veirge Marie, avec son Fils béni, t'a visité. » Alors Fr. Conrad qui, vraiment humble, désirait garder le secret sur les grâces de Dieu, pria Fr. Pierre de ne rien dire à personne. Et, dès lors, l'affection qui régna entre eux deux fut si grande, qu'ils semblaient n'avoir plus qu'un seul cœur et une seule âme en toutes choses.

Une autre fois, ledit Fr. Conrad, à Siruolo, délivra par ses prières une femme qui était possédée du démon, ayant été pour elle en oraison toute la nuit ; il ne se montra qu'à la mère de cette femme, et le matin il s'enfuit, pour que le peuple ne pût le trouver et lui rendre des honneurs.

CHAPITRE XLIII

Comment Fr. Conrad d'Offide convertit un jeune Frère qui tourmentait les autres Frères; et ledit Frère, mourant, apparut audit Fr. Conrad, le suppliant de prier pour lui; et comment, alors, Fr. Conrad le délivra, par ses prières, des peines si grandes du purgatoire.

Ledit Fr. Conrad d'Offide, admirable zélateur de la pauvreté évangélique et de la Règle de saint François, mena une vie si religieuse et de si grand mérite auprès de Dieu, que le Christ béni l'honora, pendant sa vie et après sa mort, de nombreux miracles.

En voici un entre autres : Un jour qu'il était venu au couvent d'Offide, en passant, les Frères le prièrent, pour amour de Dieu et par charité, d'admonester un jeune Frère du couvent, qui se comportait comme un enfant, avec désordre et d'une façon déréglée ; il troublait les vieux et les jeunes Frères de cette communauté pendant l'office divin et faisait peu ou point de cas des autres prescriptions de la Règle et des cérémonies. Alors Fr. Conrad, ayant compassion de ce jeune homme, l'appela un jour à part, à la demande des Frères. Dans la ferveur de sa charité, il lui fit des remontrances d'une façon si efficace et si dévote, qu'avec l'opération de la grâce de Dieu, le jeune Frère changea subitement: enfant, il prit les habitudes d'un vieillard et devint si obéissant, si bon, si prévenant, si pieux, si attentionné, si doux, si serviable, si appliqué à tout ce qui était vertu, qu'alors que toute la congrégation avait été troublée par lui, maintenant tous étaient contents de lui, consolés, et tous l'aimaient fortement.

Il arriva, comme il plut à Dieu, que, peu de temps après sa conversion, ledit jeune homme mourut, de quoi lesdits Frères se désolaient. Mais, peu après sa mort, son âme apparut à Fr. Conrad, alors qu'il était dévotement en oraison devant l'autel dudit couvent. L'âme le salua respectueusement comme un père ; et Fr. Conrad lui demanda : « Qui es-tu? » Elle répondit et dit : « Je suis l'âme qui mourut ces jours-ci. » Et Fr. Conrad dit : « O mon fils, que t'est-il arrivé? » Elle répondit : « Par la grâce de Dieu et vos enseignements, je suis bien, puisque je ne suis pas damné. Mais pour quelques-uns de mes péchés que je n'ai pas eu le temps d'expier suffisamment, je souffre de très grandes peines dans le purgatoire; mais, je te prie, mon Père, toi qui par ta piété m'a secouru quand j'étais vivant, de vouloir bien me secourir dans mes souffrances, en disant pour moi quelques *Pater noster*. Tes prières sont si agréables en la présence de Dieu. »

Fr. Conrad, se rendant avec bonté aux supplications de l'âme, dit une fois le *Pater noster* avec le *Requiem æternam,* et cette âme lui dit : « O Père très cher, quel bien et quel rafraîchissement j'éprouve! Maintenant, je te prie de répéter ta prière une seconde fois. » Et Fr. Conrad le fit; aussitôt qu'il eut prié, l'âme lui dit: « Saint Père, quand tu pries pour moi, je me sens soulagé; aussi je te prie de ne pas cesser de prier pour moi. » Alors Fr. Conrad, voyant que cette âme était ainsi secourue par ses prières, dit pour elle cent *Pater noster*; et, dès qu'il les eut dits, cette âme s'écria : « Je te remercie, Père très cher, de la part de Dieu, de la charité que tu as eue pour moi; car, par tes prières, je suis délivrée de toutes peines et je m'en vais au royaume du ciel. » Et ceci dit, l'âme partit.

Alors, Fr. Conrad, pour inspirer aux Frères l'allégresse et le réconfort, leur raconta de point en point toute cette vision. Et c'est ainsi que s'en alla en paradis l'âme de cet adolescent, par les mérites de Fr. Conrad.

CHAPITRE XLIV

Comment à Fr. Conrad apparurent la Mère du Christ, saint Jean l'Évangéliste et saint François; et comment il fut dit lequel d'entre eux ressentit le plus de douleur de la Passion du Christ.

Au temps où demeuraient ensemble dans la custodie d'Ancône, dans le couvent de Forano, Fr. Conrad et Fr. Pierre, dont nous avons parlé plus haut, ils étaient deux étoiles brillantes de la province de la Marche et deux hommes célestes. Ils avaient l'un pour l'autre une telle amitié, qu'ils semblaient avoir le même cœur et la même âme.

Lors, tous deux firent vis-à-vis l'un de l'autre cette convention : qu'ils se révéleraient en amitié, l'un à l'autre, toutes les consolations que la miséricorde de Dieu pourrait leur donner. Cette convention faite ensemble, il arriva qu'un jour Fr. Pierre se tenait en oraison et pensait très dévotement à la Passion du Christ; comme la bienheureuse Mère du Christ, et Jean l'Évangéliste, le disciple très cher, et saint François étaient représentés au pied de la croix, crucifiés avec le Christ par leur douleur intérieure, Fr. Pierre eut le désir de savoir lequel des trois avait ressenti le plus de douleur de la Passion du Christ : était-ce la Mère qui l'avait mis au monde, ou le disciple qui avait reposé sur sa poitrine, ou saint François qui avait été crucifié avec le Christ?

Pendant qu'il demeurait absorbé dans cette dévote pensée, lui apparurent la Vierge Marie, avec saint Jean l'Évangéliste, et avec saint François; tous trois vêtus des magnifiques vêtements de la gloire bienheureuse. Mais déjà saint François paraissait revêtu d'une tunique plus belle que celle de saint Jean.

Pierre demeurant comme épouvanté par cette vision, saint Jean le réconforta et lui dit : « Ne crains rien, mon bien cher Frère, car nous sommes venus te consoler dans ton doute. Sache donc que la Mère du Christ et moi, plus que toute autre créature, nous avons souffert de la Passion du Christ; mais après nous, saint François est celui qui plus que tout autre a ressenti la peine la plus grande; aussi, le vois-tu entouré de tant de gloire. » Et Fr. Pierre demanda : « Très saint Apôtre du Christ, pourquoi le vêtement de saint François paraît-il plus beau que le tien? » Saint Jean répondit : « La raison, la voici : Quand il était dans le monde, il portait des vêtements plus pauvres que les miens. » Et, ces paroles dites, saint Jean donna à Fr. Pierre un vêtement de gloire qu'il tenait à la main, et lui dit : « Prends ce vêtement; je l'ai apporté pour te le donner. »

Or, au moment où saint Jean voulait le revêtir de ce vêtement, Fr. Pierre, frappé de stupeur, tomba par terre, et commença à crier :

« Frère Conrad, mon très cher Frère Conrad! accourez vite! venez voir une chose merveilleuse! » et pendant qu'il disait ces saintes paroles, la sainte vision disparut. Quand arriva Fr. Conrad, Fr. Pierre lui raconta toutes choses de point en point; et ils rendirent grâce à Dieu.

CHAPITRE XLV

La conversion, la vie, les miracles et la mort du saint Fr. Jean de Penna.

Fr. Jean de Penna était jeune et séculier dans la province de la Marche, lorsqu'une nuit lui apparut un très bel enfant qui l'appela et lui dit : « Jean, va à Saint-Étienne où prêche un des Frères-Mineurs ; crois à sa doctrine, fais attention à ses paroles, car c'est moi qui l'ai envoyé : ceci fait, tu auras un grand voyage à faire, et puis tu viendras à moi. »

Alors, Jean se leva immédiatement, et sentit un grand changement dans son âme. Il alla à Saint-Étienne, et y trouva une grande multitude d'hommes et de femmes qui étaient là pour entendre la prédication. Celui qui devait prêcher était un Frère qui s'appelait Fr. Philippe, c'était un des plus anciens Frères, venu dans la Marche d'Ancône, à une époque où il y avait encore peu de couvents dans cette province.

Ce Fr. Philippe monta en chaire pour prêcher, et il prêcha très dévotement, non avec les paroles de la sagesse humaine, mais avec la vertu de l'esprit du Christ, annonçant le royaume de la vie éternelle. La prédication finie, ledit jeune homme alla trouver ledit Fr. Philippe et lui dit : « Père, s'il vous plaisait de me recevoir dans l'Ordre, je ferais volontiers pénitence, et je servirais Notre-Seigneur Jésus-Christ. »

Le Fr. Philippe, en le voyant, et sachant d'ailleurs qu'il y avait en ce jeune homme une merveilleuse innocence et une volonté toute prête à servir Dieu, lui dit : « Tu viendras tel jour à Récanati, et je te ferai recevoir. » Dans ce couvent, devait se tenir le chapitre provincial.

Sur ce, le jeune homme qui était très pur, pensa que c'était là le grand voyage qu'il avait à accomplir, d'après la révélation qu'il avait eue, et qu'après il s'en irait au paradis; ce qu'il croyait faire aussitôt après avoir été reçu dans l'Ordre. Il alla donc à Récanati et fut reçu. Mais ses prévisions ne s'accomplissaient pas. Or le Ministre, au chapitre, ayant dit que quiconque voudrait aller dans la province de Provence, pour avoir le mérite de la sainte obéissance, il en donnerait volontiers la permission, Fr. Jean se sentit pris d'un grand désir de se rendre en France : il pensait dans son cœur que c'était là le grand voyage qu'il devait faire avant d'aller en paradis. Mais il avait honte de le dire, et finalement se confia audit Fr. Philippe, qui l'avait fait recevoir dans l'Ordre. Il le pria de lui obtenir cette grâce d'aller dans la province de Provence. Alors, Fr. Philippe, voyant la pureté et la sainteté de ses intentions, obtint pour le Fr. Jean cette permission. Dès lors, Fr. Jean, avec une grande joie, se mit en devoir de partir, ayant cette conviction qu'après avoir parcouru le chemin, il s'en irait en paradis. Cependant il plut à Dieu de le faire demeurer dans ladite province pendant vingt-cinq ans, dans cette attente et ce désir : sa vie fut très grandement exemplaire et honnête; il croissait toujours en vertu, ayant la grâce de Dieu et la faveur du peuple; il était on ne peut plus aimé dès Frères et des séculiers.

Un jour que le Fr. Jean était en oraison, très dévotement, se plaignant et se lamentant de ce que son désir ne s'accomplissait pas, et de ce que son pèlerinage en cette vie se prolongeait trop, voici que le Christ béni lui apparut. A cette vue son âme se fondit toute, et le Christ lui dit : « Mon fils, Frère Jean, demande-moi ce que tu veux. » Et lui, répondit : « Mon Seigneur, je ne sais, moi, te demander autre chose que toi-même, car je ne désire rien autre. Mais, je te prie seulement de ceci, que tu me pardonnes tous mes péchés, et que tu m'accordes la grâce de te revoir une autre fois encore, quand j'en aurai le plus besoin. » Jésus dit : « Ta prière est exaucée. » Et ceci dit, il disparut, et Fr. Jean demeura tout consolé.

A la fin, les Frères de la Marche ayant entendu parler de la réputation de sainteté du Fr. Jean, firent tant près du Général, qu'il lui envoya l'ordre de revenir à la Marche; recevant cet ordre, Fr. Jean se mit joyeusement en route, pensant que ce voyage terminé, il devait aller au ciel selon la promesse du Christ. Mais, revenu dans la province de la Marche, il y vécut encore trente années, n'étant plus reconnu d'aucun de ses parents, et tous les jours, attendant de la miséricorde de Dieu l'accomplissement de la promesse. Pendant ce temps, il remplit plusieurs fois les fonctions de Gardien, avec une grande discrétion, et Dieu opéra par lui beaucoup de miracles.

Parmi tous les dons qu'il reçut de Dieu, il eut l'esprit de prophétie; un jour, pendant qu'il était hors du couvent, un de ses novices fut combattu par le démon, et si fortement tenté, que, obéissant à cette tentation, il résolut, en lui-même, de sortir de l'Ordre, aussitôt que Fr. Jean serait revenu au couvent. Mais Frère Jean, connaissant par l'esprit de prophétie ce qui se passait, et la tentation et la résolution, revint à la maison immédiatement. Il appela près de lui ledit novice, et lui dit qu'il voulait le confesser; mais, avant qu'il ne se confessât, il lui raconta de point en point sa tentation, ainsi que Dieu le lui avait révélé, et conclut ainsi: « Mon fils, parce que tu m'as attendu, et que tu n'as pas voulu partir sans ma bénédiction, Dieu t'a fait cette grâce, que tu ne sortiras jamais de cet Ordre, mais tu mourras dans l'Ordre, avec la divine grâce. » Alors, ledit novice fut confirmé dans sa bonne intention, et restant dans l'Ordre, devint un saint Frère; et toutes ces choses me furent racontées par Fr. Ugolin.

Ledit Fr. Jean était un homme d'une âme joyeuse et calme; il parlait rarement. C'était aussi un homme de grande oraison et de grande dévotion : particulièrement après Matines, il ne retournait pas dans sa cellule, mais il restait dans l'église en oraison jusqu'au jour. Une nuit qu'il demeurait en oraison après Matines, l'ange de Dieu lui apparut et lui dit : « Frère Jean, il est terminé ce voyage, dont tu as pendant si longtemps attendu la fin. Or, c'est pourquoi, moi, je t'annonce de la part de Dieu, que tu peux me demander la grâce que tu voudras. Et aussi je t'avertis que tu dois choisir ce que tu préféreras : ou bien, un jour dans le purgatoire; ou sept jours de souffrances dans ce monde! » Fr. Jean préféra choisir les sept jours de souffrances en ce monde, et fut subitement malade de diverses maladies. Il lui prit une fièvre très forte, et la goutte dans les pieds et les mains, plus une grande douleur dans le flanc, et beaucoup d'autres maux; mais ce qui était le pire, un démon se tenait devant lui, ayant à la main une grande pancarte sur laquelle étaient écrits tous les péchés qu'il avait commis, en actions ou en pensées, et lui disait : « A cause de tous ces péchés que tu as commis par la pensée, par la langue et par les actions, tu es damné au plus profond de l'enfer. » Et lui, ne se rappelait plus rien du bien qu'il avait fait, ni qu'il faisait partie en ce moment de l'Ordre, ni qu'il en eût jamais fait partie!

Il croyait être damné, comme le démon le lui disait. Aussi, quand on lui demandait comment il allait, il répondait : « Mal! puisque je suis damné! »

Les Frères voyant cela, firent venir un vieux Frère qui avait nom Fr. Mathieu de Mont-Rubian, qui était un saint homme, et très ami de ce Fr. Jean. Fr. Mathieu arrivant près de Frère Jean le septième jour de sa tribulation, le salua et lui demanda comment il allait; Fr. Jean répondit qu'il allait mal, puisqu'il était damné. Alors, Fr. Mathieu lui dit : « Ne te rappelles-tu pas que tu t'es bien des fois confessé à moi? Ne t'ai-je pas chaque fois absous de tous tes péchés? Ne te rappelles-tu pas encore que tu as toujours servi Dieu dans ce saint Ordre, pendant beaucoup d'années? Et maintenant ne te rappelles-tu pas que la miséricorde de Dieu est supérieure à tous les péchés du monde, et que le Christ béni, notre Sauveur, a payé, pour nous racheter, un prix infini? Or donc, aie bonne espérance; car, pour sûr, tu seras sauvé. » Et pendant qu'il parlait, voici qu'était arrivée la fin de la purification du Fr. Jean.

La tentation disparut, et vint la consolation. Avec une grande joie, Fr. Jean disait à Frère Mathieu : « Puisque tu es fatigué, et que l'heure est si tardive, je te prie d'aller te reposer. » Et Fr. Mathieu ne voulait pas le quitter; mais à la fin, sur ses vives instances, il se sépara du Fr. Jean, et alla se reposer; Fr. Jean resta seul avec le Frère qui le servait. Et voici que le Christ béni apparaît avec une très grande splendeur, et une odeur d'une suavité excessive, ainsi qu'il avait promis de lui apparaître une autre fois, quand il en aurait le plus besoin, et voici qu'il le guérit complètement de toutes ses maladies. Alors, Fr. Jean, les mains jointes, remercia Dieu, qui, par la fin la meilleure, terminait ce grand voyage de la misérable vie présente; il se remit aux mains du Christ, et rendit son âme à Dieu. C'est ainsi qu'il passa de cette vie mortelle à la vie éternelle avec le Christ béni, qu'il avait pendant si longtemps désiré et attendu. Et ce Fr. Jean repose au couvent de saint Jean de Penna.

CHAPITRE XLVI

Comment Fr. Pacifique, étant en oraison, vit l'âme du Fr. Humble, qui était son frère par le sang, aller au ciel.

Dans ladite province de la Marche, après la mort de saint François, vécurent dans l'Ordre deux Frères, dont l'un s'appelait Fr. Humble et l'autre Fr. Pacifique. Ce furent des hommes d'une très grande sainteté et perfection. L'un, Fr. Humble, était dans le couvent de Sofiano, et y mourut; l'autre, Fr. Pacifique, faisait partie d'une communauté assez éloignée.

Fr. Pacifique étant un jour en oraison dans un lieu solitaire, il plut à Dieu qu'il fût ravi en extase, et qu'il vît l'âme de son frère, le Frère Humble, se séparant de son corps, et allant au ciel tout droit, sans aucun retard et aucun obstacle. Il arriva que bien des années après, ce Fr. Pacifique qui restait, fut mis à la tête de la communauté du dit couvent de Sofiano, où son frère était mort. A cette époque-là, les Frères, à la demande des seigneurs de Bruforte, échangèrent leur couvent contre un autre, et entre autres choses, ils firent la translation des restes des saints Frères qui étaient morts dans ce couvent; arrivant au tombeau de Fr. Humble, son frère, le Fr. Pacifique prit ses ossements, les lava avec du vin le meilleur, les enveloppa dans une nappe blanche, et avec la plus grande dévotion et le plus profond respect, les baisa, et se mit à pleurer. Sur ce, les autres Frères s'étonnèrent, et ce n'était pas, de la part du Fr. Pacifique, d'un bon exemple pour eux. En effet, malgré la très grande sainteté du Frère Pacifique, il leur semblait que c'était par un amour sensuel et du siècle, qu'il pleurait son frère : pourquoi montrait-il plus de dévotion pour les restes de son frère, que pour ceux d'autres Frères qui n'étaient pas d'une sainteté inférieure à celle du Fr. Humble? leurs restes n'étaient-ils pas dignes d'autant de respect que ceux du Fr. Humble?...

Mais, Fr. Pacifique, connaissant les méchantes pensées des Frères, leur donna satisfaction avec humilité, leur disant : « Mes Frères bien chers, ne vous étonnez pas si j'ai fait pour les ossements de mon Frère ce que je n'ai pas fait pour les autres ; car, Dieu en soit loué, ce n'est pas l'amour charnel qui m'a inspiré, comme vous le croyez. Mais je l'ai fait, parce que lorsque mon Frère quitta cette vie, alors que je priais dans un lieu désert et loin de lui, j'ai vu son âme s'élancer au ciel tout droit ; aussi suis-je certain que ses ossements sont saints et doivent être plus tard en paradis. Et si Dieu m'avait accordé la même certitude à l'égard des autres Frères, j'aurais traité leurs ossements avec le même respect. » Lors, les Frères, voyant sa sainte et décente intention, furent très édifiés par lui et remercièrent Dieu qui accomplit des choses si merveilleuses pour ses saints Frères.

CHAPITRE XLVII

Du saint Frère auquel la Mère du Christ apparut pendant qu'il était malade, lui apportant trois boîtes d'électuaire.

Dans le couvent de Sofiano, dont nous avons parlé plus haut, vivait autrefois un Frère-Mineur, d'une si grande sainteté, et ayant reçu tant de grâces, qu'il paraissait tout divin. Souventes fois il était ravi en Dieu. Ce Frère étant un jour tout élevé et absorbé en Dieu, parce qu'il avait surtout la grâce de la contemplation, vinrent à lui des oiseaux de diverses espèces, et familièrement se posèrent sur ses épaules, sur sa tête, sur ses bras, sur ses mains, en chantant d'une merveilleuse façon.

Ce Frère était solitaire et parlait rarement; mais quand on lui demandait quelque chose, il répondait si gracieusement et si sagement, qu'il semblait plutôt un ange qu'un homme. Il avait au plus haut degré le don d'oraison et de contemplation, et les Frères éprouvaient pour lui un très grand respect.

Ce Frère ayant terminé le cours de sa vertueuse vie, devint malade à la mort; Dieu l'avait ainsi décidé. Le Frère était si malade qu'il ne pouvait rien prendre; aussi ne voulait-il recourir à aucune médecine de la terre, ayant mis toute sa confiance dans le médecin céleste

Jésus-Christ béni, et en sa Mère bénie. Grâce à la divine clémence, il mérita d'être miséricordieusement visité et soigné par la sainte Vierge.

Or donc, un jour qu'étant sur son lit il se disposait à la mort, de tout son cœur et avec toute la dévotion possible, voici que lui apparaît la glorieuse Vierge Marie, mère du Christ, avec une très grande multitude d'anges et de vierges saintes. Entourée d'une merveilleuse splendeur, elle s'approcha de son lit, et lui, la regardant, se sentit un très grand réconfort et une très grande allégresse, dans son âme et dans son corps. Il commença à prier la Vierge Marie bénie, très humblement, de demander à son cher Fils, que, par ses mérites, il voulût bien tirer le malade de la prison de cette misérable chair.

Comme il persévérait dans sa supplication avec beaucoup de larmes, la Vierge Marie lui répondit : « Ne crains rien, mon fils, car ta prière est exaucée, et je suis venue pour te réconforter un peu, avant que tu partes de cette misérable vie ! »

Il y avait, auprès de la Vierge Marie, trois vierges saintes qui tenaient à la main trois boîtes d'électuaire d'une odeur et d'une suavité inexprimables. Alors la Vierge glorieuse prit et ouvrit une des trois boîtes, et toute la maison fut remplie de parfum. Lors, prenant avec une cuillère de cet électuaire, elle en donna au malade : aussitôt qu'il l'eut goûté, le malade sentit un tel soulagement et une telle douceur, qu'il lui semblait que son âme ne pouvait pas rester dans son corps ; aussi, commença-t-il à dire :

« C'est assez, ô très sainte Mère, Vierge bénie ; ô vous le soulagement et le salut du genre humain ; c'est assez ! je ne peux supporter une pareille suavité ! » Mais la compatissante et bénigne Mère, présentant de ce même électuaire au malade, et lui en faisant prendre, vida toute la boîte.

La première boîte étant vidée, la Vierge bienheureuse prit la seconde, y mit la cuillère pour en donner encore : mais lui, se plaignait, disant : « O bienheureuse Mère de Dieu, voilà que mon âme est déjà comme liquéfiée par l'ardeur et la suavité du premier électuaire ; comment pourrai-je supporter le second ? Je te prie, ô toi bénie par-dessus tous les saints, et par-dessus tous les anges, de vouloir bien ne plus m'en donner ! » La glorieuse Vierge Marie répondit : « Goûte, mon fils, un peu de cette seconde boîte ! » Et lui en donnant un peu, elle disait : « Aujourd'hui, mon fils, tu en as pris tout ce que tu peux supporter. Prends courage, mon fils, je te reverrai bientôt et je te conduirai au royaume de mon Fils que tu as toujours cherché et désiré. » Et ceci dit, prenant congé de lui, elle disparut, et lui demeura si consolé, si réconforté par la douceur de cette nourriture, que, pendant de longs jours, il vécut rassasié et fort, sans prendre aucun mets terrestre. Quelques jours après, parlant avec allégresse aux autres Frères, il quitta cette misérable vie, avec une grande joie et un grand bonheur.

CHAPITRE XLVIII

Comment Fr. Jacques de Massa eut une vision, comment dans cette vision lui apparut un arbre, avec tous les Frères-Mineurs du monde, et comment il connut les vertus, les mérites et les vices de chacun d'eux.

Dieu ouvrit la porte de ses secrets au Fr. Jacques de Massa et lui donna la parfaite science et l'intelligence de la sainte Écriture, ainsi que des choses futures. Il fut d'une telle sainteté, que Fr. Égide d'Assise, Fr. Marc de Montino, Fr. Junipère et Fr. Lucide dirent de lui qu'ils ne connaissaient au monde personne de plus grand, après Dieu, que le Fr. Jacques.

J'eus grand désir de le voir, parce qu'un jour ayant prié Fr. Jean, compagnon dudit Fr. Égide, de m'expliquer certaines choses spirituelles, il m'avait dit : « Si tu veux être bien instruit de la vie spirituelle, tâche de parler au Fr. Jacques de Massa (Fr. Égide désirait aussi être instruit par lui). Il n'y a rien à ajouter ni à retrancher à ses paroles. Son âme a pénétré les secrets célestes, et ses paroles sont paroles du Saint-Esprit. Il n'y a pas homme sur terre que j'aie autant le désir de voir. »

Le Fr. Jacques, au commencement du ministère de Fr. Jean de Parme, fut une fois ravi en Dieu pendant qu'il priait, et il demeura trois jours ainsi ravi en extase, privé de toute sensation corporelle, si insensible que les Frères se demandaient s'il n'était pas mort.

Dans ce ravissement, il lui fut révélé par Dieu tout ce qui se passait et tout ce qui devait advenir pour notre Religion. Aussi, lorsque j'entendis raconter ce miracle, le désir de converser avec ce Frère et de l'écouter s'accrut encore en moi.

Quand il plut à Dieu que j'eusse la facilité de lui parler, je lui adressai une prière de cette façon : « Si ce que j'entends dire de toi est vrai, je te prie de ne pas me le tenir caché. J'ai su que quand tu restas pendant trois jours comme mort, parmi les autres choses que Dieu t'a révélées, tu as appris ce qu'il devait advenir de notre Ordre. Cela, je l'ai entendu dire par Fr. Mathieu, ministre de la Marche, à qui tu l'as révélé, par obéissance. » Alors, Fr. Jacques, avec une grande humilité, m'avoua que ce que Fr. Mathieu avait dit était exact. Or ce que Fr. Mathieu, ministre de la Marche, avait dit était ceci : « Je sais un Frère auquel Dieu a révélé ce qui arrivera pour notre Ordre. »

En effet, Fr. Jacques de Massa m'a raconté et affirmé qu'un jour, après que Dieu lui eut fait connaître beaucoup de choses sur l'état de l'Église militante, il aperçut dans une vision un très grand et très bel arbre, dont les racines étaient d'or et dont les fruits étaient des hommes, qui tous étaient des Frères-Mineurs. Ses branches principales étaient distinctes, autant qu'il y avait de provinces dans l'Ordre, et sur chaque branche il y avait autant de Frères qu'on en comptait dans la province représentée par la branche. Et alors, il sut le nombre de tous les Frères de l'Ordre, de chaque province, et aussi les noms, l'âge, la condition, les emplois, les dignités, les grâces et les fautes de chacun d'eux. Il vit Fr. Jean de Parme à l'endroit le plus élevé de la branche médiane de cet arbre, et aux sommets des branches, qui étaient autour de cette branche du milieu, se tenaient les ministres de toutes les Provinces.

Puis, après, il vit le Christ assis sur un trône blanc et très grand ; et le Christ appelait saint François et lui donnait un calice plein de l'esprit de vie, et lui disait : « Va, et visite tes Frères, donne leur à boire de ce calice de l'esprit de vie ; car l'esprit de Satan se lèvera contre eux, il les frappera, beaucoup tomberont et ne se relèveront pas. » Et le Christ donna à saint François deux anges pour l'accompagner. Et alors saint François vint présenter le calice de vie à ses Frères ; il commença par l'offrir à Fr. Jean de Parme, qui le prit, et but tant qu'il put en grande hâte, et dévotieusement : subitement, il devint tout brillant comme le soleil. Après Fr. Jean, saint François le présenta successivement à tous les autres ; il y en avait peu parmi eux qui prissent le calice avec le respect et la dévotion nécessaires, et peu le burent tout entier. Ceux qui le prenaient dévotieusement et le buvaient entièrement, devenaient immédiatement resplendissants comme le soleil ; ceux qui le renversaient, ceux qui ne prenaient pas le calice avec dévotion, devenaient noirs, ténébreux, difformes et horribles à voir.

Ceux qui en buvaient une partie et en renversaient une autre partie, devenaient en partie brillants et en partie ténébreux, ou plus, ou moins, selon la quantité bue ou renversée. Mais, au-dessus de tous les autres, le susdit Fr. Jean était tout resplendissant, lui qui avait bu le plus complètement le calice de vie, grâce auquel il avait pu contempler plus profondément l'abîme de l'infinie lumière divine.

Cette lumière lui avait donné la connaissance des adversités et des tempêtes qui devaient s'élever contre ledit arbre, secouer et ébranler ses branches. Aussi, ledit Fr. Jean quitta-t-il la cime de la branche sur laquelle il se tenait, et, descendant au dessous de toutes les branches, il se cacha au pied du tronc de l'arbre, et là demeurait tout pensif. Or, un Frère qui avait pris un peu de liqueur contenue dans le calice, et qui, en partie, l'avait renversé, monta sur la branche et à l'endroit d'où était descendu Fr. Jean, et pendant qu'il était à cette dite place, voici que les ongles de ses mains deviennent du fer aiguisé et coupant comme des rasoirs ; aussi ce Frère quitte aussitôt l'endroit où il était monté, et avec impétuosité et fureur, il voulait se jeter sur ledit Fr. Jean pour le blesser. Mais Fr. Jean, voyant cela, jette un grand cri et se recommande au Christ qui était assis sur son trône. A ce cri, le Christ appelle saint François, et lui donnant un caillou tranchant, lui dit : « Va, et avec cette pierre tu tailleras les ongles de ce Frère qui veut déchirer Fr. Jean, de façon qu'il ne puisse pas le blesser. » Alors saint François exécuta ce que le Christ lui avait ordonné.

Ceci fait, il s'éleva un vent de tempête, qui secoua l'arbre si fortement que tous les Frères tombèrent à terre ; tout d'abord, tombaient tous ceux qui avaient renversé tout le calice contenant l'esprit de vie, et ils étaient transportés par les démons dans des lieux de ténèbres et de souffrances. Mais Fr. Jean, avec tous les autres qui avaient bu entièrement le calice, furent transportés par les anges au séjour de vie, de lumière éternelle et de splendeur bienheureuse. Tout cela, ledit Fr. Jacques qui voyait l'apparition, l'entendait et le discernait, il apercevait chaque Frère en particulier et distinctement ; le nom, la condition et l'état de chacun lui apparaissaient clairement.

La tempête fit tant contre cet arbre qu'il tomba, et les vents l'emportèrent. Mais, aussitôt que cesse la tempête, de la racine de cet arbre qui était en or, voici que naît un autre arbre également tout en or, qui produisait des feuilles, des fleurs et des fruits d'or. Ce qu'était cet arbre, sa croissance, sa profondeur, sa beauté, son odeur et sa vertu, il vaut mieux le taire que le dire maintenant.

CHAPITRE XLIX

Comment Jésus-Christ apparut à Fr. Jean de l'Alverne.

Parmi les sages et les saints Frères, et enfants de saint François, lesquels fils sont, comme le dit Salomon, la gloire de leur père, fut de notre temps dans ladite province de la Marche, le vénérable et saint Fr. Jean de Fermo; par suite du temps fort long pendant lequel il demeura dans le saint couvent de l'Alverne, et où il passa de cette vie, on l'appelait Fr. Jean de l'Alverne. Ce fut un homme d'une vie remarquable et d'une grande sainteté.

Ce Fr. Jean, encore enfant et séculier, désirait de tout son cœur la vie de la pénitence, qui maintient la pureté du corps et de l'âme; aussi, étant bien jeune enfant, il commença à porter le cilice, le cercle de fer sur la chair, et à faire grande abstinence. Spécialement, quand il demeura avec les chanoines de Saint-Pierre de Fermo qui vivaient magnifiquement, il fuyait les jouissances corporelles, et macérait son corps par une très grande sévérité d'abstinence. Mais il avait là des compagnons fort différents de lui, qui le troublaient dans son silence, et, de diverses manières, mettaient obstacle à son abstinence.

Or, donc, il pensa, inspiré de Dieu, qu'il lui fallait quitter le monde et ceux qui l'aiment, et qu'il devait se donner tout entier dans les bras du Crucifié, avec l'habit du crucifié saint François, et ainsi il fit. Étant reçu dans l'Ordre très jeune, et confié aux soins du Maître des novices, il devint si spirituel et si pieux, que bien souvent en entendant ledit Maître parler de Dieu, son cœur se fondait comme la cire près du feu. Avec une suavité de grâce si grande, il se réchauffait tant auprès de l'amour divin que, ne pouvant supporter immobile une si grande suavité, il se levait, et comme enivré de l'esprit de Dieu, il courait par le jardin, ou par le bois, ou par l'église, selon ce que lui inspirait la flamme et l'impétuosité de l'esprit.

Plus le temps s'écoulait, et plus la divine grâce faisait croître cet homme angélique de vertu en vertu, continuellement. Plus il était aussi favorisé de dons célestes, de divines élévations et d'extases; si bien que parfois son esprit s'élevait jusqu'aux splendeurs des chérubins, quelquefois jusqu'aux ardeurs des séraphins, d'autres fois jusqu'aux joies des bienheureux, et enfin jusqu'aux amoureux et extraordinaires embrassements du Christ. Particulièrement une fois, la flamme du divin amour s'alluma dans son cœur d'une façon si intense, que cette flamme dura bien trois années, pendant lesquelles il reçut de merveilleuses consolations et des visites divines. Souventes fois il fut ravi en Dieu; en un mot, il paraissait alors tout enflammé et tout brûlant de l'amour du Christ; et ceci eut lieu sur la sainte montagne de l'Alverne.

Mais Dieu a un soin particulier de ses fils ; il leur donne, selon les circonstances diverses, tantôt des consolations et tantôt des tribulations, tantôt la prospérité et tantôt l'adversité, suivant qu'il juge à propos de les maintenir dans l'humilité, ou afin d'augmenter davantage en eux le désir des choses célestes. Il plut à la bonté divine, après ces trois années, de priver ledit Fr. Jean de ce rayonnement et de cette flamme du divin amour, et de lui ôter toute consolation spirituelle.

Dès lors, Fr. Jean demeura sans lumières, sans amour de Dieu, et tout inconsolable, tout affligé, tout douloureux. Le pauvre Frère, plein d'angoisses, allait courant çà et là par le bois, appelant par ses cris, ses plaintes et ses soupirs, l'époux chéri de son âme, qui s'était caché et séparé de lui et sans la présence duquel son âme ne pouvait trouver ni repos ni paix. Mais nulle part, et en aucune manière, il ne pouvait retrouver le doux Jésus, ni se rassasier de ces très suaves délices spirituelles de l'amour de Jésus-Christ, comme il en avait auparavant l'habitude. Or, cette tribulation lui dura, toujours la même, pendant beaucoup de jours, durant lesquels il persévéra continuellement dans les larmes et les soupirs, priant Dieu de lui rendre, dans sa miséricorde, le cher époux de son âme. A la fin, il plut à Dieu de terminer l'épreuve qu'il trouva suffisante pour la patience du Frère, dont les désirs étaient assez accrus.

Un jour que Fr. Jean s'en allait par ledit bois, ainsi affligé et tourmenté, il s'assit par lassitude, s'appuyant contre un hêtre, demeurant avec la face toute baignée de larmes, et tourné vers le ciel : voici que tout à coup apparut Jésus-Christ, près de lui, dans un sentier par lequel le Fr. Jean était venu, mais Jésus ne disait rien. Fr. Jean le voyant, et reconnaissant bien que c'était le Christ, subitement se jette à ses pieds, et avec une extraordinaire douleur, se met à le prier, disant : « Secours-moi, ô mon Seigneur; sans toi, mon très doux Sauveur, je suis dans les ténèbres et la douleur; sans toi, très tendre Agneau, je suis dans les angoisses, les peines et les craintes; sans toi, fils du Dieu Très-Haut, je suis dans la confusion et dans la honte; sans toi, je suis dépouillé de tout bien et aveuglé; car tu es Jésus-Christ, la vraie lumière des âmes; sans toi, je suis perdu et damné, car tu es la vie des âmes et la vie des vies; sans toi, je suis stérile et aride, car tu es la source de tout don et de toute grâce; sans toi, je suis tout inconsolé, car tu es Jésus notre rédemption, amour et désir, pain qui réconforte, et vin qui réjouit le cœur des anges et le cœur de tous les saints : éclaire-moi, maître très gracieux et pasteur très charitable; car je suis, quoique bien indigne, ta brebis. »

Mais comme les désirs des saints, lorsque Dieu diffère de les exaucer, s'accroissent d'un plus grand amour et d'un plus grand mérite, le Christ béni s'éloigna sans exaucer le Fr. Jean, sans lui rien dire, et s'en alla par ledit sentier. Alors Fr. Jean se lève, court après Jésus, de nouveau se jette à ses pieds, et avec une sainte importunité, le retient; avec des larmes très dévotes, il le prie et dit : « O Jésus-Christ très doux, aie pitié d'un cœur troublé, exauce-moi par la grandeur de ta miséricorde, et par la réalité de ton paradis, rends-moi la joie de ton visage et de ton tendre regard, car la terre est toute pleine de ta miséricorde! » Et le Christ s'éloigna encore, ne lui dit rien, et ne lui donna aucune consolation; et c'était comme agit une mère à l'égard de son nourrisson, quand elle lui fait désirer le sein, et qu'elle le laisse pleurer, pour qu'il le prenne ensuite plus volontiers.

Or donc, Fr. Jean suivit le Christ avec une ferveur encore plus grande et un désir encore plus grand, lorsqu'il fut tout près, le Christ béni se retourna, le regardant avec un visage joyeux et gracieux; et le prenant dans ses bras, très saints et très miséricordieux, il embrassa Fr. Jean avec une très grande douceur. Au moment où Il ouvrait ses bras, Fr. Jean vit s'élancer de la poitrine très sacrée du Sauveur, des rayons de lumière éblouissante, qui éclairèrent tout le bois, et aussi l'âme et le corps du Frère. Alors, Fr. Jean s'agenouilla aux pieds du Christ; et Jésus béni, comme il avait fait pour la Madeleine, lui présenta avec bonté ses pieds à baiser. Lors, Fr. Jean, les prenant avec un extrême respect, les baigna de tant de larmes, qu'il semblait vraiment être une autre Madeleine, et il disait dévotement : « Je te supplie, ô mon Seigneur, de ne pas regarder mes péchés, mais, par ta très sainte Passion, et par l'effusion de ton très précieux sang, ressuscite mon âme à la grâce de ton amour; et n'est-ce pas ton commandement que nous devons t'aimer de tout notre cœur et de toute notre âme? Ce précepte, personne ne peut l'observer sans ton aide. Aide-moi donc, ô très aimable Fils de Dieu, puisque je t'aime de tout mon cœur et de toutes mes forces. »

Et pendant qu'il parlait ainsi, Fr. Jean se tenait aux pieds du Christ; il fut exaucé et reçut la première des grâces, c'est-à-dire la flamme du divin amour. Il demeura tout consolé et tout renouvelé; et, sentant que le don de la divine grâce lui était rendu, il recommença à remercier le Christ béni, et à baiser dévotement ses pieds. Puis, au moment où il se relève pour regarder le Christ en face, Jésus-Christ étend et lui présente ses mains très saintes à baiser; et quand Fr. Jean les a embrassées, il s'approche tout près de la poitrine de Jésus, et il l'entoure et il l'embrasse, et pareillement le Christ l'étreint et l'embrasse.

Or, pendant cette étreinte et ce baiser, Frère Jean sentit une telle odeur divine, qu'alors même que toutes les grâces odoriférantes et toutes les choses odorantes du monde eussent été réunies ensemble, elles auraient paru, en comparaison de ce parfum, une vraie puanteur. Alors, Fr. Jean fut entièrement consolé, illuminé, et cette odeur persista dans son âme pendant beaucoup de mois.

Dès lors, de cette bouche qui s'était abreuvée à la source de la divine sagesse, en se tenant sur la poitrine sacrée du Sauveur, sortaient de merveilleuses et célestes paroles, qui transformaient tous les cœurs, et produisaient chez ceux qui les entendaient de grands fruits spirituels. Dans le sentier du bois, où s'étaient posés les pieds bénits du Christ, et même à une certaine distance de là, Fr. Jean sentait ce parfum, toujours. Il voyait toujours cette splendeur, lorsqu'il y allait, cela, pendant de longues années, et même davantage.

Revenant à lui, Fr. Jean, après ce ravissement, et après la disparition de la présence corporelle du Christ, resta tout illuminé dans son âme, comme au fond de l'abîme de la divinité du Christ; si bien, que tout en n'étant pas un homme instruit par des études humaines, cependant il savait résoudre et expliquer merveilleusement les questions les plus subtiles et les plus élevées touchant la Trinité divine, ainsi que les profonds mystères de la sainte Écriture. Bien souvent depuis, parlant en présence du Pape, ou à des cardinaux, des rois, des barons, des maîtres, des docteurs, il les remplissait d'étonnement et d'admiration, par les paroles élevées et les sentences très profondes qui sortaient de sa bouche.

CHAPITRE L

Comment, en disant la messe le Jour des Morts, Fr. Jean de l'Alverne vit beaucoup d'âmes délivrées du Purgatoire.

Ledit Fr. Jean disait une fois la messe pour toutes les âmes des défunts; c'était le lendemain de la fête de tous les saints, ainsi que l'Église l'a établi. Il offrait avec une intention si charitable, une si grande piété et une si grande compassion, ce très haut sacrement désiré par les âmes des défunts, à cause de son efficacité, plus que tous les autres biens, et plus que tout ce qu'on peut faire pour elles, qu'il semblait tout absorbé par la douceur de la compassion et de la charité fraternelle. Aussi, pendant cette messe, il éleva dévotement le corps du Christ, l'offrant à Dieu le Père, le priant de vouloir bien, pour l'amour de son Fils béni Jésus-Christ qui avait été attaché à la croix pour racheter les âmes, délivrer des peines du purgatoire les âmes des défunts créées et rachetées par lui. A ce moment, il vit tout à coup un nombre presque infini d'âmes sortir du purgatoire, comme s'échapperaient d'une fournaise embrasée des étincelles innombrables; ces âmes s'élançaient vers le ciel, par les mérites de la Passion du Christ, qui chaque jour est offert pour les vivants et pour les morts dans l'hostie très sacrée, laquelle est digne d'être adorée *in sæcula sæculorum.*

CHAPITRE LI

Du saint Fr. Jacques de Fallerone, et comment, après sa mort, il apparut à Fr. Jean de l'Alverne.

Au temps où Fr. Jacques de Fallerone, homme d'une grande sainteté, était gravement malade au couvent de Moliano, dans la Custodie de Fermo, Fr. Jean de l'Alverne, qui habitait alors au couvent de Massa, entendit parler de sa maladie : il aimait ce Fr. Jacques comme un père bien cher, et se mit en prières pour lui, suppliant Dieu dévotement, avec oraison mentale, de donner la santé du corps audit Frère Jacques, si cela était le meilleur pour son âme.

Pendant qu'il était dans cette dévote oraison, il fut ravi en extase, et vit dans les airs une grande armée d'anges et de saints, au-dessus de sa cellule qui était dans le bois; ces créatures célestes étaient environnées d'une telle splendeur, que tout le pays d'alentour en était illuminé. Lors, parmi tous ces anges, il vit le Fr. Jacques, malade, pour lequel il priait, debout, en vêtements blancs, tout resplendissant. Il vit encore au milieu d'eux le bienheureux Père saint François, orné des sacrés stigmates du Christ, et brillant de gloire. Il vit aussi et reconnut Fr. Lucide, le Saint, et Fr. Mathieu, l'Ancien, de Mont-Rubian, et en outre d'autres Frères, qu'il n'avait encore jamais vus, ni connus en cette vie.

Et pendant que Fr. Jean regardait ainsi, avec une grande joie, cette bienheureuse troupe de saints, il lui fut révélé comme certain que l'âme de ce dit Frère malade était sauvée et qu'il devait mourir de cette maladie; mais qu'il n'irait pas ainsi tout de suite après sa mort en paradis, parce qu'il lui fallait un peu se purifier en purgatoire. De cette révélation, Fr. Jean eut tant d'allégresse à cause du salut de cette âme, que de la mort du corps, il ne ressentait aucun chagrin; mais avec une très grande douceur d'esprit, il l'appelait, disant au dedans de lui-même : « Frère Jacques, mon doux Père! Frère Jacques, mon doux Frère! Frère Jacques, très fidèle serviteur et ami de Dieu! Frère Jacques, compagnon des anges et société des bienheureux! »

Ayant ainsi cette certitude et cette joie, Fr. Jean revint à lui, et partit immédiatement du couvent. Il alla à Moliano pour y visiter ledit Fr. Jacques; il le trouva si accablé qu'à peine pouvait-il parler. Il lui annonça la mort de son corps, et le salut et la gloire de son âme, ainsi qu'il en avait la certitude par la divine révélation. Lors, Fr. Jacques, ayant l'âme et la figure toutes réjouies, le reçut avec une grande allégresse et un gai sourire, le remerciant de la bonne nouvelle qu'il lui apportait, se recommandant à lui. Fr. Jean le pria tendrement de revenir le voir après sa mort, et lui parler de son état; et Fr. Jacques le lui promit, s'il plaisait à Dieu. Ces paroles dites, l'heure de son passage s'approchant, Fr. Jacques commença à dire dévotement ce verset du psaume : *In pace, in idipsum dormiam et requiescam*. Ce qui veut dire : « Je m'endormirai et je me reposerai en paix dans la vie éternelle. » Et après avoir dit ce verset, avec un visage joyeux et satisfait, il passa de cette vie.

Après que Fr. Jacques fut enseveli, Fr. Jean retourna au couvent de la Massa, et là il attendait la réalisation de la promesse de Fr. Jacques : revenir le trouver, au jour qui avait été fixé. Mais ce jour-là, pendant que Fr. Jean était en oraison dans le bois, le Christ lui apparut avec une grande compagnie d'anges et de saints parmi lesquels n'était pas Fr. Jacques; de quoi Fr. Jean s'étonna beaucoup; il recommanda très dévotement au Christ, son ami le Frère Jacques. Puis, le jour suivant, pendant que Fr. Jean priait dans le bois, lui apparut Frère Jacques, accompagné des anges, tout glorieux et tout joyeux, et Fr. Jean lui dit : « O mon Père très cher, pourquoi n'es-tu pas venu me trouver au jour que tu m'avais promis. » Fr. Jacques répondit : « Parce que j'avais besoin de faire quelque pénitence; mais à cette même heure où le Christ t'est apparu, et où tu m'as recommandé à lui, le Christ t'a exaucé, et m'a délivré de toute peine. Alors j'apparus à Fr. Jacques de la Massa, saint laïque, au moment où servant la messe, et regardant l'hostie consacrée, quand le prêtre la leva, il vit cette hostie transformée et changée en la forme d'un très bel enfant vivant, et je lui dis : « Au« jourd'hui, je m'en vais au royaume de la vie « éternelle, où personne ne peut aller sans lui. » Ces paroles dites, Fr. Jacques disparut, et alla au ciel, avec toute cette belle compagnie des anges. Fr. Jean demeura très consolé.

Le Fr. Jacques de Fallerone mourut la vigile de saint Jacques apôtre, au mois de juillet, et audit couvent de Moliano, dans lequel, par ses mérites, la divine bonté opère, depuis sa mort, de nombreux miracles.

CHAPITRE LII

De la vision de Fr. Jean de l'Alverne, dans laquelle il eut connaissance de l'harmonie de la sainte Trinité.

Le Fr. Jean de l'Alverne dont nous venons de parler, avait très parfaitement répudié toutes jouissances, toutes consolations mondaines et temporelles. Il plaçait en Dieu tous ses délices et toutes ses espérances ; aussi la divine bonté lui accordait-elle de merveilleuses consolations et révélations, spécialement aux solennités du Christ.

Il lui arriva donc qu'à l'approche de la solennité de la Nativité du Christ, dans laquelle il attendait avec certitude les consolations obtenues de Dieu par la douce humanité de Jésus, l'Esprit-Saint lui mit dans son âme un grand et intense amour. Il éprouva une si vive ferveur pour cette charité du Christ qui l'avait fait s'humilier jusqu'à prendre notre humanité, qu'il semblait au Fr. Jean sentir son âme brûlante comme une fournaise et arrachée de son corps.

Ne pouvant supporter ces ardeurs, il s'angoissait, se consumait tout entier, et se plaignait à haute voix. Par suite de l'impétuosité du Saint-Esprit et de la violence de la ferveur de son amour, il ne pouvait s'empêcher de faire entendre des lamentations. Au moment où cette immense ferveur se faisait sentir, avec elle lui venait forte et certaine l'espérance de son salut.

Cette certitude du salut immédiat était alors en lui si forte que rien au monde ne pouvait lui faire croire à la possibilité de passer par les peines du purgatoire. Cet amour lui dura bien six mois. Mais il n'éprouvait pas cette extrême ferveur d'une façon continuelle ; elle lui venait à certaines heures du jour. Vers ce temps, il reçut de merveilleuses visites et consolations de Dieu, et plus d'une fois il eut des extases, ainsi que le vit ce Frère qui, le premier, écrivit tout cela.

Une fois entr'autres, il fut si élevé et si ravi en Dieu, qu'il aperçut en son Créateur, toutes les choses créées, célestes et terrestres, tout ce qui était distinct en elles, leurs perfections, leurs conditions, leur rang. Il connut alors clairement comment toute chose créée était en la présence du Créateur, et comment Dieu est au-dessus, au dedans, au dehors, et auprès de toute chose créée. Puis, il comprit un seul Dieu en trois personnes, trois personnes en un seul Dieu, et l'infinie charité qui porta le Fils de Dieu à s'incarner pour obéir à son Père. Finalement il connut dans cette vision comment il n'y avait aucune autre voie par laquelle l'âme put aller à Dieu et obtenir la vie éternelle, en dehors du Christ béni qui est la voie, la vérité et la vie de l'âme.

CHAPITRE LIII

Comment, en disant la messe, Fr. Jean de l'Alverne tomba comme mort.

Audit Fr. Jean, dans ledit couvent de Moliano, ainsi que le racontaient les Frères qui étaient présents, il arriva un jour ce fait admirable : la première nuit après l'octave de saint Laurent, et dans l'octave même de l'Assomption de Notre-Dame, il dit Matines dans l'église avec les autres Frères ; mais l'onction de la grâce divine se faisant sentir en lui, il se rendit au jardin pour méditer sur la Passion du Christ et se disposer, avec toute la dévotion possible, à célébrer la messe, qu'il devait chanter ce matin même.

Il contemplait intérieurement les paroles de la consécration du corps du Christ. Il considérait l'infinie charité de Jésus qui l'a porté à nous racheter, non seulement en répandant son sang précieux, mais aussi en laissant pour nourriture des âmes, son corps et son sang très excellent. Lors, Fr. Jean commença à sentir l'amour du doux Jésus s'accroître en lui avec une telle ferveur et une telle suavité, que déjà il ne pouvait plus contenir son âme, tant il ressentait de douceurs : il jetait de hauts cris, et comme enivré par l'Esprit, il ne cessait de répéter en lui-même : *Hoc est enim corpus meum!* En disant ces paroles, il lui semblait voir le Christ béni, avec la Vierge Marie, et une multitude d'anges. Pendant qu'il parlait ainsi, il était déjà éclairé par l'Esprit-Saint sur les profonds et hauts mystères de ce très haut sacrement.

Dès que vint l'aurore, le Fr. Jean entra dans l'église, avec cette ferveur d'âme, cette anxiété, et en répétant les mêmes paroles, croyant n'être ni vu, ni entendu de personne : mais, dans le chœur, il y avait un Frère en oraison qui voyait et entendait tout. Fr. Jean, dans sa ferveur, ne pouvant se contenir à cause de l'abondance de la divine grâce, criait à haute voix, et demeura dans cet état, jusqu'à ce que fut l'heure de dire la messe. Il alla se préparer à l'autel, puis commença à dire la messe : plus il avançait dans le saint sacrifice, plus s'accroissait en lui l'amour du Christ, cette ferveur de dévotion qui lui donnait de Dieu un ineffable sentiment, que lui-même ne savait exprimer, et qu'il ne put expliquer ensuite.

Aussi, craignant que cette ferveur et ce sentiment de Dieu ne s'accrussent au point qu'il lui fallût laisser là la messe, il ne savait plus quel parti prendre : ou continuer à dire la messe, ou s'arrêter et attendre. Cependant, une autre fois, pareil événement lui était arrivé, et le Seigneur avait tempéré sa ferveur d'une telle façon, qu'il n'avait pas été obligé d'abandonner la messe. Il prit confiance de pouvoir faire de même cette fois, et avec une très grande frayeur se mit à continuer la messe.

Il arriva jusqu'à la préface de Notre-Dame, mais alors l'illumination divine et la gracieuse suavité de l'amour de Dieu commencèrent à s'accroître en lui de telle façon que, venant au *Qui pridie*, à peine pouvait-il supporter tant de suavité et tant de douceur. Finalement, quand il vint à l'acte de la consécration, après avoir dit la moitié des paroles sur l'hostie, c'est-à-dire : *Hoc est,* d'aucune manière il ne put passer outre, mais il répétait toujours les mêmes paroles : *Hoc est enim*...

Or, la raison pour laquelle il ne pouvait passer outre, c'est qu'il ressentait et voyait la présence du Christ avec une multitude d'anges, et qu'il ne pouvait supporter la vue de la majesté du Christ. Cependant, il voyait que le Christ n'entrerait pas dans l'hostie, c'est-à-dire que l'hostie ne se transsubstantierait pas au corps du Christ, s'il ne proférait pas l'autre moitié des paroles, c'est-à-dire : *Corpus meum*.

Alors, pendant qu'il demeurait dans cette anxiété, sans passer outre, le Père Gardien, les autres Frères, aussi beaucoup de séculiers qui étaient dans l'église et y entendaient la messe, s'empressèrent autour de l'autel, et se tinrent là, tout effrayés. Voyant et considérant ce que faisait le Fr. Jean, beaucoup d'entr'eux pleuraient par dévotion.

A la fin, au bout de fort longtemps, c'est-à-dire quand il plut à Dieu, Fr. Jean put prononcercer : *enim corpus meum* à haute voix, alors subitement la forme du pain s'évanouit, et dans l'hostie apparut, incarné et glorifié, Jésus-Christ béni. Le Christ découvrait ainsi avec quelle humilité et quelle charité il s'était incarné dans le sein de la Vierge Marie, et consentait chaque jour à venir entre les mains du prêtre, lorsqu'il consacre l'hostie. Aussi Fr. Jean éprouva-t-il un ravissement encore plus grand, par la douceur de la contemplation.

Dès qu'il eut élevé l'hostie et le calice consacrés, Fr. Jean fut transporté hors de lui-même. Lors, son âme étant ainsi privée de tout sentiment corporel, son corps se pencha en arrière et, s'il n'avait pas été soutenu par le Gardien qui se trouvait auprès de lui, il fût tombé sur le dos par terre.

Aussitôt les Frères accoururent, ainsi que les séculiers qui étaient dans l'église, hommes et femmes ; on le porta à la sacristie comme mort ; son corps était froid, et les doigts de ses mains étaient si fortement contractés qu'ils pouvaient à peine se détendre ou se remuer. Dans cet état il gisa évanoui, ou en extase, jusqu'à l'heure de Tierce; et c'était pendant l'été.

J'étais, moi, présent : et, comme je désirais beaucoup savoir ce que Dieu avait opéré en lui, immédiatement après que Fr. Jean fut revenu à lui, j'allai le trouver et je le priai, pour l'amour de Dieu, de vouloir bien tout me raconter; alors, lui, qui avait une grande confiance en moi, me raconta tout de point en point. Entr'autres choses que pendant qu'il considérait le corps et le sang de Jésus-Christ devant lui, son cœur s'était fondu comme de la cire très liquéfiée, sa chair lui semblait n'avoir plus d'os, en sorte qu'il ne pouvait lever ni les bras, ni les mains, pour faire le signe de la croix sur l'hostie, pas plus que sur le calice.

Il me dit aussi, qu'avant de se faire prêtre, il lui avait été révélé par Dieu qu'il devait un jour tomber en défaillance pendant la messe ; mais comme il avait dit beaucoup de messes, et que rien de pareil ne lui était arrivé, il avait pensé que la révélation ne venait pas de Dieu. Cependant, cinquante jours environ avant l'Assomption de Notre-Dame, vers laquelle cet événement lui arriva, il lui avait été encore révélé par Dieu, que cet accident lui arriverait aux environs de ladite fête de l'Assomption ; mais il ne s'était pas ensuite rappelé cette vision, ou cette révélation, que lui avait faite Notre-Seigneur.

DES SACRÉS ET SAINTS STIGMATES
DE SAINT FRANÇOIS
ET DES CONSIDÉRATIONS FAITES SUR CES STIGMATES

Nous traiterons dans cette partie, avec une pieuse considération, des glorieux, sacrés et saints stigmates de notre bienheureux Père saint François, stigmates qu'il reçut du Christ sur la sainte montagne de l'Alverne. Et, comme lesdits stigmates furent au nombre de cinq, comme les plaies de Notre-Seigneur Jésus-Christ, ce petit traité sera divisé en cinq considérations :

La première considération sera sur la manière dont saint François parvint à la montagne sainte de l'Alverne.

La seconde considération sera sur la vie qu'il mena, et les entretiens qu'il eut avec ses compagnons, sur ladite sainte montagne.

La troisième considération sera sur l'apparition séraphique, et sur l'impression des très sacrés stigmates.

La quatrième considération sera sur la descente de saint François de la montagne de l'Alverne, après qu'il eût reçu les sacrés stigmates, et son retour à Sainte-Marie des Anges.

La cinquième considération sera sur certaines

apparitions et révélations divines faites depuis la mort de saint François à de saints Frères, et à d'autres dévotes personnes touchant ces glorieux stigmates.

PREMIÈRE CONSIDÉRATION SUR LES SACRÉS STIGMATES

Quant à la première considération, il faut savoir que saint François étant âgé de quarante-trois ans, en 1224, inspiré par Dieu, quitta la vallée de Spolète pour aller en Romagne, avec Fr. Léon, son compagnon. Il passa au pied du château de Montefeltro où il y avait alors une grande réunion et un grand banquet, en l'honneur d'un des comtes de Montefeltro, reçu nouvellement chevalier. Saint François apprenant qu'il se faisait là une fête solennelle, et que beaucoup de gentilshommes de divers pays y étaient réunis, dit à Fr. Léon : « Allons là-haut à cette fête, parce qu'avec l'aide de Dieu, nous y ferons quelque bonne récolte spirituelle. »

Parmi les gentilshommes qui étaient venus de Toscane au banquet, il en était un d'une noble et riche famille dudit pays, qui s'appelait Orlando de Chiusi de Casentino ; ce gentilhomme, à cause des choses merveilleuses qu'il avait entendu dire sur la sainteté et les miracles de saint François, avait pour lui une grande dévotion ; il éprouvait aussi un grandissime désir de le voir et de l'entendre parler. Saint François arriva au château, y entra, et alla sur la place où était réunie la foule de ces gentilshommes; là, dans toute la ferveur de son âme, il monta sur un petit mur et commenca à prêcher, prenant pour texte de sa prédication ces paroles, reproduites ici en langue vulgaire : *Il est si grand le bien que j'attends, que toute peine m'est un plaisir*. Sur ce thème, par l'inspiration du Saint-Esprit, il prêcha avec dévotion et profondeur. Il dit, comme preuves, les diverses souffrances et les opprobres des saints Apôtres et des saints martyrs, les dures pénitences des confesseurs, les tribulations et les tentations des vierges saintes et des autres saints, si bien que tout le monde restait les yeux et l'esprit attachés sur lui; tous étaient attentifs comme si un ange de Dieu eût parlé.

Entre tous, était ledit Orlando, qui, touché jusqu'au fond du cœur par la merveilleuse prédication de saint François, résolut intérieurement de mettre ordre à sa conscience, et de causer de la direction de son âme, avec le Saint, après la prédication. Aussi, dès que la prédication fut finie, il prit saint François à part, et lui dit : « O Père, je voudrais arranger avec toi le salut de mon âme. » Saint François répondit : « Avec grand plaisir ; mais ce matin, va; fais honneur à tes amis qui t'ont invité à la fête et dîne avec eux ; après le repas nous parlerons ensemble tant qu'il te plaira. » Or donc, Orlando alla dîner.

Après le dîner, il revint trouver saint François ; avec lui il mit ordre aux affaires de son âme, et les arrangea complètement. A la fin, Orlando dit à saint François : « J'ai en Toscane une montagne très recueillie qui s'appelle la montagne de l'Alverne ; elle est élevée, solitaire, et très favorable à qui voudrait faire pénitence en un endroit écarté du monde, ou à qui désirerait mener une vie solitaire. Si elle te plaît, volontiers je te la donnerai, à toi et à tes compagnons, pour le salut de mon âme. »

Saint François entendant cette offre si généreuse d'une chose qu'il désirait beaucoup, eut une grande allégresse. Louant Dieu, lui rendant grâces, et remerciant Orlando, il lui dit ceci : « Orlando, quand vous serez retourné à votre demeure, je vous enverrai quelques-uns de mes compagnons et vous leur montrerez cette montagne ; si elle leur paraît un endroit propice pour l'oraison et la pénitence, dès maintenant j'accepte votre offre charitable. »

Et ceci dit, saint François partit. Quand il eut fini son voyage, il retourna à Sainte-Marie des Anges. Lors, de son côté, Orlando, la cérémonie et le banquet terminés, revint à son château qui s'appelait Chiusi et qui était éloigné de l'Alverne d'environ un mille.

Étant arrivé à Sainte-Marie des Anges, saint François envoya deux de ses compagnons audit Orlando. Dès que ceux-ci furent auprès de lui, il les reçut avec la plus grande joie et la plus grande charité. Et voulant leur faire voir la montagne de l'Alverne, il envoya avec eux cinquante hommes armés, pour les défendre contre les bêtes sauvages. Ainsi accompagnés, les Frères montèrent sur la montagne et l'examinèrent avec soin.

A la fin, ils parvinrent à un endroit de la montagne très recueilli, très propre à la contemplation, et où se trouvait une petite plaine. Ce fut cet endroit qu'ils choisirent pour leur habitation et celle de saint François. Avec l'aide de quelques-uns des hommes d'armes qui étaient avec eux, ils firent ensemble une cellule avec des branches d'arbre. Ils acceptèrent dès lors au nom de Dieu la montagne de l'Alverne, et la demeure pour les Frères, en prirent possession, puis partirent et retournèrent vers saint François. Dès qu'ils furent arrivés près de lui, ils lui racontèrent comment et de quelle manière ils avaient choisi un endroit sur le mont de l'Alverne, très propre à l'oraison et à la contemplation.

Saint François apprenant cette nouvelle, fût comblé d'allégresse, louant et remerciant Dieu, parla à ses Frères avec un visage tout joyeux, et leur dit : « Mes fils, voici que nous approchons de notre carême de saint Michel Archange; je crois fermement que c'est la volonté de Dieu que nous fassions ce carême sur la montagne de l'Alverne, qui, par une divine libéralité, nous a été préparée. Méritons donc du Christ, par la pénitence, de consacrer cette montagne bénie à l'honneur et à la gloire de Dieu, de sa Mère la glorieuse Vierge Marie, et des saints anges.

Ayant dit cela, saint François prit avec lui Fr. Massée de Marignan, d'Assise, qui était un homme d'une grande éloquence, et Fr. Tancrède de Rieti, un vrai gentilhomme, et qui, dans le monde avait été chevalier, puis Fr. Léon, qui était un homme d'une grande pureté et d'une grande simplicité, c'est pourquoi saint François l'aimait beaucoup.

Avec ces trois Frères, saint François se mit en oraison, se recommandant, lui et ses dits compagnons, aux Frères qui restaient. Puis il se mit en route avec les trois Frères, au nom de Jésus crucifié, pour aller à la montagne de l'Alverne. En chemin, saint François appela un des trois compagnons, Fr. Massée, et lui dit : « Toi, Frère Massée, tu seras notre gardien et notre chef, pendant ce voyage, c'est-à-dire tant que nous marcherons et que nous resterons ensemble : nous observerons nos usages, c'est-à-dire que : ou bien nous dirons l'office, ou nous parlerons de Dieu, ou nous garderons le silence, et nous ne songerons à rien au delà, ni à manger, ni à boire, ni à dormir; mais quand ce sera l'heure de s'arrêter quelque part, nous mendierons un peu de pain, nous resterons, et nous nous reposerons dans l'endroit que Dieu nous aura préparé. » Alors ces trois compagnons inclinèrent la tête, et faisant le signe de la croix, poursuivirent leur chemin; le premier soir, ils arrivèrent à un couvent de Frères, et là, ils y logèrent. Le second soir, tant à cause du mauvais temps que parce qu'ils étaient fatigués, ils ne purent arriver ni à un couvent de Frères, ni à un château, ni à un village quelconque. La nuit et le mauvais temps les surprenant, ils trouvèrent asile dans une église abandonnée et solitaire, où ils se disposèrent à prendre quelque repos.

Pendant que ses compagnons dormaient, saint François se jeta en oraison; et voici qu'au commencement de la nuit, arrivent en troupe innombrable des démons très féroces, avec des rumeurs et des bruits formidables; ils se mettent à lui livrer fortement bataille et à le harceler. L'un le saisissait d'un côté, l'autre, d'un autre; l'un le tirait par ici, l'autre par là; l'un le menaçait d'une chose, l'autre lui reprochait autre chose. Et ainsi, de différentes manières, ils s'ingéniaient à le troubler dans son oraison. Mais ils ne le pouvaient pas, parce que Dieu était avec lui. Quand saint François eut soutenu pendant quelque temps l'attaque de ces démons, il commença à crier à haute voix : « O esprits damnés, vous ne pouvez rien, si ce n'est quand la main de Dieu vous le permet; aussi, au nom du Dieu tout-puissant, je vous dis qu'il vous faut faire de mon corps ce qui vous est permis; je le supporterai volontiers, parce que je n'ai pas de plus grand ennemi que mon corps. Lors, si vous me tirez vengeance de cet ennemi, vous me rendrez le plus grand service. »

Alors, les démons, avec une très grande violence et une très grande fureur, le prirent, et commencèrent à le traîner par l'église. Ils lui infligeaient encore plus de peines et de tourments qu'auparavant. Saint François commença à s'exclamer et à dire : « Mon Seigneur Jésus-Christ, je te remercie des honneurs si grands que tu m'accordes et de toute la charité que tu montres à mon égard ! N'est-ce pas une preuve de grand amour, quand le Seigneur punit bien son serviteur pour tous ses péchés en ce monde, afin qu'il ne soit pas puni dans l'autre ? Or, je suis absolument prêt à supporter avec allégresse toute peine et toute adversité, que toi, mon Dieu, veux bien m'envoyer pour mes péchés ! » Alors, les démons confus, vaincus par sa constance et sa patience, s'éloignèrent. Saint François, dans la ferveur de son âme, sortit de l'église, et entra dans un bois qui était tout proche ; là, il se jeta de nouveau en oraison, et, avec des prières, des larmes, en frappant sa poitrine, il cherchait à retrouver Jésus-Christ, l'époux et l'ami bien cher de son âme.

Enfin, le retrouvant dans le secret de son âme, tantôt il lui parlait respectueusement comme à son Maître, tantôt il lui répondait comme à son Juge, tantôt il lui adressait des prières comme à son Père, tantôt il conversait avec lui comme avec un ami. Pendant cette nuit, dans le bois, ses compagnons qui s'étaient réveillés, et qui restaient à écouter et à considérer ce que faisait saint François, le virent et l'entendirent implorer dévotement avec des larmes et des plaintes la divine miséricorde en faveur des pécheurs. On l'entendait et on le voyait alors pleurer à haute voix sur la Passion du Christ, comme s'il la voyait matériellement. En cette même nuit, les Frères le virent aussi prier avec les bras étendus en croix, suspendu et soulevé de terre pendant fort longtemps, environné d'une nuée resplendissante : ce fut dans ces saints exercices qu'il passa toute la nuit sans dormir.

Lors, le matin venu, ses compagnons, sachant qu'à cause de la fatigue de cette nuit passée sans dormir, saint François trop faible de corps, ne pourrait pas facilement cheminer à pied, allèrent trouver un pauvre laboureur du pays, et lui demandèrent, pour l'amour de Dieu, de prêter son petit âne au Fr. François, leur Père, qui ne pouvait pas aller à pied. Se rappelant qu'il avait entendu parler du Fr. François, le laboureur leur demanda : « Êtes-vous donc des Frères de ce Frère d'Assise, dont on dit tant de bien ? » Les Frères répondirent : Oui, et que c'était véritablement pour le Frère d'Assise qu'ils demandaient l'âne. Alors cet excellent homme apprêta la monture avec grande dévotion et soin, et la conduisit à saint François. En donnant les marques du plus grand respect, il fit monter le Saint sur son petit âne et ils poursuivirent tous leur route, le laboureur marchant avec eux, derrière son âne.

Quand ils eurent fait un peu de chemin, le paysan dit à saint François : « Dis-moi ? es-tu François d'Assise ? » Saint François répondit : « Oui. — Alors, il faut t'appliquer, dit le paysan, à être aussi bon que tu es réputé l'être par tout le monde, car beaucoup de gens ont une grande confiance en toi. Aussi je t'avertis que tu ne dois pas être différent de ce que le peuple te croit. »

Saint François en entendant ces paroles, ne s'indigna pas d'être admonesté par un paysan; il ne se dit pas en lui-même : « Quel est ce sot qui se permet de m'admonester ? » comme diraient aujourd'hui beaucoup d'orgueilleux qui portent le froc. Mais, immédiatement, il met pied à terre, s'agenouille devant le paysan, lui baise les pieds et le remercie humblement de ce qu'il avait bien voulu l'admonester si charitablement. Alors, le paysan, avec les compagnons de saint François, le relevèrent avec un grand respect et le remirent sur l'âne; puis ils continuèrent leur route.

Quand ils furent arrivés à la moitié de la montagne, il faisait une chaleur excessive, et la montée était fatigante; le paysan eut grand soif; et il commença à se plaindre devant saint François, disant : « Hélas, je meurs de soif; si je n'ai pas quelque chose à boire, je vais tout de suite tomber épuisé. » Saint François, alors, descend de son âne, et se jette en prière. Il resta à genoux, les mains levées au ciel, jusqu'à ce qu'il sut par une révélation que Dieu l'avait exaucé. Alors, saint François dit au paysan : « Cours, va immédiatement à cette pierre, et là, tu trouveras la source vive que Jésus-Christ, par sa miséricorde, vient à l'instant même de faire jaillir. » Le paysan court à l'endroit que saint

François lui avait montré, et trouva une fontaine limpide qui sortait du rocher le plus dur, par la vertu des prières de saint François : il but copieusement et fut réconforté.

Il fut bien évident que cette source avait jailli miraculeusement par la volonté de Dieu, grâce aux prières de saint François, puisqu'en cet endroit, on ne vit de source ni avant ni après, et qu'auprès de cet endroit, il n'y avait pas d'eau, ni dans les environs, ni même à une grande distance de là. Ceci fait, saint François et ses compagnons, ainsi que le paysan, remercièrent Dieu de ce miracle éclatant, et cheminèrent plus avant sur la route.

Approchant du pied du rocher même de l'Alverne, il plut à saint François de se reposer un peu sous un chêne qui était au bord de la route. Là, se tenant sous le feuillage, saint François commença à considérer la disposition de cet endroit et du pays. Pendant qu'il demeurait dans cette contemplation, voici venir de tous les points de l'horizon une multitude d'oiseaux, qui, par leurs chants et leurs battements d'ailes, témoignaient tous de leur allégresse, et étaient tous en fête; ils entouraient saint François si bien que quelques-uns se posèrent sur sa tête, d'autres sur ses épaules, quelques-uns sur les bras, d'autres sur sa poitrine, et enfin d'autres sur ses pieds. En voyant cela, les compagnons de saint François et le paysan furent émerveillés; saint François lui-même s'étonnait, tout en se réjouissant fortement en esprit. Il leur dit : « Je crois, mes Frères très chers, qu'il plaît à Notre-Seigneur Jésus-Christ que nous habitions sur ce mont solitaire, puisque nos frères et nos sœurs les oiseaux nous montrent tant d'allégresse de notre venue. » Ces paroles dites, ils se levèrent, cheminèrent encore, et finalement parvinrent à l'endroit qui avait été tout d'abord choisi par les Frères.

Voilà ce qui concerne la première considération, à savoir comment saint François parvint à la sainte montagne de l'Alverne.

DE LA SECONDE CONSIDÉRATION DES SACRÉS STIGMATES

La seconde considération doit être faite sur la conversation de saint François avec ses compagnons sur la dite montagne de l'Alverne.

En ce qui concerne ce récit, il faut savoir d'abord que Orlando entendant dire que saint François avec trois de ses compagnons était monté pour aller habiter sur la montagne de l'Alverne, en éprouva une très vive allégresse; le jour suivant, il se mit en route avec beaucoup de gens de son château, et tous vinrent visiter saint François, apportant du pain et du vin, ainsi que d'autres choses pour la nourriture des Frères; le tout était destiné à saint François et à ses compagnons. Arrivant en haut, ils trouvèrent les Frères en oraison, et, s'approchant d'eux, les saluèrent. Alors saint François se releva, et avec une grande tendresse et une vive joie, reçut Orlando et ceux qui l'accompagnaient, ceci fait, ils se mirent à converser ensemble.

Lorsque leur entretien fut terminé, quand saint François eut remercié Orlando de lui avoir donné une montagne si paisible et d'être venu le voir, saint François le pria de lui faire faire une pauvre cellule au pied d'un hêtre très beau, qui se trouvait à la distance d'un jet de pierre de l'endroit où étaient les Frères, parce que ce lieu lui paraissait très recueilli et très propre à l'oraison. Orlando fit faire immédiatement cette cellule. Ceci fait, comme le soir approchait et qu'il était temps de partir, saint François avant leur départ leur prêcha un peu. Après la prédication, il leur donna sa bénédiction.

Orlando alloit partir, lorsqu'il prit à part saint François et ses compagnons, et leur dit : « Mes Frères très chers, je ne veux pas que sur ce mont sauvage, vous puissiez souffrir d'aucune nécessité corporelle, ce qui vous empêcherait de vous appliquer aux choses spirituelles. Aussi je veux, et ceci je vous le dis une fois pour toutes, que vous envoyiez sûrement chercher à ma maison tout ce dont vous aurez besoin : si vous faites le contraire, je trouverai que vous agissez mal envers moi. »

Ceci dit, Orlando partit avec les gens qui l'accompagnaient et retourna à son château. Alors saint François fit asseoir ses compagnons et leur donna des instructions sur la façon dont ils devraient vivre et sur la vie qu'il mèneraient; il leur dit qu'enfin chacun devrait vivre très religieusement comme un ermite; entr'autres choses, il leur imposa particulièrement l'observance de la sainte pauvreté, leur disant : « Ne faites pas tant attention à l'offre charitable d'Orlando, qu'à ne pas offenser, dans aucune circonstance, notre dame et maîtresse la sainte pauvreté. Tenez pour certain que plus nous mépriserons la pauvreté, plus le monde nous méprisera, et plus nous serons privés, même du nécessaire. Mais si nous embrassons bien étroitement la sainte pauvreté, elle nous suivra et nous nourrira copieusement. Dieu, qui nous a appelés dans cette sainte Religion pour le salut du monde, a fait ce pacte entre nous et le monde : à savoir que nous donnerons au monde le bon exemple, et qu'en retour le monde fournira à toutes nos nécessités. Persévérons donc dans la sainte pauvreté, parce qu'elle est la voie de la perfection, les arrhes et le gage de la vie éternelle. »

Après beaucoup de belles et divines paroles, et des avis sur ce sujet, saint François conclut, en disant : « Voilà donc le genre de vie que je m'impose, à moi, et aussi à vous; je me vois approcher de la mort, je veux rester dans la solitude, me recueillir en Dieu, et, devant lui, pleurer mes péchés; Fr. Léon, quand il le jugera bon, m'apportera un peu de pain et un peu d'eau; et pour aucun motif, ne laissez venir auprès de

moi aucun séculier, mais répondez pour moi. »
Et ces paroles dites, il leur donna sa bénédiction, et alla à la cellule du hêtre; ses compagnons demeurèrent au lieu choisi, avec le ferme propos d'observer les recommandations de saint François.

A peu de jours de là, saint François se tenant près de ladite cellule, et considérant la disposition de la montagne, s'étonnait des larges ouvertures et crevasses qu'il voyait dans d'énormes rochers; il se mit en oraison, et il lui fut révélé par Dieu que ces étonnantes crevasses s'étaient produites miraculeusement, à l'heure de la Passion du Christ et au moment où, ainsi que le dit l'Évangéliste, les pierres se fendirent. Et Dieu voulut que ce miracle s'opérât particulièrement sur cette montagne de l'Alverne, où devait se renouveler la Passion de Notre-Seigneur Jésus-Christ, dans l'âme de saint François par l'amour et la piété, et dans son corps par l'impression des sacrés saints stigmates.

Aussitôt que le Bienheureux eut reçu cette révélation, il se renferma dans sa cellule, et se recueillit tout entier en lui-même, se disposant à l'attente du mystère de cette révélation. Dès lors, saint François, par cette continuelle oraison, commença à savourer plus fréquemment la douceur de la divine contemplation, qui souventes fois le ravissait tellement en Dieu, que ses compagnons le voyaient corporellement élevé au-dessus de la terre et tout hors de lui.

Dans ses élévations contemplatives, Dieu lui révélait non seulement les choses présentes et futures, mais aussi les secrètes pensées et les inclinations des Frères, ainsi que son compagnon, Fr. Léon, en eut la preuve par sa propre expérience, un certain jour.

Ce jour-là Fr. Léon, souffrant d'une très grande tentation envoyée par le démon, non de la chaire, mais de l'esprit, il lui vint un très violent désir d'avoir quelque pensée pieuse écrite de la main de saint François. Il pensait que s'il obtenait cet écrit, la tentation disparaîtrait, ou entièrement ou en partie. Tout en ayant ce désir, il n'avait pas voulu s'enhardir jusqu'à en parler à saint François, par honte et par respect; mais ce qu'il ne disait pas à saint François, le Saint-Esprit le révéla. Aussi saint François l'appela près de lui, lui fit apporter l'encrier, la plume et le papier, et de sa main écrivit une louange du Christ, ainsi que le désirait le Frère, puis traça le signe TAU, et la lui donna en disant : « Tiens, très cher Frère, prends ce papier, et conserve-le avec soin jusqu'à ta mort. Que Dieu te bénisse et te protège contre toute tentation. Parce que tu as des tentations, ne perds pas confiance : car alors, je te regarde comme encore plus l'ami, et encore plus le serviteur de Dieu, et je t'aime d'autant plus que tu es plus combattu par l'épreuve. Vraiment, je te le dis, personne ne doit se croire parfait ami de Dieu, tant qu'il n'a point passé par beaucoup de tentations et de tribulations. »

Au moment où Fr. Léon reçut cet écrit avec la plus grande dévotion et la foi la plus vive, subitement toute tentation disparut. Retournant vers ses compagnons, il leur raconta avec une grande allégresse quelle grâce Dieu lui avait faite de recevoir un papier écrit par saint François. Ce papier fut serré et conservé avec soin, et, depuis, les Frères ont opéré avec lui beaucoup de miracles.

Depuis ce moment, Fr. Léon avec une grande pureté et une bonne intention, commença à observer de près et à considérer la vie de saint François. Par sa pureté, Fr. Léon mérita de voir souvent le Bienheureux ravi en Dieu, et suspendu au-dessus de la terre, quelquefois à une hauteur de trois brasses, quelquefois de quatre brasses, et d'autres fois, jusqu'au sommet du hêtre. D'autres fois encore, Fr. Léon, le vit élevé dans les airs si haut, et entouré d'une telle splendeur que c'est à peine s'il pouvait l'apercevoir. Lors, que faisait ce frère si simple, quand saint François était assez peu élevé au-dessus de la terre pour qu'il put le rejoindre? Il allait doucement à lui, lui embrassait les pieds, les baisait, et disait avec des larmes : « Mon Dieu, aie pitié de mes péchés, et par les mérites de ce saint homme, fais moi trouver ta grâce ! »

Une fois entr'autres, pendant que Fr. Léon était ainsi sous les pieds de saint François qui était trop élevé au-dessus de la terre pour qu'on put le toucher, il vit une banderolle portant des lettres d'or, descendre du ciel et se poser sur la tête du Saint : Sur cette banderole étaient écrites ces paroles : « *Ici est la grâce de Dieu* », et après qu'il l'eut lue, il la vit retourner au ciel.

Par suite du don de cette grâce divine qui était en lui, saint François, non seulement était ravi en Dieu, par contemplation extatique, mais encore il était quelquefois fortifié par des visites angéliques.

Un jour que saint François pensait à sa mort, et à ce que deviendrait son Ordre après qu'il aurait terminé sa vie, il s'écria : « Seigneur mon Dieu, qu'adviendra-t-il après ma mort de la pauvre famille, que dans ta bonté tu m'as confiée, à moi pécheur? Qui te priera pour eux?... »

Pendant qu'il disait cela, et d'autres paroles semblables, voici que lui apparaît un ange envoyé du ciel. Pour le consoler, l'Ange lui dit : « Moi, je te dis, de la part de Dieu, que la profession de ton Ordre durera jusqu'au jour du Jugement. Et il n'y aura pas de si grand pécheur, qui, s'il aime ton Ordre de tout son cœur, ne trouve miséricorde devant Dieu. Et quiconque persécutera ton Ordre, par malice, ne pourra vivre longuement. Aucun grand coupable étant dans ton Ordre et ne corrigeant pas sa vie, ne pourra persévérer dans l'Ordre. Aussi, il ne faut pas t'attrister, si, dans ta religion, tu vois quelques Frères qui ne soient pas bons, et qui n'observent pas la Règle comme ils le devraient; ne pense pas que dès lors ton Ordre doive s'affaiblir. Il y en aura en effet beaucoup, et beaucoup, qui suivront parfaitement la voie de l'Évangile du Christ, et la pureté de la Règle; tous ceux là, immédiatement après leur vie corporelle, s'en iront à la vie éternelle sans passer un seul instant par le purgatoire. D'autres garderont la Règle, mais imparfaitement; et ceux-là, avant d'aller au paradis, iront en purgatoire, mais la durée de leur purification te sera confiée par Dieu. Quant à ceux qui n'observent rien de la Règle, ne t'en inquiète pas, dit Dieu, parce que lui n'en a nul souci. » Ces paroles dites, l'ange disparut, et saint François demeura réconforté et consolé.

A l'approche de la fête de l'Assomption de Notre-Dame, saint François chercha un lieu encore plus solitaire et plus caché, où il pût d'une façon plus isolée faire le carême de saint Michel Archange qui commence à ladite fête de l'Assomption. Dès lors, il appela Fr. Léon et lui dit : « Va, et tiens-toi sur la porte de l'oratoire des Frères; quand je t'appellerai, tu reviendras me trouver. » Le Fr. Léon va, et se tient sur la porte; saint François s'éloigne un peu, et l'appelle d'une voix forte. Fr. Léon, s'entendant appeler, revient vers saint François qui lui dit : « Mon fils, cherchons un endroit plus isolé, dont tu ne puisses pas m'entendre ainsi quand je t'appellerai. »

En cherchant, ils virent au flanc de la montagne, dans la partie méridionale, un endroit solitaire et tout à fait favorable, selon l'intention de saint François. Mais ils ne pouvaient y aller, parce que, par-devant, il y avait une horrible et effrayante crevasse, ils placèrent sur cette crevasse, avec une grande fatigue, un morceau de bois, comme pour faire un pont, et ils passèrent dessus.

Alors saint François fit venir les autres Frères, et leur dit comment il avait l'intention de faire le carême de saint Michel dans ce lieu solitaire; aussi les priait-ils de lui faire une cellule en cet endroit, afin qu'aucun de ses cris ne fut jamais entendu d'eux.

Quand la cellule fut faite, saint François leur dit : « Allez à votre ermitage, laissez-moi ici, solitaire, parce que j'entends faire le carême sans bruit, sans trouble d'esprit. Qu'aucun de vous ne vienne jusqu'à moi, et ne laissez aucun séculier venir me trouver. Mais toi seulement, Fr. Léon, une seule fois par jour, tu viendras à moi, mais avec un peu de pain et d'eau, et une autre fois la nuit à l'heure de Matines; mais alors tu arriveras près de moi en silence. Quand tu seras au commencement du pont, tu me diras : *Domine labia mea aperies*, et si je te réponds, tu viendras, tu iras à la cellule et nous dirons Matines ensemble. Si je ne te réponds pas, pars immédiatement. » Saint François disait cela parce que quelquefois il était si ravi en Dieu qu'il n'entendait rien et ne sentait rien des sensations du corps. Ceci dit, saint François leur donna sa bénédiction; ils retournèrent à leur ermitage.

Or donc, quand arriva la fête de l'Assomption, saint François commença le saint carême avec une abstinence et une sévérité très grandes; il macérait son corps par la veille et la discipline, et fortifiait son esprit par de ferventes oraisons. Grâce à ses oraisons, il croissait de vertu en vertu et disposait son âme à recevoir les divins mystères et les divines splendeurs. En même temps, il disposait son corps à supporter les batailles cruelles des démons, contre lesquelles souventes fois il combattait d'une façon sensible.

Une fois entr'autres, pendant ce carême, saint François dans la ferveur de son âme, sortit de sa cellule, pour aller prier assez près de là dans une grotte formée par le creux d'un rocher. Par-devant ce rocher, à une très grande profondeur, s'ouvrait un précipice effrayant et horrible; or, tout à coup, arriva le démon accompagné d'une tempête, et d'un énorme fracas, terrible à entendre. Il se mit à frapper le Saint, pour le pousser jusqu'à ce qu'il tombât au fond du précipice. Saint Francois ne pouvant ni s'enfuir, ni supporter l'aspect du démon, se retourna subitement, appliquant au rocher ses mains, son visage, tout son corps, se recommandant à Dieu, tâtonnant avec ses mains pour chercher s'il n'y avait pas quelqu'endroit où il pût s'accrocher.

Mais Dieu ne permet pas que ses serviteurs soient tentés au delà de ce qu'ils peuvent supporter. Lors, par un miracle subit, le rocher auquel s'était accolé saint François, se creusa, selon la forme de son corps, et le Saint s'y incrusta comme s'il avait mis ses mains et son visage sur de la cire liquide : c'est ainsi que dans ce rocher s'imprima la forme des mains et du visage de saint François, c'est ainsi qu'aidé du secours de Dieu, le Bienheureux échappa au démon.

Mais ce que le démon n'avait pas pu faire à saint François lui-même, le pousser dans le précipice jusqu'à ce qu'il touchât au fond, il le fit, quelque temps après sa mort à l'un de ses chers et pieux disciples ; ce Frère disposait, dans ce même endroit, quelques pièces de bois pour qu'on pût passer dessus sans danger, par dévotion pour saint François et en mémoire du miracle qui s'était accompli là. Un jour, le démon poussa ce Frère pendant qu'il avait sur la tête une grande pièce de bois qu'il voulait placer et le fit tomber, lui et la poutre qu'il portait sur la tête. Mais Dieu, qui avait préservé saint François et l'avait empêché de tomber, garantit et préserva du danger de la chute le pieux Frère, par les mérites de ce Saint. Le Frère, en tombant, se recommanda à son Père à haute voix et avec une grande dévotion. Saint François lui apparut, le prit et le posa tout en bas des rochers, sans qu'il reçut ni coups, ni lésions.

Les autres Frères ayant entendu le cri que poussa le Frère quand il tomba, croyant qu'il était mort et haché en petits morceaux en tombant de si haut sur des rochers coupants, prirent une civière ; puis, avec une grande douleur et des larmes, se dirigèrent par l'autre côté de la montagne pour chercher les débris du corps et les enterrer. Ils étaient déjà descendus de la montagne, quand ils rencontrent le Frère qui avait fait cette chute horrible, portant encore sur sa tête le morceau de bois avec lequel il était tombé, et chantant le *Te Deum*. Les Frères s'émerveillèrent fortement, et lui, leur raconta de point en point comment il était tombé, et comment saint François l'avait tiré de tout danger. Alors, lui et tous les Frères ensemble revinrent à l'ermitage, chantant avec la plus grande dévotion le cantique : *Te Deum laudamus*, louant et remerciant Dieu et saint François du miracle qui s'était opéré en faveur de ce Frère.

Continuant donc le carême comme il a été dit, saint François, qui avait à supporter de nombreux combats de la part du démon, reçût néanmoins beaucoup de consolations, non seulement par les anges qui le visitaient, mais aussi par les oiseaux sauvages.

En effet, pendant toute la durée de ce carême, un faucon qui avait fait son nid près de la cellule de saint François le réveillait toutes les nuits, un peu avant Matines, en chantant et en battant des ailes. L'oiseau ne s'envolait que lorsque le Saint se levait pour dire Matines. Quand saint François était plus fatigué un jour que l'autre, ou faible, ou malade, ce faucon, comme une personne discrète et charitable, chantait à une heure plus tardive. Cette horloge causait un grand plaisir au Bienheureux, car la sollicitude du faucon chassait de lui toute paresse et l'invitait à l'oraison. En outre, de temps à autre, le faucon venait quelquefois se percher familièrement tout près de lui.

Pour terminer ce qui concerne cette considération, nous dirons que François étant très débile, tant à cause de l'abstinence constante que des combats du démon, voulut fortifier son corps par la nourriture spirituelle de l'âme. Il commença par méditer sur l'incommensurable gloire et la joie des bienheureux en la vie éternelle; puis, après, il se mit à prier Dieu de lui faire la grâce d'éprouver un peu de cette joie. Pendant qu'il demeurait dans ces pensées, subitement lui apparut un ange environné d'une éclatante lumière, ayant une viole dans la main gauche et un archet dans la main droite. Saint François restait stupéfait à la vue de cet ange, quand celui-ci fit vibrer la viole avec l'archet. Lors, saint François sentit son âme remplie de douceur, en entendant la suavité de la mélodie; toute sensation matérielle fut suspendue; si bien que, comme il le dit plus tard à ses compagnons, il lui semblait que son âme dut se séparer de son corps, à cause de cette musique d'une douceur surhumaine. Voilà tout ce qui regarde la seconde considération.

DE LA TROISIÈME CONSIDÉRATION SUR LES SACRÉS STIGMATES

Nous en sommes à la troisième considération, c'est-à-dire à l'apparition séraphique et à l'impression des sacrés et saints stigmates.

Il faut savoir qu'aux approches de la fête de la très sainte Croix, au mois de septembre, Fr. Léon alla une nuit à l'endroit et à l'heure accoutumés, pour dire Matines avec saint François. Au commencement du pont, il dit, comme il en avait l'habitude : *Domine labia mea aperies!* et saint François ne répondit pas; Fr. Léon ne s'en retourna pas, comme saint François lui avait ordonné de le faire en pareil cas. Avec une bonne et sainte intention, il passa sur le pont et entra dans la cellule : ne trouvant pas saint François, il pensa qu'il était par le bois en quelque endroit, faisant oraison. Fr. Léon sortit donc de la cellule et va cherchant le Saint, tout doucement, dans le bois: il entend la voix de saint François et, s'approchant, il le voit en prière, agenouillé, la figure et les mains tournées vers le ciel; dans sa ferveur spirituelle le Saint s'écriait: « Qui es-tu, ô mon Dieu très doux? Et qui suis-je, moi? un vermisseau très vil, et ton très inutile serviteur. »

Ces paroles, toujours les mêmes, il se bornait seulement à les répéter et ne disait pas autre chose. Dès lors, Fr. Léon, s'émerveillant de tout cela, lève les yeux et regarde au ciel : pendant qu'il regardait, il voit descendre d'en haut une langue de feu, très belle et très éclatante, qui, tout en descendant, se posa sur la tête de saint François. De cette flamme sortait une voix qui parlait au Saint ; mais Fr. Léon ne comprenait pas les paroles. Entendant tout cela, il se regardait comme indigne de rester ainsi dans un endroit aussi saint où se montrait une si admirable apparition ; il craignait aussi de blesser saint François et de le troubler dans sa contemplation, s'il s'apercevait de sa présence.

Aussi Fr. Léon se retira-t-il tout doucement ; mais, se tenant éloigné, il regardait comment cela finirait. Fixant les yeux sur saint François, il le vit tendre trois fois ses mains vers la flamme ; puis, au bout d'un temps assez long, le Fr. Léon vit la flamme retourner dans le ciel.

Dès lors, complètement rassuré et tout joyeux de la vision qu'il avait aperçue, le Frère se mit en route pour retourner à sa cellule ; pendant qu'il s'en retournait tout tranquille, saint François s'aperçut qu'il était là, au bruit que faisaient les feuilles froissées par les pas de Fr. Léon, et lui ordonna d'attendre, sans remuer. Lors, Fr. Léon, obéissant, se tint tranquille et attendit avec une telle peur, qu'il eût préféré, ainsi qu'il le raconta depuis à ses compagnons, que la terre l'engloutît : il pensait, en effet, que saint François était fort irrité contre lui. Il se gardait bien, et avec le plus grand soin, de blesser l'affection paternelle que lui portait le saint, dans la crainte d'être privé de sa compagnie s'il commettait quelque faute.

Or donc, arrivant près de lui, saint François lui demanda : « Qui es-tu ? » Et Fr. Léon, tout tremblant, lui répondit : « Je suis Frère Léon, mon Père. » Et saint François lui dit : « Frère, pourquoi es-tu venu ici, petite brebis ? Ne t'ai-je pas dit que tu ne devais pas m'observer ? Dis-moi, par la sainte obéissance, si tu as vu ou entendu quelque chose ? » Fr. Léon lui répondit : « Père, je t'ai entendu parler et dire plusieurs fois : Qui es-tu, ô mon Dieu très doux ? Et qui suis-je, moi ? un vermisseau très vil et ton inutile serviteur ? »

Et alors, Fr. Léon, s'agenouillant devant saint François, s'accusa de la désobéissance aux ordres qu'il avait reçus du Saint et implora de lui son pardon avec beaucoup de larmes. Puis, après, il pria très dévotement saint François de lui expliquer les paroles qu'il avait entendues, et de lui dire celles qu'il n'avait pas comprises. Lors, saint François, voyant que Dieu, en raison de la simplicité et de la pureté de l'humble Fr. Léon, lui avait révélé ou permis d'entendre quelque chose, consentit à lui découvrir et à lui expliquer ce qu'il demandait. Il lui parla comme suit : « Sache, mon Frère, brebis de Jésus-Christ, que quand je prononçais les paroles que tu as entendues, à cet instant deux lumières se montraient à mon âme : l'une était la conscience et le discernement de moi-même ; l'autre la conscience et le discernement du Créateur.

« Quand je disais : « Qui es-tu, ô mon Dieu « très doux ? » j'étais alors dans une lumière de contemplation qui me faisait voir l'abîme de l'infinie bonté, de la sagesse et de la puissance de Dieu. Quand je disais : « Qui suis-je, moi ? etc., etc. », j'étais dans une lumière de contemplation qui me faisait voir la profondeur si triste de ma bassesse et de ma misère. Aussi je disais : « Qui es-tu, Dieu d'infinie bonté et d'in« finie sagesse, qui daignes me visiter ? moi qui « suis un vermisseau très vil et très abominable ? » Dans cette flamme que tu as vue, était Dieu, qui sous cette forme me parlait, comme il avait autrefois parlé à Moïse.

« Parmi les choses qu'il m'a dites, il m'a demandé de lui faire trois dons ; et moi je lui répondais : « Mon Seigneur, je suis tout entier à toi : « tu sais bien que je n'ai rien autre chose qu'une « tunique, une corde et un caleçon, et encore ces « trois choses sont à toi ! Que puis-je donc offrir « ou donner à ta Majesté ? » Alors Dieu me dit : « Cherche dans ta poitrine et offre-moi ce que « tu y trouveras. » Je cherchai et je trouvai une boule d'or, et je l'offris à Dieu. Et il en fut ainsi trois fois, Dieu m'ayant commandé trois fois de le faire ; puis, je m'agenouillai trois fois, bénissant et remerciant Dieu, lui qui m'avait donné quelque chose que je puisse lui présenter. Immédiatement, il me fut donné de comprendre que les trois dons signifiaient : la sainte obéissance, la très haute pauvreté et la très splendide chasteté.

« Dieu, par sa grâce, m'a accordé d'observer si parfaitement ces trois vertus, que sur aucune ma conscience ne me reproche rien. Tu m'as vu mettre la main dans ma poitrine et offrir à Dieu ces trois vertus représentées par ces trois boules d'or; Dieu m'a donné de même, dans mon âme, cette vertu de toujours le louer et l'exalter, et de cœur et de bouche, pour tous les bienfaits et pour toutes les grâces qu'il m'a accordés dans sa très sainte bonté. Voilà les paroles que tu as entendues au moment où tu m'as vu lever les mains par trois fois. Mais, garde-toi, mon Frère, petite brebis, de venir ainsi m'observer! Retourne à ta cellule avec la bénédiction de Dieu, et continue à avoir pour moi des soins empressés. Car, d'ici à peu de jours, Dieu fera sur cette montagne de si grandes choses que tout le monde s'en émerveillera : il fera des choses nouvelles qu'il n'a encore jamais faites à aucune créature en ce monde. »

Ceci dit, saint François se fit apporter le livre des Évangiles; parce que Dieu lui avait mis dans son âme la conviction qu'en ouvrant trois fois le livre des Évangiles, il lui serait démontré ce qu'il plairait à Dieu d'ordonner de lui. Dès que le livre fut apporté, saint François se jeta en oraison; quand l'oraison fut finie, il fit trois fois ouvrir le livre par la main de Fr. Léon, au nom de la très sainte Trinité; et il plut à Dieu d'en disposer ainsi, trois fois se présenta toujours devant saint François la Passion du Christ. Ce qui lui fit comprendre que, de même qu'il avait suivi le Christ dans tous les actes de sa vie, de même il devrait le suivre, en se conformant à Lui, dans les afflictions, les douleurs, et dans sa Passion, avant de passer de cette vie.

Dès lors, saint François commença à goûter et à éprouver plus abondamment la douceur de la divine contemplation et des célestes visites. Parmi lesquelles il en eut une immédiate et préparatoire à l'impression des sacrés saints stigmates, de cette façon : le jour d'avant la fête de la très sainte Croix, au mois de septembre, saint François étant secrètement en oraison, dans sa cellule, un ange lui apparut qui lui dit de la part de Dieu : « Tu dois te préparer, te disposer avec humilité, et avec toute la patience possible, à recevoir ce que Dieu voudra te donner et opérer en toi, je t'en avertis et t'y encourage. » Saint François répondit : « Je suis prêt à supporter avec patience toute chose que mon Seigneur voudra me faire. » Et ceci dit, l'ange partit.

Vint le jour suivant, qui était celui de la sainte Croix. Le matin, avant le lever du jour, saint François se jeta en oraison devant la porte de sa cellule et, la face tournée vers l'orient, il pria de cette manière : « O mon Seigneur Jésus-Christ, je te prie de m'accorder deux grâces avant que je meure : la première, c'est que pendant ma vie je ressente dans mon âme et dans mon corps, autant que ce sera possible, la douleur que toi, mon doux Seigneur, tu as supportée à l'heure de ta très cruelle Passion ; la seconde, c'est que je ressente dans mon cœur, autant que ce sera possible, cet amour excessif qui t'embrasait, ô Toi, le Fils de Dieu, jusqu'à supporter volontiers une Passion semblable, pour nous, pécheurs. »

Persévérant longtemps dans cette prière, saint François comprit que Dieu l'exaucerait, et, qu'autant que ce serait possible pour une simple créature, il lui serait accordé de ressentir ce qu'il avait demandé. Après avoir reçu cette promesse, il commença à méditer très dévotement sur la Passion du Christ et son infinie charité. Lors, la ferveur de la dévotion s'accroissait tellement en lui, qu'il était tout entier transformé en Jésus, par amour et par compassion. Pendant qu'il demeurait ainsi, s'enflammant dans cette méditation, le même matin, il vit descendre du ciel un séraphin qui avait six ailes éclatantes et toutes de feu. Ce séraphin, d'un vol rapide, approcha de saint François, de façon que le Saint put le voir et qu'il reconnut clairement que l'ange avait en lui une ressemblance parfaite avec un homme crucifié; ses ailes étaient ainsi disposées : deux ailes s'étendaient au-dessus de la tête, deux autres s'étendaient pour voler et les deux autres lui couvraient tout le corps.

En voyant cela, saint François fut saisi de frayeur; mais intérieurement il fut rempli d'allégresse et de douleur en même temps que d'admiration. Il éprouvait une très grande allégresse à l'aspect aimable du Christ qui lui apparaissait si familièrement et le regardait si gracieusement; mais, d'autre part, en le voyant crucifié sur la croix, il éprouvait une douleur et une compassion extrêmes. Puis, il s'émerveillait beaucoup de cette vision si sublime et si inusitée, sachant bien que l'infirmité de la passion ne s'accorde pas avec l'immortalité d'un esprit séraphique. Pendant qu'il demeurait ainsi saisi d'admiration, il lui fut révélé par celui qui lui apparaissait, que cette vision lui était ainsi manifestée, sous cette forme, par la divine Providence, et qu'elle signifiait que ce n'était pas par le martyre de la chair, mais par l'embrasement de l'esprit qu'il devait être tout transformé en la ressemblance parfaite du Christ crucifié.

Alors, toute la montagne de l'Alverne semblait brûler d'une flamme très étincelante, qui illuminait les monts et les vallées d'alentour, comme si le soleil était descendu sur la terre. Lors, les bergers qui veillaient dans ces campagnes, voyant la montagne enflammée et une telle lueur tout autour, éprouvèrent une très grande frayeur, ainsi qu'ils le racontèrent plus tard aux Frères, affirmant que cette flamme avait duré, sur la montagne de l'Alverne, l'espace d'une heure et même davantage. De même, trompés par l'éclat de cette lumière qui brillait jusque dans les auberges du pays en pénétrant par les fenêtres, les muletiers qui allaient en Romagne se levèrent, croyant que le soleil apparaissait à l'horizon, sellèrent et chargèrent leurs mules; tout en cheminant, ils virent ladite lumière s'éteindre et le soleil se lever réellement.

Pendant cette apparition séraphique, le Christ qui apparut lui-même parla à saint François de certaines choses secrètes et profondes, que François pendant sa vie ne voulut révéler à personne; mais qu'il révéla après sa mort, ainsi qu'il est dit plus loin. Les paroles du Christ furent les suivantes : « Sais-tu, dit le Christ, ce que je t'ai fait? Je t'ai donné les stigmates qui sont les signes de ma Passion pour que tu sois mon gonfalonnier. Le jour de ma mort, je suis descendu dans les limbes, et toutes les âmes que j'y ai trouvées, je les ai retirées en vertu de mes stigmates; de même, je t'accorde d'aller en purgatoire tous les ans, au jour de ta mort; et toutes les âmes que tu y trouveras, de ceux qui auront fait partie de tes trois Ordres, c'est-à-dire des Mineurs, des Sœurs et des Pénitents, et aussi des autres qui auront eu à ton égard une grande dévotion, tu les retireras du purgatoire par la vertu de tes stigmates, et tu les conduiras à la gloire du paradis : c'est ainsi que tu seras conforme à moi dans la mort, comme tu l'auras été dans la vie. »

Or donc, cette admirable vision disparut après un entretien secret qui dura fort longtemps; elle laissa dans le cœur de saint François une excessive ardeur et la flamme de l'amour divin; dans sa chair elle laissa une merveilleuse image et une merveilleuse empreinte de la Passion du Christ.

Immédiatement, sur les mains et les pieds de saint François commencèrent à apparaître les empreintes des clous, de la même façon qu'il les avait vus sur le corps de Jésus crucifié lorsqu'il lui était apparu sous l'extérieur d'un séraphin. Ses mains et ses pieds semblaient cloués au milieu avec des clous dont les têtes étaient dans la paume des mains et sur la plante des pieds, hors de la chair. Les pointes de ces clous ressortaient sur le dos des mains et des pieds, tellement qu'elles semblaient recourbées et rivées de façon que dans la courbure et la rivure qui toutes sortaient de la chair, on aurait pu passer le doigt de la main comme dans un anneau. Les têtes de ces clous étaient rondes et noires. De même, dans le côté droit de saint François, apparut l'image d'une blessure faite par une lance et non fermée, rouge et sanglante; laquelle depuis, souventes fois, jetait du sang de la sainte poitrine de François et ensanglantait sa tunique et ses caleçons.

Dès lors, avant de savoir cela de lui, ses compagnons remarquèrent cependant qu'il ne découvrait jamais ses mains et ses pieds et qu'il ne pouvait poser à terre la plante de ses pieds. Puis, trouvant la tunique et les caleçons de saint François tout ensanglantés quand ils les lavaient, ils comprirent avec certitude que sur ses mains, sur ses pieds et semblablement sur son côté avaient été réellement imprimées l'image et la ressemblance de Notre-Seigneur Jésus-Christ crucifié.

Saint François s'ingéniait à dérober à la vue de tous et à céler ces très saints stigmates glorieux, si manifestement imprimés dans sa chair ; mais il voyait, d'autre part, qu'il les pouvait difficilement cacher à ses compagnons familiers et, cependant, il craignait de révéler les secrets de Dieu : il fut alors dans une grande perplexité, se demandant s'il devait raconter la vision séraphique et l'impression des très saints stigmates. Enfin, agissant sous l'aiguillon de sa conscience, il appela près de lui quelques Frères plus familiers et leur expliqua la difficulté en termes généraux, sans leur spécifier le fait, et leur demanda conseil.

Parmi ces Frères, il y en avait un d'une grande sainteté qui s'appelait Fr. Illuminé. Celui-là vraiment illuminé par Dieu, comprenant que saint François devait avoir vu des choses merveilleuses, lui répondit : « Frère François, sache bien que ce n'est pas pour toi seul, mais aussi pour les autres que Dieu t'a révélé quelquefois des choses sacrées ; aussi tu as bien raison de craindre, si tu tiens caché ce que Dieu t'a fait voir pour l'utilité d'autrui, d'être digne de reproches. »

Alors saint François, remué par cette parole, leur raconta avec une très grande terreur toute la manière dont ladite vision lui était apparue et sa forme ; ajoutant que le Christ qui lui était apparu, lui avait dit certaines choses qu'il ne révélerait jamais tant qu'il vivrait.

Bien que ces plaies très saintes, parce qu'elles

avaient été imprimées par le Christ, lui remplissent le cœur d'une très grande allégresse, cependant elles lui causaient dans sa chair et dans ses sens une très forte et intolérable douleur. Aussi, contraint par la nécessité, il choisit Fr. Léon, entre tous le plus simple et le plus pur, auquel il révéla tout, et il lui laissa voir, toucher, bander avec quelques petits morceaux de linge ses saintes plaies, pour calmer la douleur et recevoir le sang qui découlait et sortait desdites plaies. Saint François laissait changer ces bandelettes quand la douleur était trop vive, même tous les jours, excepté du jeudi soir au samedi matin : il ne voulait pas en effet que pendant ce temps-là, par aucun secours ou remède humain, la douleur de la Passion du Christ qu'il portait sur son corps pût être adoucie. C'était pendant ce temps-là que notre Sauveur Jésus-Christ avait été pour nous pris, crucifié, mis à mort et enseveli.

Il arriva qu'une fois, alors que Fr. Léon changeait le linge de la plaie du côté, saint François ressentant une vive douleur au moment où le linge sanglant était arraché, posa la main sur la poitrine de Fr. Léon; au toucher de cette sainte main, Fr. Léon sentit dans son cœur une telle douceur de dévotion que peu s'en fallut qu'il ne tombât par terre, évanoui.

Et pour terminer ce qui regarde la troisième considération, saint François ayant terminé le carême de saint Michel Archange, se disposa, par divine révélation, à retourner à Sainte-

Marie des Anges. Lors, il fit appeler près de lui Fr. Massée et Fr. Ange; et après beaucoup de saintes paroles et de saints avertissements, il leur recommanda avec toute l'autorité possible, cette sainte montagne, leur disant qu'il lui fallait, ainsi que Fr. Léon, retourner à Sainte-Marie des Anges. Ceci dit, accompagné de ces Frères, les bénissant au nom de Jésus crucifié, il céda à leurs prières, mit sur eux ses très saintes mains ornées des sacrés saints stigmates glorieux, les leur donnant à voir, à toucher et à embrasser. Les laissant ainsi consolés, il se sépara d'eux et quitta la sainte montagne.

ADDITIONS

TIRÉES DU MANUSCRIT DE FLORENCE (1)

Les adieux de saint François quand il quitta la montagne de l'Alverne.

PAX CHRISTI.

Jésus, Marie, mon espérance. Moi, Frère Massée, pécheur, serviteur indigne de Jésus-Christ, compagnon de saint François d'Assise,

1. Nous avons mis ici comme à leur place naturelle les adieux de saint François au mont Alverne, tirés du manuscrit de Florence.

cet homme qui fut si agréable à Dieu, paix et salut à tous les Frères et à tous les fils du grand patriarche François, porte-drapeau du Christ.

Ce fut le 30 septembre 1224 que le grand Patriarche prit la résolution de dire un dernier adieu à cette montagne sacrée, le jour de la fête de saint Jérôme. Le seigneur Orlando, comte de Chiusi, avait envoyé un âne afin que le Saint montât dessus, puisqu'il ne pouvait pas poser à terre ses pieds couverts de plaies et percés de clous.

Le matin, après avoir entendu la messe, selon son habitude, à Sainte-Marie des Anges, saint François appela tous les Frères dans l'oratoire et leur recommanda, au nom de la sainte obéissance, de demeurer très unis dans la charité, de s'adonner tous à l'oraison, d'avoir grand soin du couvent et de dire régulièrement l'office la nuit comme le jour. Puis, il leur recommanda la montagne sainte et exhorta tous les Frères présents et futurs à ne jamais permettre que ce lieu fût profané; il entendait qu'au contraire la montagne fût toujours entourée de respect et de vénération, et donna sa bénédiction à tous ceux qui y demeureront et à ceux qui respecteront et vénéreront ces lieux bénis. Quant aux autres, il s'écria : « Qu'ils soient confondus ceux qui ne seront pas très respectueux pour la sainte montagne et qu'ils s'attendent à un châtiment que Dieu leur infligera. »

S'adressant à moi, le Saint dit : « Frère

Massée, sache que, selon mon intention, il ne doit y avoir dans ce couvent que des religieux craignant Dieu, et les meilleurs de mon Ordre; aussi les Supérieurs devront-ils faire en sorte de placer ici les meilleurs parmi les Frères. Ah! Ah! Ah!... Frère Massée, je n'en dis pas davantage! »

Il nous ordonna, à nous, Fr. Ange, Fr. Sylvestre, Fr. Illuminé et Fr. Massée, d'avoir soin d'une façon spéciale de ce lieu où s'était passé le grand miracle de l'impression des sacrés stigmates, nous en faisant une stricte obligation. Ceci dit, il s'écria : « A Dieu! A Dieu! A Dieu! Frère Massée. » Puis, se tournant vers Fr. Ange : « A Dieu! A Dieu! A Dieu! Frère Ange! » Il fit de même pour Fr. Sylvestre et Fr. Illuminé. « Demeurez en paix, mes fils très chers! Dieu vous bénisse, mes fils très chers! A Dieu! Je m'éloigne de vous corporellement, mais je vous laisse mon cœur. Je m'en vais avec le Frère Petite Brebis de Dieu (Fr. Léon), je vais à Sainte-Marie des Anges, et je ne reviendrai plus ici. Je pars! A Dieu! A Dieu à tous! A Dieu, chère montagne. A Dieu! A Dieu, montagne de l'Alverne! A Dieu! montagne des anges! A Dieu, très chère, A Dieu, très aimée montagne! Mon frère le faucon, je te remercie de la charité dont tu as fait preuve à mon égard.

« A Dieu! A Dieu, rochers escarpés que je ne viendrai plus visiter. A Dieu, rocher! A Dieu! A Dieu! A Dieu! rocher qui m'as reçu dans ton sein, lorsque le démon resta tout surpris devant toi, je ne te reverrai plus.

« A Dieu ! sainte Marie des Anges, ô Mère du Verbe Éternel, je recommande mes fils que voilà à tes pieds. »

Pendant que notre Père si cher parlait ainsi, nos yeux versaient des torrents de larmes ; il partit, pleurant aussi lui-même, emportant avec lui nos cœurs. Nous restions seuls, comme des orphelins, accablés de douleur par le départ d'un tel Père.

C'est moi, Frère Massée, qui ai écrit tout cela. Que Dieu le bénisse !

Saint François, en partant, passa par Montaigu, prenant la route de Monte-Arcoppe et du *Foresto*. Arrivé au sommet de cette montagne, il descendit de sa monture, s'agenouilla en se tournant du côté de l'Alverne, fit une prière fervente, puis il bénit la montagne, lui envoyant un dernier adieu, en disant :

« A Dieu, montagne du Seigneur, montagne sainte. *Mons coagulatus, mons pinguis, mons in quo beneplacitum est Deo habitare*. A Dieu, mont de l'Alverne. Que Dieu le Père, Dieu le Fils et Dieu le Saint-Esprit te bénisse. Demeure en paix, je ne te reverrai plus ! »

DE LA QUATRIÈME CONSIDÉRATION SUR LES SACRÉS STIGMATES

En ce qui concerne la quatrième considération, il faut savoir qu'après avoir été transformé parfaitement en Dieu par le véritable amour du Christ, et en la véritable image du Christ crucifié, saint François acheva le carême de quarante jours en l'honneur de saint Michel Archange, sur la sainte montagne de l'Alverne. Après la solennité de saint Michel, l'homme angélique qu'était saint François, descendit de la montagne, avec Fr. Léon et avec un pieux paysan, sur l'âne duquel le Saint était monté, par la raison qu'à cause des clous de ses pieds, il ne pouvait pas facilement marcher.

Lorsque saint François descendit de la montagne, déjà la renommée de sa sainteté s'était répandue dans tout le pays; les bergers avaient raconté comment ils avaient vu la montagne de l'Alverne toute en feu, ajoutant que pour eux, c'était le signe de quelque grand miracle accompli par Dieu en faveur de saint François. Le peuple apprit qu'il devait passer; tous accoururent pour le voir, hommes, femmes, petits et grands, et tous avec une grande piété et un grand désir s'efforçaient de lui toucher et de lui embrasser les mains. Saint François ne pouvait se dérober à la dévotion du peuple; mais bien qu'il eût déjà fait entortiller de linges les paumes de ses mains, voulant néanmoins cacher encore davantage les sacrés saints stigmates, il entourait encore ses mains davantage et les couvrait avec ses manches, ne présentant à baiser au peuple que ses doigts découverts.

Mais, malgré qu'il s'appliquât à dérober à tous les yeux, et à céler le mystère de ses sacrés saints stigmates, afin de fuir toute occasion de gloire mondaine, il plut à Dieu, pour sa gloire, d'opérer beaucoup de miracles, par la vertu desdits saints stigmates, principalement dans ce voyage de l'Alverne à Sainte-Marie des Anges; puis, beaucoup d'autres dans les différentes parties du monde, et pendant la vie du Saint, et après sa glorieuse mort. Dieu voulait que la vertu secrète et admirable de ces stigmates, ainsi que l'excessive charité et la miséricorde du Christ envers saint François, auquel il avait fait ce don merveilleux, apparussent au monde par de clairs et évidents miracles. Nous allons en publier quelques-uns.

Saint François approchant d'un village qui était sur les confins du comté d'Arezzo, devant lui se présenta toute en pleurs une femme avec son fils dans ses bras, qui avait huit ans, et qui depuis quatre ans était hydropique. Il était si excessivement enflé du ventre, que se tenant tout droit il ne pouvait voir ses pieds. Cette femme mit son fils devant saint François, le suppliant de prier Dieu pour lui. Tout d'abord, saint François se mit en oraison; puis son oraison terminée, il mit ses saintes mains sur le ventre de l'enfant; et, subitement, toute enflure disparut. L'enfant fut parfaitement guéri, et le Saint le rendit à sa mère, qui le reçut avec une grande allégresse. Elle le ramena à sa maison, remerciant Dieu et saint François, et elle montrait très volontiers son fils guéri à tous ceux du pays qui venaient chez elle pour le voir.

Le même jour, saint François passa par Borgo san Sepolchro, et avant qu'il n'approchât du village, la foule des habitants de ce village et des autres bourgs vint à sa rencontre; beaucoup le précédaient tenant des rameaux d'olivier dans leurs mains, et criant d'une voix forte: « Voici le Saint! voici le Saint! » et par dévotion et par désir de le toucher, le peuple se pressait en foule autour de lui. Mais lui s'en allait l'esprit élevé et ravi en Dieu par la contemplation. Bien qu'il fût touché, ou retenu, ou tiré par ceux qui l'entouraient, il ne s'apercevait de rien de ce qu'on faisait ou disait autour de lui. Comme une personne insensible, il ne voyait même pas par quel village ou par quel pays il passait. Après avoir dépassé le bourg, et les gens étant retournés chez eux, saint François arriva près d'une maison de lépreux, éloignée du bourg d'au moins un mille, et, revenant à lui comme s'il venait d'un autre monde, le céleste contemplateur demanda à son compagnon : « Quand serons-nous près du bourg? » Véritablement, son âme fixée et ravie dans la contemplation des choses célestes, n'avait rien senti des choses de la terre, ni la diversité des lieux, ni le temps écoulé, ni les personnes venues à sa rencontre. Ceci arriva encore plusieurs autres fois, ainsi que l'éprouvèrent clairement ses compagnons par expérience personnelle.

Le même soir saint François arriva au couvent des Frères de Mont-Césale, où était un Frère si cruellement malade et si horriblement tourmenté, que sa maladie semblait plutôt tribulation et possession du démon que maladie naturelle. En effet, quelquefois il se jetait à terre avec un grand tremblement, et avec l'écume à la bouche. Quelquefois tous les nerfs de son corps se contractaient, ou s'étendaient, ou se repliaient, ou se tordaient : sa nuque et ses talons se rejoignaient et il s'élançait en l'air pour retomber ensuite étendu par terre. Saint François étant à table, et entendant parler de ce Frère si misérablement malade, et sans remède, en eut pitié; or donc, prenant un morceau du pain qu'il mangeait, il fit dessus le signe de la très sainte croix avec ses saintes mains stigmatisées, et l'envoya au Frère malade. Ce Frère, dès qu'il eut mangé le morceau de pain, fut parfaitement guéri, et ne se ressentit plus jamais de sa maladie.

Le matin du jour suivant, saint François ordonna à deux des Frères qui étaient dans le couvent, de partir et d'aller habiter l'Alverne; il renvoya avec eux le paysan qui leur avait prêté son âne, et qui était venu avec lui, voulant que cet homme retournât avec les Frères à sa maison.

Les Frères s'en allèrent donc avec le paysan, et quand ils entrèrent dans le comté d'Arezzo, des gens du pays les aperçurent de loin, et éprouvèrent une grande allégresse, croyant que c'était saint François, lequel avait passé par là deux jours auparavant. Il y avait dans le village une femme qui depuis trois jours était en mal d'enfant, et ne pouvant être délivrée que par la mort; mais tous pensaient qu'elle serait guérie et délivrée, si saint François lui imposait ses saintes mains. Or, les Frères approchant, quand ils reconnurent que saint François n'y était pas, ils éprouvèrent une grande tristesse. Mais, où le Saint n'était pas corporellement, sa vertu ne faisait pas défaut, parce que la foi de ces fidèles ne faisait pas défaut non plus.

Chose admirable! La femme se mourait et elle avait déjà les symptômes de la mort sur le visage : les gens du pays demandèrent aux Frères s'ils avaient quelque chose qui eût été touché par les très saintes mains de saint François. Les Frères réfléchirent, et cherchèrent avec soin, mais, en définitive, ils ne trouvèrent rien que saint François eût touché avec ses mains, si ce n'est la bride de l'âne sur lequel il était venu. Lors, ils prirent ladite bride avec grand respect et grande dévotion, et la placèrent sur le corps de la femme malade, en invoquant pieusement le nom de saint François, et lui recommandant cette pauvre malade avec une grande foi. Et quoi? qu'arriva-t-il? Aussitôt que la femme eut sur elle ladite bride, elle fut subitement hors de tout danger, et elle mit facilement au monde son enfant, avec joie, et avec une bonne santé.

Après être resté quelques jours dans ledit couvent, saint François partit et alla à la ville de Castello. Et voici que beaucoup d'habitants de la cité conduisent devant lui une femme possédée du démon, depuis longtemps, et le prient humblement de vouloir bien la délivrer. En effet, cette femme jetait le trouble dans tout le pays, par des hurlements douloureux, ou des cris affreux, ou des aboiements de chien. Alors saint François, se mit d'abord en oraison, puis faisant sur elle le signe de la très sainte croix, commanda au démon de se retirer d'elle : et, subitement, le démon partit, la laissant saine de corps et saine d'esprit.

Le bruit de ce miracle s'étant répandu dans le peuple, une autre femme porta à saint François avec une grande confiance, son petit enfant gravement malade d'une plaie dangereuse, et le pria de faire sur l'enfant avec ses mains le signe de la croix. Alors saint François acceptant l'expression de sa piété, prend ce petit enfant, enlève le linge avec lequel la plaie était pansée, le bénit, faisant trois fois le signe de la très sainte croix sur la plaie; puis, de ses mains, replace le linge, et rend l'enfant à sa mère. Or, c'était le soir, et celle-ci mit immédiatement l'enfant dans son lit pour qu'il dormît. Le lendemain matin, elle va pour lever son enfant de son lit; elle le trouve démailloté; elle regarde, et le voit très parfaitement guéri, comme s'il n'avait jamais eu aucun mal; à l'endroit de la plaie, la chair avait poussé et pris la forme d'une rose vermeille; c'était plutôt un témoignage du miracle qu'une trace de la plaie. En effet ladite rose persista pendant tout le temps de la vie de l'enfant, et souventes fois elle lui inspirait une grande dévotion à l'égard de saint François qui l'avait guéri.

Dans cette ville de Castello, à la prière des pieux habitants, saint François demeura un mois, et pendant ce temps il fit quantité d'autres miracles; puis, il partit pour aller à Sainte-Marie des Anges, avec Fr. Léon et avec un excellent homme qui lui avait prêté son âne, sur lequel saint François faisait route.

Il arriva qu'à cause des mauvais chemins et du froid rigoureux, en cheminant tout le jour, ils ne purent arriver à aucun endroit où il fut possible de trouver asile. Aussi furent-ils contraints par la nuit et le mauvais temps de se retirer sous le rebord d'un rocher creux, pour s'abriter contre la neige et la nuit qui arrivait. Le brave homme auquel appartenait l'âne, demeura là de fort mauvaise grâce, mal couvert, ne pouvant pas dormir à cause du froid, et n'ayant absolument rien pour faire du feu; il commença par se désoler doucement en lui-même; puis il se plaignit, et murmurait presque contre saint François qui l'avait conduit dans un lieu semblable.

Alors saint François comprenant tout cela, eut compassion du paysan, et avec toute la ferveur d'esprit possible, étendit les mains sur le brave homme, et le toucha. O chose merveilleuse! aussitôt que le Saint l'eut touché avec sa main embrasée et perforée par le feu du séraphin, tout froid disparut. Tant de chaleur se produisit en dedans et autour du paysan, qu'il lui semblait être auprès de la bouche d'une fournaise ardente; si bien, que réconforté dans son âme et dans son corps, il s'endormit immédiatement. Il dormit, assura-t-il, pendant cette nuit, au milieu des rochers et de la neige, plus paisiblement que s'il avait reposé dans son propre lit.

Ils cheminèrent ensuite, le jour suivant, et arrivèrent à Sainte-Marie des Anges. Quand ils en furent proches, Fr. Léon leva les yeux en l'air, et vit une croix très belle, sur laquelle était la figure du Crucifié et qui allait devant saint François. Le Saint marchait derrière la croix; et, se conformant aux mouvements de saint François, la croix allait devant, tournée vers le visage du Saint. Quand il s'arrêtait, elle s'arrêtait; quand il marchait, elle marchait : et cette croix était si brillante que non seulement elle faisait resplendir le visage de saint François, mais encore tout le chemin alentour en était illuminé. Elle disparut dès que saint François entra dans le couvent de Sainte-Marie des Anges.

Lorsque saint François et Fr. Léon arrivèrent, ils furent reçus par les Frères avec une très grande joie et une vive affection, et, depuis lors, saint François habita presque tout le temps dans ce couvent de Sainte-Marie des Anges jusqu'à sa mort. Continuellement, se répandait de plus en plus, dans l'Ordre, et dans le monde, la renommée de sa sainteté et de ses miracles, bien qu'il cachât dans sa très profonde humilité, autant qu'il le pouvait, les dons et les grâces de Dieu et qu'il s'appelât lui-même un très grand pécheur.

Fr. Léon s'en étonnait un jour, et il pensait naïvement en lui-même : « Voilà ce Saint qui s'appelle très grand pécheur en public; et dans l'Ordre, il devient si grand! et il est si estimé de Dieu! Et cependant, en secret, il ne s'accuse jamais du péché charnel, serait-il resté toujours vierge? » Et il vint au Frère un très vif désir de savoir la vérité, mais il n'était pas assez hardi pour le demander à saint François. Alors, il eut recours à Dieu, et le pria instamment de lui faire connaître avec certitude ce qu'il désirait savoir. Les prières incessantes et les mérites de saint François firent exaucer le désir du Frère, et il reçut l'assurance que saint François était resté véritablement vierge de corps, par la vision suivante : Fr. Léon aperçut dans cette vision saint François se tenant sur un sommet très élevé et de très haute perfection, auquel personne ne pouvait aller ni duquel on ne pouvait même s'approcher. Il fut révélé spirituellement au Fr. Léon que ce lieu si élevé et si parfait signifiait l'excellence de la chasteté virginale, conservée par saint François, laquelle convenait très naturellement à un corps qui devait être orné des sacrés saints stigmates.

Saint François, voyant qu'en raison des stigmates du Christ, les forces de son corps diminuaient peu à peu, et qu'il ne pouvait plus prendre soin de la direction de l'Ordre, réunit un chapitre général.

Lorsque ce chapitre fut tout réuni, il s'excusa auprès des Frères avec humilité de l'impuissance où il était de s'adonner à l'administration de l'Ordre, et de continuer à être Général. Cependant il ne renonçait pas complètement aux fonctions du Généralat, parce qu'il ne le pouvait pas. Il avait été en effet nommé Général par le Pape; aussi, ne pouvait-il pas abandonner la fonction, ni se constituer un successeur sans la permission expresse du Saint-Père. Toutefois, dans ce chapitre, il institua pour son Vicaire Fr. Pierre de Cattane, lui recommandant, ainsi qu'aux Ministres provinciaux, l'Ordre, avec autant d'affection qu'il put le faire.

Ceci fait, saint François, fortifié en esprit, levant les yeux et les mains au ciel, s'écria: « C'est à toi, Dieu, mon Seigneur, c'est à toi que je recommande cette famille! elle est à toi, et tu me l'as confiée jusqu'à ce jour! maintenant, à cause de mes infirmités, que tu connais bien, ô mon très doux Seigneur, je ne peux plus diriger cette famille! »

Puis il la recommanda aux Ministres provinciaux; ils seront tenus, leur disait-il, de rendre compte au jour du jugement, si quelque Frère venait à se perdre, soit par leur négligence, soit par leurs mauvais exemples, soit par la dureté de leurs corrections. Tous les Frères du chapitre comprirent, ainsi qu'il plut à Dieu, que saint François entendait parler des saints stigmates, lorsqu'il s'excusait de ses infirmités. Aussi, par dévotion, aucun d'eux ne put s'empêcher de pleurer.

Depuis lors, saint François laissa tout le soin et toute la direction de l'Ordre entre les mains de son Vicaire et des Ministres provinciaux ; il disait : « Maintenant que j'ai abandonné la direction de l'Ordre, à cause de mes infirmités, je ne puis plus tenir à rien, si ce n'est à prier pour notre Religion, et à donner le bon exemple aux Frères. En vérité, je sais bien que si mes infirmités me laissaient libre, le plus grand appui que je puisse donner à notre Ordre serait de prier Dieu constamment pour lui ! que Dieu le défende, le dirige et le garde ! »

Or, ainsi qu'il a été dit plus haut, bien que saint François s'ingéniât à cacher les sacrés saints stigmates, et, bien qu'après les avoir reçus, il eut toujours les mains enveloppées de linge, et les pieds chaussés, il ne pouvait empêcher les Frères de voir ou de toucher ses plaies. Ils purent toucher particulièrement la plaie du côté, qui était justement celle qu'il s'efforçait de dissimuler avec le plus grand soin. C'est ainsi qu'un Frère qui le servait le pria un jour, par une pieuse ruse, d'enlever sa tunique pour en secouer la poussière. Saint François s'en étant dépouillé en sa présence, le Frère vit clairement la plaie du côté, et portant la main rapidement sur la poitrine du Saint, il toucha la plaie avec trois doigts et put en mesurer l'importance et l'étendue. De la même façon, peu de temps après, le Vicaire de saint François vit cette plaie.

Mais Fr. Rufin fut le plus à même de certifier le miracle des stigmates. C'était un homme d'une grande contemplation, et duquel saint François disait souvent qu'il n'y avait personne au monde de plus saint. Aussi, en raison de sa sainteté, saint François l'aimait tout particulièrement, et il accordait tout ce que désirait Fr. Rufin. Ce Fr. Rufin put attester, ainsi que les autres Frères, de trois manières, l'existence des sacrés saints stigmates, et spécialement de celui du côté. D'abord, lorsqu'il fallut laver les caleçons de saint François qui les portait si grands, que les tirant bien à lui, il couvrait avec eux la plaie du côté droit. Le Fr. Rufin les regardait, les considérait avec soin, et toutes les fois, il retrouvait ces caleçons tachés de sang du côté droit. Aussi, était-il manifeste pour lui que c'était le sang qui coulait de ladite plaie. Lors, saint François le reprenait, lorsqu'il s'apercevait que Fr. Rufin examinait ainsi les caleçons qu'il avait quittés pour voir ladite trace de la plaie.

La seconde manière dont s'y prit ledit Fr. Rufin fut la suivante : il mit un jour exprès ses doigts dans la plaie du côté, et saint François, à cause de la douleur qu'il ressentit, s'écria tout haut : « Que Dieu te pardonne, ô Frère Rufin, de m'avoir fait cela ! »

Et voici la troisième manière : Fr. Rufin demanda un jour à saint François, avec les plus vives instances, qu'il voulût bien lui faire la très grande grâce de lui donner son froc et de prendre le sien, par charité et par affection. Le très aimable Père accéda à sa demande, bien qu'avec beaucoup de répugnance; il enleva son froc et prit celui du Fr. Rufin; or, celui-ci, pendant que le Saint se dépouillait, vit clairement ladite plaie.

De même Fr. Léon et beaucoup d'autres Frères virent les sacrés saints stigmates de saint François pendant qu'il vivait; ces Frères étaient par leur sainteté des hommes dignes de foi, et on devait croire à la simplicité de leur parole; mais, pour enlever toute espèce de doute dans tous les cœurs, ils jurèrent sur le saint Livre qu'ils avaient vu clairement les stigmates.

Plusieurs cardinaux les virent également, ayant avec saint François une grande intimité; et, en l'honneur des sacrés saints stigmates de saint François, ils composèrent et écrivirent de belles et pieuses hymnes, antiennes et proses. Le souverain pontife Alexandre, pape, prêchant dans une assemblée où se trouvaient tous les cardinaux, parmi lesquels était le saint Fr. Bonaventure, lequel était cardinal, dit et affirma qu'il avait, de ses yeux, vu les sacrés saints stigmates de saint François pendant que le Saint vivait.

La dame Jacqueline de Septisoli, de Rome, l'une des femmes les plus considérables de la Ville Éternelle, en ce temps-là, qui avait une grande dévotion pour saint François, vit et embrassa les stigmates plusieurs fois avec le plus profond respect, avant la mort du Saint, et après sa mort. Elle vint en effet de Rome à Assise, au moment de la mort de saint François, à la suite d'une révélation divine, et voici comment :

Quelques jours avant sa mort, saint François était malade à Assise, dans le palais de l'évêque, avec quelques-uns de ses compagnons, et, malgré toutes ses infirmités, souventes fois il chantait les vraies louanges du Christ. Un jour, un de ses compagnons lui dit : « Père, tu sais que les habitants de cette ville ont une grande confiance en toi, et te regardent comme un saint homme. Or, pour qu'ils puissent être convaincus que tu es bien ce qu'ils te croient, tu devrais, malade comme tu es, penser à la mort et plutôt pleurer que chanter, car tu es vraiment gravement malade : sache bien que tes chants et les nôtres, que tu nous fais faire, sont entendus de beaucoup de gens, et dans ce palais et au dehors. Ce palais est gardé à cause de toi par beaucoup d'hommes armés, à qui peut-être tu pourrais donner mauvais exemple. Dès lors, je crois, lui disait ce Frère, que tu ferais bien de partir d'ici, et nous retournerions tous à Sainte-Marie des Anges, parce que nous ne sommes réellement pas bien dans ce palais, au milieu des séculiers. »

Saint François lui répondit : « Mon bien-aimé Frère, tu sais que voilà deux ans de cela, quand nous étions à Foligno, Dieu t'a révélé le terme de ma vie ; il m'a révélé aussi, à moi, que d'ici à peu de jours, dans cette même maladie, la fin arrivera. Dans cette même révélation, Dieu m'a donné l'assurance de la rémission de tous mes péchés, et de la béatitude du paradis. Jusqu'à cette révélation, je pleurais à la pensée de ma mort et de mes péchés ; mais, depuis que j'ai eu cette révélation, je suis si rempli d'allégresse que je ne puis plus pleurer ; aussi, je chante et je chanterai le Dieu qui m'a donné le bienfait de sa grâce, et qui m'a donné la certitude des biens célestes du paradis. Partir d'ici, j'y consens, et cela me convient ; mais trouvez un moyen de me porter, car à cause de ma maladie, je ne peux plus marcher. »

Alors les Frères le prirent à bras, et le portèrent, accompagnés d'une foule d'habitants d'Assise. Arrivant près d'un hôpital qui était sur la route, saint François dit à ceux qui le portaient : « Posez-moi à terre et tournez-moi du côté de la ville. » Et lorsqu'il fut posé à terre, la figure tournée vers Assise, il bénit la ville avec une grande abondance de bénédictions, disant : « Bénie sois-tu de Dieu, cité sainte, car par toi beaucoup d'âmes se sauveront, et dans tes murs, beaucoup de serviteurs de Dieu habiteront ; et de tes habitants, beaucoup seront choisis pour le royaume de la vie éternelle. » Ces paroles dites, il se fit porter plus loin, jusqu'à Sainte-Marie des Anges.

Quand ils furent arrivés à Sainte-Marie des Anges, ils le portèrent à l'infirmerie et l'y déposèrent pour qu'il pût se reposer. Alors saint François appela auprès de lui un de ses compagnons, et lui dit : « Mon cher Frère, Dieu m'a révélé que tel jour, par suite de cette maladie, je passerai de cette vie ; tu sais que la dame Jacqueline de Septisoli est très affectueusement dévouée pour notre Ordre ; si elle apprenait ma mort, et qu'elle n'y fut pas présente, cela l'affligerait trop ; aussi fais-lui savoir que si elle veut me voir vivant, elle vienne immédiatement ici. » Le Frère répondit : « Tu dis très bien, Père ; et vraiment, en raison de la très grande vénération qu'elle te porte, il serait extrêmement fâcheux qu'elle ne pût assister à ta mort. — Va donc, dit saint François, et apporte-moi l'encrier, le papier et la plume, et écris ce que je vais te dire... »

Quand il eut tout apporté, saint François dicta la lettre dans les termes suivants : « A Madame Jacqueline, servante de Dieu. Frère François, petit pauvre du Christ ; salut et communication de l'Esprit-Saint en Notre-Seigneur Jésus-Christ.

« Sache, ma très chère sœur, que le Christ béni m'a révélé par un effet de sa grâce le terme de ma vie. Ce terme est proche. Aussi, si tu veux venir me trouver pendant que je vis, dès que tu auras lu cette lettre, tu partiras, et tu viendras à Sainte-Marie des Anges. Car si tu n'es pas venue avant le soir de ce jour, tu ne me pourras plus trouver vivant. Apporte avec toi une étoffe de cilice dans laquelle sera enveloppé mon corps, et la cire nécessaire pour ma sépulture. Je te prie encore de m'apporter pour manger ce que tu avais l'habitude de me donner quand j'étais malade à Rome. »

Et pendant que cette lettre s'écrivait, il fut révélé par Dieu à saint François que Mme Jacqueline arrivait vers lui, qu'elle était déjà près du couvent, et qu'elle apportait avec elle tout ce qu'il l'avait priée d'apporter par la dite lettre. Lors, ayant eu cette révélation, saint François dit au Frère qui écrivait la lettre, de ne plus écrire davantage, parce que ce n'était plus nécessaire. Il fit simplement mettre la lettre de côté. De quoi les Frères s'étonnèrent beaucoup : ils étaient positivement stupéfaits de voir le Saint s'arrêter, ne pas finir la lettre et ne pas vouloir qu'elle fût envoyée.

Pendant qu'ils demeuraient ainsi quelques instants, on frappa fortement à la porte du couvent, et saint François envoya le portier pour ouvrir. La porte s'ouvrit, et là était Mme Jacqueline, très noble femme de Rome, avec ses deux fils, sénateurs de Rome, et une nombreuse escorte d'hommes à cheval. Ils entrèrent tous dans le couvent. La dame Jacqueline s'en alla directement à l'infirmerie près de saint François. Le Saint eut une très grande allégresse et une très grande consolation de l'arrivée de cette dame, et elle semblablement, parce qu'elle pouvait le voir et lui parler. Alors, elle lui raconta comment Dieu lui avait révélé à Rome, pendant qu'elle était en prières, le terme rapproché de la vie de saint François, le voyage qu'elle devait faire pour aller auprès de lui, et ce qu'elle devait lui apporter. Elle énuméra toutes les choses qu'elle avait apportées, les remit à saint François et lui donna à manger.

Quand il eut mangé, et se sentit très réconforté, cette dame Jacqueline s'agenouilla aux pieds de saint François; elle prit ces pieds très saints marqués et ornés des pieds du Christ. Puis, elle les embrassa et les baigna de larmes avec une dévotion si vive, qu'il sembla aux Frères qui se tenaient alentour, voir réellement la Madeleine aux pieds de Jésus-Christ. D'aucune façon ils ne pouvaient la détacher des pieds du Saint; enfin, au bout de fort longtemps, ils la relevèrent, la conduisirent à l'écart, et lui demandèrent comment elle était venue si à propos, ainsi munie de toutes les choses qui étaient nécessaires à la vie et à la sépulture de saint François. La dame Jacqueline répondit qu'étant en prières une nuit à Rome, elle avait entendu une voix du ciel qui lui dit : « Si tu veux trouver saint François vivant, va en toute hâte à Assise; emporte avec toi ce que tu as l'habitude de lui donner quand il est malade, et tout ce dont on pourra avoir besoin pour sa sépulture, — et moi, dit-elle, j'ai fait tout cela ! »

La dite dame Jacqueline resta donc là, jusqu'à ce que saint François passât de cette vie et fût enseveli; elle rendit ensuite, ainsi que tous ceux qui l'accompagnaient, les plus grands honneurs à sa sépulture, et fit toutes les dépenses nécessaires. Puis, elle retourna à

Rome, et là, peu de temps après, cette noble dame mourut saintement. Par vénération pour saint François, elle décida qu'elle serait transportée et ensevelie à Sainte-Marie des Anges, et l'exigea. Et ce fut fait.

Comment Jérôme vit et toucha les sacrés saints stigmates de saint François, lui qui n'y croyait pas tout d'abord.

Après la mort de saint François, non seulement la dame Jacqueline, ses fils, et ceux qui les accompagnaient virent et baisèrent ses glorieux sacrés saints stigmates, mais aussi beaucoup d'habitants d'Assise. Parmi ces derniers fut un chevalier très renommé, très noble, qui avait nom Jérôme, qui doutait beaucoup de la réalité des stigmates; et qui était aussi incrédule que l'apôtre saint Thomas à l'égard des plaies du Christ : pour s'en assurer et le certifier à d'autres, Jérôme très hardiment devant les Frères et les séculiers, remuait les clous des mains et des pieds, et palpait la plaie du côté d'une façon très évidente. Aussi, plus tard, fut-il témoin constant de la réalité des stigmates, jurant sur l'Évangile qu'ils existaient, qu'il les avait vus et touchés. Sainte Claire et ses religieuses purent aussi voir et embrasser les glorieux saints stigmates de saint François; elles furent présentes à sa sépulture.

Du jour et de l'année de la mort de saint François.

Le glorieux confesseur du Christ, saint François, passa de cette vie, l'an de Notre-Seigneur mil deux cent vingt-six, le 4 octobre, un samedi, et fut enseveli le dimanche. Cette année était la vingtième depuis sa conversion, c'est-à-dire depuis qu'il avait commencé à faire pénitence, et c'était la seconde depuis l'impression des sacrés saints stigmates ; c'était dans la quarante-cinquième année depuis sa naissance.

De la canonisation de saint François.

Puis saint François fut canonisé en mil deux cent vingt-huit, par le pape Grégoire IX, qui vint en personne à Assise pour la canonisation. Et en voici assez pour ce qui regarde la quatrième considération.

DE LA CINQUIÈME ET DERNIÈRE CONSIDÉRATION SUR LES SACRÉS SAINTS STIGMATES

La cinquième et dernière considération doit être faite sur certaines apparitions que Dieu fit voir et certains miracles que Dieu accomplit depuis la mort de saint Francois, pour confirmer la vérité des saints et sacrés stigmates, et faire connaître le jour et l'heure où le Christ les lui donna.

En ce qui concerne cette indication, il faut savoir que, en l'an du Seigneur mil deux cent quatre-vingt-deux, Fr. Philippe, ministre de Toscane, sur l'ordre de Fr. Jean Buonagrazia, ministre général, enjoignit à Fr. Mathieu de Castiglione Aretino, homme d'une grande sainteté et dévotion, de dire tout ce qu'il savait sur l'heure et le jour auxquels les sacrés saints stigmates furent imprimés par le Christ sur le corps de saint François. On savait, en effet, que Fr. Mathieu avait eu, à ce propos, une révélation.

Fr. Mathieu, forcé par la sainte obéissance, répondit ainsi : « Alors que je faisais partie de la communauté de l'Alverne, l'an passé, un jour du mois de mai, je me mis en oraison dans la cellule où, d'après la croyance, eut lieu l'apparition séraphique. Et moi, dans mon oraison, je priai Dieu très dévotement qu'il lui plût de révéler à quelque personne le jour, l'heure et le lieu où les sacrés saints stigmates furent imprimés sur le corps de saint François.

« Je persévérai dans mon oraison et dans cette supplication au delà du temps du premier sommeil, lorsque m'apparut saint François environné d'une très grande lumière. Il me dit : « Mon fils, pour quelle chose pries-tu Dieu ? » Et moi je lui répondis : « Père, je prie pour telle « chose ! » Et il me dit : « Je suis ton Père Fran« çois, me connais-tu bien ? — Père, répondis-je, oui. » Alors il me montra les sacrés stigmates des mains, des pieds et du côté, et me dit :

« Il est venu le temps où Dieu veut que soit « manifesté pour sa gloire tout ce que jusqu'ici « les Frères n'ont pas eu le souci de savoir. « Sache donc que celui qui m'est apparu n'était « pas un ange, mais Jésus-Christ sous la forme « d'un séraphin. C'est lui qui avec ses mains « imprima sur mon corps ces plaies, semblables « à celles qu'il reçut sur son corps, étant en « croix; et voici comment : La veille de l'Exal- « tation de la sainte Croix, vint à moi un ange; « il me dit de la part de Dieu que je devais me « préparer à la patience et à recevoir tout ce que « Dieu voudrait m'envoyer. Et moi, je répondis « que j'étais prêt à recevoir et à supporter « toutes choses qu'il plairait à Dieu.

« Lors, la matinée suivante, le matin de la « sainte Croix, qui était cette année-là un ven- « dredi, je sortis à l'aurore de ma cellule, dans « une grande ferveur d'esprit, et j'allai me « mettre en oraison à cet endroit même où tu « es maintenant; très souvent j'y allais pour « prier. Or, pendant que je priais, voici que par « les airs descend du ciel un jeune homme cru- « cifié qui avait l'apparence d'un séraphin, « ayant six ailes; il arriva près de moi avec une « grande impétuosité. A la vue de cette merveille, « je m'agenouillai humblement, et je com- « mençai à méditer dévotement sur l'incommen- « surable amour de Jésus-Christ crucifié et sur « l'extrême douleur de sa Passion. Son aspect

« fit naître en moi tant de compassion qu'il me « semblait réellement ressentir les mêmes dou« leurs dans mon propre corps. A sa présence, « toute cette montagne resplendissait comme le « soleil. Et, en descendant ainsi, il s'approcha « de moi. Demeurant devant moi, il me dit cer« taines paroles que je n'ai encore révélées à « personne, mais il s'approche le temps où elles « seront révélées. Puis, après un certain temps, « le Christ partit et retourna au ciel. Quant « à moi, je me trouvai ainsi marqué de ces « plaies. »

« Va donc, dit saint François, et dis toutes ces « choses avec certitude à ton Ministre, car c'est « l'œuvre de Dieu, et non l'œuvre d'un homme. » Et ayant dit ces paroles, saint François me bénit et retourna au ciel avec une grande multitude de jeunes gens tout resplendissants. » Toutes ces choses, ledit Fr. Mathieu affirma les avoir vues et entendues, non en dormant, mais en veillant. Et il jura ainsi les avoir dites lui-même audit Ministre à Florence, dans sa cellule, quand il en fut requis au nom de la sainte obéissance.

Comment un saint Frère, lisant dans la légende de saint François et dans le chapitre des sacrés stigmates ce qui concerne les paroles secrètes qu'avait dites le séraphin pria tellement Dieu que saint François lui révéla ces paroles.

Une autre fois, un Frère pieux et saint, en lisant dans la légende de saint François le chapitre des sacrés stigmates, commença à penser avec une grande anxiété d'esprit quelles pouvaient être ces paroles, et qu'étaient ces choses secrètes dites par le séraphin lorsqu'il apparut. Il se demandait ce qu'était ce mystère que saint François n'avait jamais voulu éclaircir tant qu'il vivait. Lors, le Frère se disait en lui-même : « Ces paroles, saint François ne voulait les redire à personne pendant sa vie; mais maintenant, après sa mort corporelle, peut-être les dirait-il, s'il en était prié dévotement? » Et dès lors, il se mit à prier Dieu et saint François qu'il leur plût révéler ces dites paroles. Ce Frère persévéra pendant huit ans dans cette prière; la huitième année, il mérita d'être exaucé, et il le fut de cette manière :

Un jour, après le repas, les grâces ayant été récitées dans l'église, ledit Frère était en oraison à l'écart dans l'église, et il priait Dieu et saint François plus dévotement encore que d'habitude et avec beaucoup de larmes, lorsqu'il fut appelé par un autre Frère, qui lui commanda, de la part du Gardien, de l'accompagner à la ville, pour des choses utiles au couvent. Lors, ledit Frère, ne doutant pas que l'obéissance ne fut plus méritoire que l'oraison, immédiatement après avoir entendu l'ordre de son Supérieur, laissa là son oraison avec humilité, et alla avec le Frère qui l'avait appelé. Or, il plut à Dieu que par cet acte de prompte obéissance, le Frère méritât ce qu'il n'avait pu obtenir par de longues années d'oraison.

Donc, dès que les Frères furent sortis hors de la porte du couvent, ils rencontrèrent deux Frères étrangers qui semblaient venir d'un lointain pays : l'un paraissait jeune, l'autre vieux et maigre; par le mauvais temps, ils étaient tout mouillés et tout couverts de boue. Dès lors, l'obéissant Frère, ayant grande compassion des voyageurs, dit au compagnon qui marchait avec lui : « O mon Frère très cher, l'affaire pour laquelle nous sortons ne pourrait-elle pas attendre un peu? Car ces Frères étrangers ont bien besoin d'être reçus avec charité. Je te prie de me laisser d'abord aller laver leurs pieds, particulièrement à ce Frère âgé qui en a le plus besoin: de votre côté, vous pourriez les laver à celui qui est le plus jeune; puis après, nous irions pour les affaires du couvent. »

Alors, le Frère consentant à ce que demandait son charitable compagnon, ils rentrèrent dans le couvent, où ils reçurent très affectueusement les Frères étrangers. Ils les conduisirent à la cuisine, pour que, devant le feu, ils pussent se sécher et se réchauffer.

A ce feu se réchauffaient déjà huit autres Frères du couvent. Après que les deux étrangers furent restés un peu près du feu, lés Frères les prirent à part pour leur laver les pieds, ainsi qu'ils en étaient convenus ensemble. Lors, le Frère obéissant et pieux, en lavant les pieds de ce Frère âgé et enlevant la boue parce qu'ils en étaient entièrement couverts, regardant ces pieds, les vit marqués des sacrés saints stigmates. Alors tout à coup, saisi de joie et de stupeur, il les tint étroitement embrassés et commença à s'écrier : « Ou bien tu es le Christ, ou tu es saint François ! »

A cette voix et à ces paroles, les Frères qui étaient autour du feu se lèvent et s'approchent pour regarder avec une grande frayeur et un profond respect ces glorieux stigmates. Lors, le Frère âgé, sur leurs prières, leur permit de voir clairement, de toucher et de baiser ses pieds.

Les Frères s'émerveillaient encore davantage, et étaient transportés d'allégresse ; il leur dit : « Ne doutez et ne craignez pas, Frères bien chers, ô mes fils ; je suis votre Père, Fr. François, qui ai, selon la volonté de Dieu, fondé les trois Ordres. J'ai été supplié, depuis huit ans déjà, par le Frère qui m'a lavé les pieds, et aujourd'hui plus dévotement encore que les autres fois, de lui révéler les paroles secrètes que m'a dites le séraphin, lorsqu'il m'a imprimé les stigmates ; ces paroles, je n'ai jamais voulu les répéter pendant ma vie ; mais aujourd'hui, par l'ordre de Dieu, à cause de la persévérance de ce Frère, de son obéissance qui l'a porté à laisser là la douceur de la méditation, je suis envoyé par Dieu afin de vous révéler ce que le Frère m'a demandé. »

Et alors, saint François se tournant vers ce Frère, lui dit : « Sache, mon très cher Frère, qu'étant sur la montagne de l'Alverne, tout absorbé dans le souvenir de la Passion du Christ, je fus par le Christ lui-même, dans cette apparition séraphique, ainsi stigmatisé sur mon corps. Et alors le Christ me dit : « Sais-tu ce que « je viens de te faire? je t'ai donné les marques « de ma Passion, pour que tu sois mon gonfa- « lonnier. Au jour de ma mort, je suis descendu « dans les limbes, et là, toutes les âmes que j'ai « trouvées, je les ai, en vertu de mes stigmates, « retirées et conduites en paradis; de même je « t'accorde dès maintenant, pour que tu sois « semblable à moi dans la mort, comme tu l'as « été dans la vie, que tous les ans, après que tu « auras passé de cette vie, tu ailles en purga- « toire le jour de ta mort. Là, toutes les âmes « que tu trouveras de ceux qui auront fait partie « de tes trois Ordres, Frères-Mineurs, Sœurs et « Pénitents... et, en outre, toutes les âmes de « tous ceux qui auront eu de la dévotion pour « toi, tu pourras les tirer hors du Purgatoire, en « vertu des stigmates que je t'ai donnés, et les « conduire au paradis. » Ces paroles, je ne les ai jamais répétées tant que j'ai vécu dans le monde. »

Ces paroles dites, saint François et son compagnon disparurent subitement. Beaucoup de Frères-Mineurs ont entendu raconter cette apparition et les paroles de saint François, par les huit Frères qui y furent présents.

Comment saint François, étant mort, apparut à Fr. Jean de l'Alverne pendant qu'il était en oraison.

Sur la montagne de l'Alverne apparut une fois saint François à Fr. Jean de l'Alverne, homme d'une grande sainteté, pendant qu'il était en oraison. Il resta avec ledit Frère, lui parlant pendant fort longtemps, et finalement, voulant le quitter, lui dit ceci : « Demande-moi ce que tu veux. »

Fr. Jean lui dit : « Père, je te prie de me dire ce que depuis bien longtemps je désire savoir : ce que vous faisiez et où vous étiez lorsque le séraphin vous apparut? » Saint François répondit : « Je priais dans cet endroit où est aujourd'hui la chapelle du comte Simon de Battifolle, et je demandais deux grâces à mon Seigneur Jésus-Christ.

« La première grâce était qu'il voulût bien m'accorder, pendant ma vie, de ressentir dans mon âme et sur mon corps, autant que ce serait possible, toutes les douleurs qu'il avait ressenties lui-même au temps de sa très cruelle Passion. La seconde grâce que je lui demandais, était, semblablement, de ressentir dans mon cœur cet excessif amour dont il était embrasé jusqu'à supporter une telle Passion pour nous, pécheurs. Alors Dieu dit à mon cœur qu'il m'accorderait de ressentir l'une et l'autre autant qu'il serait possible à une simple créature. Cette promesse fut bien accomplie envers moi, par l'impression des stigmates. »

Alors Fr. Jean lui demanda si ces paroles secrètes que lui avait dites le séraphin, étaient bien celles qu'avait répétées ledit Frère dont il a été question plus haut, et qui affirmait les avoir entendues de saint François lui-même en présence de huit autres Frères. Saint François répondit que c'était bien la vérité, tout ce que le Frère avait dit. Alors Fr. Jean s'enhardit en voyant la condescendance du Saint, jusqu'à demander : « O Père, je te prie très instamment de me laisser voir et embrasser tes sacrés, saints et glorieux stigmates; non pas que je doute de leur réalité, mais pour ma consolation, car je l'ai toujours désiré. » Lors, saint François, familièrement, les lui montra, les lui présenta, et Fr. Jean clairement les vit, les toucha et les baisa.

Finalement, il demanda : « Père, qu'elle fut grande la consolation qu'éprouva votre âme, voyant le Christ béni venir à vous et vous donner les marques de sa très sainte Passion! Dieu veuille qu'aujourd'hui je ressente un peu de cette suavité! » Alors saint François lui répondit : « Vois-tu ces clous? » Fr. Jean dit : « Père, oui. — Touche encore une fois, dit saint François, ce clou qui est dans ma main! » Alors Fr. Jean avec un grand respect et une grande crainte toucha ce clou; et subitement, pendant qu'il le touchait, une odeur s'en échappa comme une légère fumée, ainsi que de l'encens, et entrant par le nez du Fr. Jean, lui remplit l'âme et le corps d'une telle suavité, qu'immédiatement, il fut ravi en Dieu, en extase, et devint insensible.

Dans ce ravissement, il demeura depuis ce moment qui était l'heure de Tierce jusqu'aux Vêpres. Cette apparition et cette conversation familière de saint François, Fr. Jean ne les révéla jamais à d'autre qu'à son confesseur, jusqu'à ce qu'il fut sur le point de mourir, mais étant tout proche de la mort, il révéla le tout à plusieurs Frères.

D'un saint Frère qui vit dans une admirable apparition un de ses compagnons qui était mort auparavant.

Dans la province de Rome, un Frère très pieux et très saint vit cette admirable apparition : Un de ses Frères, très cher, son compagnon, était mort pendant la nuit, et avait été enterré le matin devant l'entrée du chapitre. Le même jour, ce Frère très pieux se retira dans un coin de la salle du chapitre pour commencer à prier Dieu et saint François avec beaucoup de dévotion pour l'âme de ce Frère, son compagnon, qui venait de mourir.

Persévérant dans son oraison, avec des prières et avec des larmes, à midi, quand tous les autres avaient été dormir, voilà que le Frère entend un grand bruit dans le cloître. Lors, subitement, avec une grande frayeur, il dirige ses yeux du côté de la tombe de son dit compagnon, et il voit, se tenant à l'entrée du chapitre, saint François, et derrière lui une grande foule de Frères autour du sépulcre.

Il porte plus attentivement encore ses regards et voit, au milieu du cloître, un feu dont la flamme était très haute; au milieu de cette flamme était l'âme de celui de ses compagnons qui venait de mourir. Il regarde du côté du cloître, et voit Jésus-Christ qui tournait autour du cloître accompagné d'une multitude d'anges et de saints. En voyant toutes ces choses, le Frère est frappé de stupeur; il aperçoit quand le Christ passe devant le chapitre, saint François et tous les Frères s'agenouillant et disant : « Je t'en prie, mon très cher Père et Seigneur, par l'infinie charité que dans ton incarnation tu as montrée au genre humain, aie pitié de l'âme de ce Frère, le mien, qui brûle dans ce feu ! » Mais le Christ ne répondait rien et passa outre.

Revenant pour la seconde fois, et passant devant le chapitre, saint François s'agenouilla encore, ses Frères aussi, comme tout d'abord. Il pria le Christ de cette façon : « Je te supplie, miséricordieux Père et Seigneur, par l'incommensurable charité que tu as témoignée pour le genre humain lorsque tu mourus sur le bois de la croix, d'avoir pitié de l'âme de mon Frère! » Le Christ passa de même et ne l'exauça pas.

Mais, faisant encore le tour du cloître, il revint pour la troisième fois et passa devant le chapitre, et alors, saint François s'agenouilla comme auparavant et lui montrant ses mains, ses pieds et son côté, lui parla ainsi : « Je t'en prie, miséricordieux Père et Seigneur, par cette grande douleur et cette grande consolation que j'ai éprouvées, lorsque tu imprimas ces stigmates dans ma chair, aie pitié de l'âme de ce Frère qui est dans le feu du purgatoire! » Chose admirable! Le Christ, étant supplié pour la troisième fois par saint François, et cette fois au nom de ses stigmates, immédiatement s'arrêta et regarda les stigmates. Il exauça la prière et dit : « C'est à toi, François, que j'accorde l'âme de ce Frère! » C'est ainsi que, certainement, le Christ voulut honorer et confirmer les glorieux stigmates de saint François. Il montra ouvertement que les âmes des Frères qui iraient en purgatoire, ne pourraient être délivrées plus efficacement de leurs souffrances et conduites à la gloire du paradis, que par la vertu des stigmates de saint François; c'était ce qu'avait dit le Christ à saint François, quand il lui avait imprimé les stigmates.

Lors, subitement, ces paroles dites, le feu du cloître s'évanouit, et le Frère mort vint au-devant de saint François. Ensemble, avec lui, et avec le Christ, et avec toute l'escorte bienheureuse, ils remontèrent au ciel, accompagnant leur Roi glorieux. Aussi, le Frère, son compagnon, qui avait prié pour le Frère mort, le voyant délivré de ses souffrances, et conduit au paradis, en eut-il une très grande allégresse. Puis, il raconta aux autres Frères, de point en point, l'apparition. Ensemble tous louèrent et remercièrent Dieu.

Comment un noble cavalier très dévot à saint François, fut assuré de la mort du Saint, et de l'existence des saints stigmates.

Un noble chevalier de Massa de Saint-Pierre, qui s'appelait Landolfe, très dévot à saint François, et qui finalement avait reçu de ses mains l'habit du Tiers-Ordre, fut assuré de la mort de saint François et de l'existence de ses sacrés, saints et glorieux stigmates, de la manière suivante :

Au temps où saint François était près de mourir, le démon prit possession d'une femme dudit village. Il la tourmentait cruellement, et, en outre, la faisait parler d'une façon littéraire et si subtile qu'elle savait vaincre tous les hommes savants et littérateurs qui venaient disputer avec elle. Il arriva que le démon s'éloigna d'elle, la laissa libre pendant deux jours. Mais le troisième, il retourna en elle, et la tortura encore plus cruellement que la première fois.

Landolfe, entendant parler de cela, va trouver cette femme; le pieux Tertiaire demande au démon qui demeurait en elle, pour quel motif il s'était retiré d'elle pendant deux jours, puis était revenu pour la tourmenter avec plus d'âpreté que tout d'abord. Le démon répondit : « Quand j'abandonnai cette femme, ce fut pour me réunir à tous mes compagnons qui habitent cette contrée, et pour aller ensuite tous ensemble, très nombreux, à la mort de ce mendiant de François, lui disputer son âme et nous emparer d'elle. Mais cette âme était entourée et défendue par une multitude d'anges bien plus nombreux que nous n'étions. Elle fut portée par eux directement au ciel, et nous nous sommes retirés confus. Aussi, je reviens, et je donne à cette misérable femme l'équivalent de ce que je n'avais pu lui faire pendant ces deux jours où je l'avais laissée tranquille. »

Alors Landolfe somma le démon, de la part de Dieu, de lui dire en toute vérité ce qu'il en était de la sainteté de saint François qu'il disait être mort, et de celle de sainte Claire qui était vivante. Le démon répondit : « Je te dirai, que je le veuille ou non, ce qui est la vérité. Dieu le Père était tellement indigné des péchés du monde, qu'il semblait devoir bientôt prononcer contre les hommes et contre les femmes la définitive sentence, et les faire disparaître du monde, s'ils ne se corrigeaient. Mais le Christ son Fils, priant pour les pécheurs, promit de renouveler sa vie et sa Passion dans un homme, dans François, le petit pauvre et le mendiant. Cet homme, dont la doctrine et la vie devaient ramener beaucoup d'âmes du monde à la voie de la vérité, et beaucoup aussi à la pénitence ! Or, maintenant, pour montrer au monde ce que le Christ avait produit en saint François, Jésus a voulu que les stigmates de sa Passion, qu'il avait imprimés dans le corps du Saint pendant sa vie, fussent vus et touchés par beaucoup après sa mort. Semblablement, la Mère du Christ promit de renouveler sa pureté virginale et son humilité dans une femme, la Sœur Claire; de telle façon que, par son exemple, cette Sœur arracherait de nos mains des milliers de femmes. Lors, à la suite de ces promesses, Dieu le Père s'apaisa, et ajourna sa définitive sentence. »

Alors Landolfe, voulant savoir avec certitude si le démon, qui est le réceptacle et le père du mensonge, avait dit sur ces choses la vérité, spécialement en ce qui concernait la mort de saint François, envoya un de ses fidèles serviteurs à Assise, à Sainte-Marie des Anges, pour s'informer si saint François était mort ou vivant. En y arrivant, le serviteur apprit avec certitude la mort du saint et retournant auprès de son maître, lui rapporta que, précisément, au jour et à l'heure indiqués par le démon, saint François avait quitté cette vie.

Comment le pape Grégoire IX, doutant de la réalité des stigmates de saint François, en fut convaincu.

Laissant maintenant de côté tous les miracles des sacrés stigmates de saint François, qu'on peut lire dans sa légende, et comme conclusion à cette cinquième considération, il faut savoir que le pape Grégoire IX doutait quelque peu de la réalité de la plaie du côté de saint François. Ainsi que le Pape le raconta par la suite, une nuit saint François lui apparut, et, levant un peu haut son bras droit, découvrit la blessure du côté, demandant au Saint-Père une fiole que celui-ci fit apporter. Saint François se fit mettre la fiole sous la blessure de son côté, et il sembla véritablement au Pape que cette fiole s'emplissait jusqu'en haut de sang mêlé d'eau, qui découlait de ladite plaie. Alors tous ses doutes disparurent.

Puis, le Saint-Père, de l'avis de tous les cardinaux, approuva la dévotion aux très saints stigmates, et donna à cet égard aux Frères les privilèges spéciaux, avec une Bulle. Il fit tout cela à Viterbe, la onzième année de son pontificat. Puis, la douzième année, il rendit une autre décision contenant des privilèges encore plus abondants.

En outre, le pape Nicolas III et le pape Alexandre donnèrent à cet égard de grands privilèges, en vertu desquels on pourrait procéder contre quiconque nierait la réalité des stigmates de saint François comme contre un hérétique.

Et en voilà assez en ce qui concerne la cinquième considération de ces glorieux stigmates de notre Père saint François. Dieu nous fasse la grâce d'imiter la vie de ce Saint en ce monde, afin que par la vertu de ses stigmates, nous méritions d'être sauvés avec lui et en paradis. A la gloire de Jésus-Christ et du petit pauvre saint François.

NOTE. — A la suite, dans le manuscrit de la Bibliothèque Angélique, on lit ce passage :

Chapitre qui traite de l'année et de l'heure de la naissance de saint François. Le glorieux confesseur du Christ, saint François, naquit l'an du Christ 1180; se convertit à la pénitence en 1206; reçut les stigmates du Christ en 1224, à l'âge de 44 ans; quitta cette vie le samedi soir, et fut enseveli le dimanche, le 4 octobre 1226, à l'âge de 46 ans; fut canonisé en 1228, c'est-à-dire deux ans après sa passion. A la louange de Jésus crucifié et de son saint confesseur François. Amen.

CI-APRÈS COMMENCE

LA

VIE DU FRÈRE JUNIPÈRE

I. — Comment Fr. Junipère coupa le pied à un porc, uniquement pour le donner à un malade.

L'un des disciples les plus choisis, et des premiers compagnons de saint François, fut Fr. Junipère, homme d'une profonde humilité, d'une grande ferveur et d'une grande charité. Saint François parlant un jour de lui avec ses saints compagnons, dit : « Celui-là serait un bon Frère-Mineur qui aurait vaincu le monde, comme l'a fait Fr. Junipère. »

Enflammé de la charité de Dieu, Fr. Junipère visitait une fois, à Sainte-Marie des Anges, un Frère malade, et lui demanda avec une grande compassion : « Puis-je te rendre quelque service ? » Le malade répondit : « Ce serait un grand plaisir pour moi, si tu pouvais me procurer un pied de porc ! » Fr. Junipère répondit immédiatement : « Laisse-moi faire, je vais l'avoir sans délai. »

Il va, prend un couteau, qui, je crois, était de cuisine, et dans la ferveur de son esprit, va dans le bois où étaient quelques porcs en train de pâtre ; il se jette sur le dos d'un des porcs, lui coupe le pied, et s'enfuit, laissant l'animal avec un pied de moins. Il retourne alors au couvent, lave, arrange, et fait cuire ce pied ; puis, le pied étant bien apprêté, il le porte en toute hâte, et avec une grande charité, au malade. Ce malade le mangea avec une grande avidité, non sans que Fr. Junipère éprouvât une grande consolation et une vive joie. Avec beaucoup de gaieté, pour divertir ce malade, il lui racontait les assauts qu'il avait fait subir à ce porc.

Sur ces entrefaites, celui qui gardait les porcs et qui avait vu le Frère couper le pied d'un de ces animaux, alla raconter toute l'histoire à son maître, de point en point, et très amèrement. Celui-ci mis au courant de ce qui s'était passé, accourut au couvent des Frères, les appelant hypocrites, voleurs, faussaires, malandrins et mauvais hommes. Il criait : « Pourquoi avez-vous coupé le pied de mon porc ? »

Attirés par tout le bruit qu'il faisait, saint François sortit, et, avec lui, tous les Frères. Le Saint, avec toute humilité, excusait ses Frères, disait ne rien savoir du fait, et, pour apaiser le plaignant, lui promettait de l'indemniser de tout le dommage causé. Mais l'homme ne fut pas calmé par tout cela. Absolument furieux, proférant des injures et des menaces, il quitta les Frères, exalté, répétant toujours et sans cesse qu'ils avaient coupé le pied à son porc, par pure méchanceté. Ne voulant accepter ni excuses ni promesses, il s'éloigna plein de courroux.

Tous les Frères étaient stupéfaits; et saint François, plein de prudence, réfléchit, et disait à part lui : « Ne serait-ce pas Fr. Junipère qui aurait commis ce méfait, dans son zèle indiscret ? »

Il fit appeler secrètement Fr. Junipère, et l'interrogea en disant : « N'aurais-tu pas coupé un pied à un porc dans le bois ? » A cela, Fr. Junipère, non comme quelqu'un qui a commis une faute, mais comme une personne qui aurait accompli un acte de grande charité, lui répond tout joyeux : « Mon Père si doux, c'est vrai que je lui ai tranché un pied à ce porc ; et la raison, mon Père, écoute-la, si tu veux, et avec indulgence. J'allais par charité visiter tel Frère qui était malade »... et il raconte de point en point ce qui s'était passé, puis il ajoute : « Je t'assure donc que, considérant la consolation que notre Frère a éprouvé, et le réconfort que ce pied lui a apporté, si j'avais coupé les pieds à cent porcs, comme je l'ai fait à un seul, je suis certain que Dieu l'aurait approuvé. »

A cela saint François, avec un grand sentiment de justice et un grand mécontentement, répondit : « O Frère Junipère, pourquoi as-tu causé un si grand scandale ? Ce n'est pas sans raison que cet homme se plaint, et qu'il est ainsi courroucé contre nous ; lors, peut-être que maintenant cet homme va nous diffamant dans toute la ville ; et il a bien motif de le faire. Hé bien, je te commande, au nom de la sainte obéissance, de courir derrière lui jusqu'à ce que tu le rejoignes ; là, tu te jetteras à terre devant lui, et tu lui avoueras ta faute. Tu lui promettras une réparation complète, et qu'il n'ait plus de motif de se plaindre de nous. Car certainement, c'est de ta part un excès inexcusable. »

Fr. Junipère fut fortement étonné des susdites paroles ; il demeurait frappé de stupeur, ne comprenant pas qu'une action aussi charitable que la sienne put être reprochée par quelqu'un. Il lui semblait, en effet, que les biens temporels ne sont rien, quand on n'en donne pas fraternellement une partie à son prochain. Fr. Junipère répondit : « Ne doute pas, Père, que je ne paie immédiatement cet homme, et que je ne le satisfasse ; mais pourquoi me tourmente-t-on ainsi ? Ce porc, dont j'ai coupé le pied, n'était-il pas plutôt à Dieu qu'à cet homme ? et n'ai-je pas accompli un acte de grande charité. »

Toutefois, le Frère se met à courir, et rejoint bientôt l'homme ; celui-ci était toujours irrité, sans mesure, et n'avait plus l'ombre de patience. Le Frère lui raconte comment, et pour quelle raison, il avait coupé le pied dudit porc ; il parle à cet homme avec ardeur, et en exultant de joie, comme quelqu'un qui aurait rendu un grand service, pour lequel il s'attendrait à être largement rémunéré. Le maître du porc, rempli d'une colère qui allait jusqu'à la furie, accabla le Fr. Junipère de beaucoup d'outrages, l'appelant écervelé, fou, voleur, le pire des malandrins.

Fr. Junipère n'attacha aucune attention à ces paroles injurieuses, s'étonnant seulement que cet homme se complût à proférer des outrages, et croyant aussi n'avoir pas très bien entendu, puisqu'il lui semblait qu'il y avait là plutôt matière à se réjouir qu'à se fâcher. Il répéta de nouveau le même récit, se jeta au cou de cet homme, l'étreignant, l'embrassant, et lui affirmant que la charité seule l'avait porté à commettre cette action.

Puis, Fr. Junipère le pria, et l'invita à sacrifier de même le reste de l'animal, avec tant de charité, de simplicité et d'humilité, que le propriétaire du porc, revenant à lui, se jeta aux pieds du Frère non sans beaucoup de larmes. Puis, plein de remords des outrages dits et faits aux Frères du couvent, le maître alla prendre ledit porc, le tua, le découpa, et le porta avec une grande dévotion, et un grand regret, à Sainte-Marie des Anges. Il le donna à ces saints Frères, en réparation de l'injure qu'il leur avait faite.

Saint François considérant la simplicité dudit saint Fr. Junipère, et sa patience dans l'adversité, dit à ses compagnons, et à tous ceux qui l'entouraient : « Aussi, mes Frères, plût à Dieu que nous eussions une grande forêt plantée de semblables GENÉVRIERS (1) ! »

1. Allusion au nom de *Frate Ginepro*, qui se traduit en français par *Frère Junipère*, et qui, en italien, signifie *Genévrier* : saint François dit dans le texte italien : « Magna selva di tali *Ginepri*. »

II. — Exemple du grand pouvoir de Fr. Junipère contre le démon.

Les démons ne pouvaient souffrir la pureté de l'innocence, et la profonde humilité de Fr. Junipère, comme il apparaît dans le récit suivant : Un homme possédé du démon, se jeta un jour en dehors de la route, contre son habitude, courant de côté et d'autre; s'enfuyant par des chemins divers, parcourant sept milles. Des parents qui le suivaient avec une grande inquiétude, lui demandèrent pourquoi il avait, en s'enfuyant, pris tant de chemins différents ; il répondit : « La raison, la voilà : Junipère, l'insensé, passait par ce chemin; et, ne pouvant supporter sa présence, ni l'attendre, je me suis enfui à travers ces bois. » Cherchant à savoir la vérité, les parents du possédé vérifièrent qu'en effet, Fr. Junipère était venu sur ce chemin à l'heure indiquée, comme le démon l'avait dit. Lors, saint François, lorsqu'on lui conduisait des possédés pour qu'il les guérît, si les démons ne partaient pas de suite et à son commandement, leur disait : « Si tu ne sors pas immédiatement de cette créature, je vais faire venir contre toi Fr. Junipère. » Et, alors, le démon, craignant la présence de Fr. Junipère, et ne pouvant d'ailleurs supporter la vertu et l'humilité de saint François, partait subitement.

III. — Comment, par l'influence du démon, Fr. Junipère fut condamné aux fourches.

Un jour le démon voulant effrayer Fr. Junipère, l'affliger et le déshonorer, alla trouver un très cruel tyran qui s'appelait Nicolo, et qui en ce temps-là était en guerre avec la ville de Viterbe. Le démon dit à ce tyran : « Seigneur, gardez bien votre château ; car bientôt doit arriver ici un grand traître, envoyé par les habitants de Viterbe, pour vous tuer, et mettre le feu à votre demeure. Et, pour que vous sachiez que je dis vrai, je vous donne son signalement : il voyage en ayant l'apparence d'un pauvre, avec des vêtements tout déchirés et tout rapiécés. Il porte un capuchon absolument lacéré, tombant sur ses épaules. Il a sur lui une alène, avec laquelle il doit vous tuer, et une pierre à feu avec laquelle il doit incendier ce château. Si vous ne trouvez pas que ce soit vrai, faites justice de moi ! »

A ces paroles, Nicolo réfléchit profondément et il eut grand peur, parce que celui qui lui parlait ainsi, lui paraissait un homme de bien. Il ordonna que la surveillance se fit avec soin, et que si l'homme répondant au signalement donné, arrivait, on le fit comparaître immédiatement devant lui.

Pendant ce temps-là, arrive Fr. Junipère, tout seul. A cause de sa perfection, il avait la permission de voyager sans compagnon et comme il lui plaisait. Quelques jeunes écervelés se rencontrant avec le Fr. Junipère, commencèrent, en se moquant de lui, à l'accabler de mots mal sonnants. De tout cela, Fr. Junipère ne se tourmenta pas; il les excitait, au contraire, à faire encore de plus grandes plaisanteries sur lui. Lorsqu'il arriva à la porte du château, les gardes aperçoivent cet homme ainsi défiguré, ayant un vêtement misérable, tout déchiré, parce qu'en route il avait donné une partie de ses habits à un pauvre pour l'amour de Dieu; d'après son extérieur, ils ne reconnaissaient pas en lui un Frère-Mineur, mais bien l'individu dont le signalement correspondait avec celui que le démon avait donné. Lors, pleins de fureur, ils le conduisirent devant Nicolo le tyran.

Entouré de ses serviteurs, Nicolo demande à Fr. Junipère s'il avait une arme offensive : on trouva dans une de ses manches une alène avec laquelle il raccommodait ses sandales; puis, en outre, on s'empara d'une pierre à feu, qu'il portait toujours sur lui, pour faire du feu, car il était d'un tempérament débile, et souvent il habitait les bois et les déserts.

Nicolo voyant exact le signalement donné par le démon accusateur, commanda qu'on lui liât étroitement la tête; ce qui fut fait avec tant de cruauté que la corde lui entra dans la chair. Puis, on lui mit une corde au cou, et Nicolo lui fit tirer les bras et donner l'estrapade, et on disloqua tout le corps du Frère sans aucune pitié. On lui demanda s'il voulait comme un traître livrer le château aux habitants de Viterbe ; il répondit : « Je suis le plus grand traître du monde, et indigne d'aucun bien ! » On lui demanda s'il voulait avec cette alène tuer Nicolo le tyran, et s'il avait l'intention de brûler le château ; il répondit : « Je ferais des choses plus grandes et plus considérables encore, si Dieu le permettait. »

Nicolo, transporté de colère, ne voulut pas faire d'autre interrogatoire ; mais, sans attendre une minute, déclara dans sa fureur Fr. Junipère convaincu de trahison et d'homicide. Il ordonna donc qu'il fût attaché à la queue d'un cheval, traîné par terre jusqu'aux fourches patibulaires, et là, immédiatement, pendu par la gorge.

Fr. Junipère ne se disculpa en rien ; mais, comme quelqu'un qui pour l'amour de Dieu trouverait son contentement dans les tribulations, demeura tout joyeux, rempli d'allégresse. L'ordre du tyran fut mis à exécution ; Fr. Junipère attaché par les pieds à la queue d'un cheval et traîné par terre, ne faisait entendre ni protestation, ni plainte, mais, comme un doux agneau conduit à la boucherie, souffrait tout avec une grande humilité.

A ce spectacle, et à cette exécution suivant la condamnation d'une façon si immédiate, tout le peuple accourut là, pour voir tirer justice de cet homme, avec tant de hâte et de cruauté ; personne ne le connaissait. Cependant, comme Dieu le voulut, un brave homme qui avait vu arrêter Fr. Junipère, et qui le voyait si rapidement exécuter, courut au couvent des Frères-

Mineurs, et leur dit : « Pour l'amour de Dieu, je vous supplie de venir de suite ; car un pauvre homme vient d'être arrêté ; il a été jugé sur-le-champ, et on le conduit à la mort. Venez, qu'il puisse au moins remettre son âme entre vos mains, car il me paraît une bonne personne et il n'a pas eu le temps de se confesser. On le mène aux fourches, et il ne paraît pas avoir souci ni de la mort, ni du salut de son âme. Ah! je vous en prie, venez vite. »

Le Gardien, qui était un homme compatissant, se hâte pour pourvoir au salut du condamné, mais, à son arrivée, les gens étaient là, si nombreux, pour voir l'exécution, qu'il ne pouvait pas entrer. Or il demeurait là, attendant le moment favorable, et pendant qu'il regardait, il entend une voix au milieu de la foule qui s'écriait : « Ne faites pas cela, ne faites pas cela, méchants, vous me faites mal aux jambes ! »

A cette voix, le Gardien, dans la ferveur de son âme, se jette à travers la foule, arrache le linge qui couvrait la figure du condamné, et alors reconnaît que c'était vraiment Fr. Junipère. Le Gardien veut, par compassion enlever son froc et en couvrir Fr. Junipère ; mais celui-ci, le visage très gai, lui dit presque riant : « O Gardien, tu es trop gros, et cela paraîtrait vraiment trop inconvenant si on te voyait sans habit. Non, je ne veux pas ! » Alors le Gardien, tout en larmes, pria les exécuteurs et tout le peuple d'attendre un peu, par pitié, jusqu'à ce qu'il put aller supplier le tyran, en faveur de

Fr. Junipère, et demander la grâce du condamné.

Les exécuteurs et certains assistants consentirent à attendre, croyant vraiment que le Gardien était un parent du condamné; le dévoué et compatissant Gardien va trouver Nicolo le tyran, et avec des larmes douloureuses, il lui dit : « Seigneur, je suis si étonné et si triste qu'avec ma langue, je ne puis l'exprimer; car il me semble qu'aujourd'hui, dans ce pays, on commet le crime le plus grand, le méfait le plus abominable qui ait jamais été commis, même du temps de nos pères; or je crois que tout a été fait par ignorance ! »

Nicolo écoute avec patience, et demande au Gardien : « Quel est donc ce méfait et ce crime, qui a été commis aujourd'hui dans cette contrée ? » Le Gardien répondit : « Mon seigneur, c'est un des plus saints Frères qui soit maintenant dans l'Ordre de saint François, Ordre pour lequel vous avez une particulière dévotion, c'est lui, c'est ce bon Frère, que vous avez jugé et condamné à une peine si cruelle. Je suis persuadé que c'est sans motif. » Nicolo dit: « Lors, dis-moi, quel est donc ce Frère ? Car, peut-être, ne le connaissant pas, j'ai commis un grand crime ? » Le Gardien lui dit : « Celui que vous avez condamné à mort, c'est Fr. Junipère, le compagnon de saint François. »

Nicolo le tyran, qui connaissait la réputation et la sainte vie du Fr. Junipère, stupéfait, tremblant, tout pâle, court avec le Gardien, et arrive bientôt près du Fr. Junipère. Il le détache de la queue du cheval, et le délivre lui-même ; puis, en présence de tout le peuple, il se jette à genoux par terre, devant le Fr. Junipère, avoue avec d'abondantes larmes la faute qu'il avait commise en faisant accabler de mauvais traitements et de grossièretés un aussi saint Frère. Il ajouta : « Je crois vraiment que les jours de ma mauvaise vie touchent à leur fin, puisque j'ai fait appliquer des tortures à un aussi saint homme, sans aucune raison. Dieu permettra sans doute que ma mauvaise vie se termine dans peu de jours par une mauvaise mort; bien que j'aie commis la faute par ignorance. » Fr. Junipère pardonna très volontiers au tyran Nicolo; mais Dieu permit que, peu de jours après, ce Nicolo, tyran, terminât sa vie par la mort la plus cruelle. Et Fr. Junipère partit, laissant le peuple très édifié.

IV. — Comment Fr. Junipère donnait aux pauvres tout ce qu'il pouvait pour l'amour de Dieu.

Fr. Junipère avait à l'égard des pauvres tant d'affection et de compassion, que, quand il en voyait quelques-uns mal vêtus ou nus, il retirait immédiatement sa tunique et le capuchon de son froc et les donnait au pauvre dénué de vêtements. Aussi le Gardien lui commanda, par obéissance, de ne donner ainsi à aucun pauvre toute sa tunique, ni même une partie de son vêtement.

Il arriva cependant que, peu de jours après, il rencontra un pauvre à peu près nu qui demanda l'aumône à Fr. Junipère pour l'amour de Dieu. Il dit au pauvre avec une compassion infinie : « Je n'ai rien que je puisse te donner, excepté ma tunique, et mon supérieur m'a imposé, par obéissance, de ne la donner à personne, ni même une partie quelconque de mes vêtements ; mais si tu me la retires de dessus mon dos, je ne t'en empêche pas : je ne parle pas à un sourd. »

Lors, immédiatement, ce pauvre lui enlève sa tunique à l'envers et s'en va avec elle, laissant le Fr. Junipère dépouillé. Lorsqu'il revint au couvent, on lui demanda où était sa tunique. Il répondit : « Une bonne personne m'a retiré ma tunique de dessus mes épaules et s'en est allée avec elle. » La vertu de charité s'accroissait tellement en lui qu'il ne se contentait pas de donner sa tunique, il donnait encore aux pauvres des livres, des vêtements et tout ce qui lui tombait sous la main. Aussi, pour cette raison, les Frères ne laissaient-ils rien traîner, parce que Fr. Junipère donnait tout, pour l'amour de Dieu et pour le louer.

V. — Comment Fr. Junipère détacha des petites sonnettes de l'autel, et les donna pour l'amour de Dieu.

Un jour, à Assise, au temps de la Nativité du Christ, Fr. Junipère entra dans de profondes méditations devant l'autel du couvent, qui était préparé et très orné à l'occasion de la fête. A la prière du sacristain, Fr. Junipère resta pour garder cet autel, jusqu'à ce que ledit sacristain fut de retour après son repas.

Pendant qu'il méditait pieusement, une petite pauvresse vint demander l'aumône à Fr. Junipère pour l'amour de Dieu. Fr. Junipère lui répondit ainsi : « Attends un peu, et je vais voir si je pourrais te donner quelque chose de cet autel qui est si bien orné. » Il y avait à cet autel une garniture d'or, très travaillée et splendide, avec des petites clochettes d'argent de grande valeur. Fr. Junipère dit : « Ces clochettes sont là du superflu ! » Il prend un couteau, les retire toutes de la garniture et les donne à cette petite pauvresse, par charité.

Le sacristain, après avoir mangé trois ou quatre bouchées, se rappela la façon d'agir de Fr. Junipère, et commença à craindre fortement que Fr. Junipère n'eut porté quelque dommage, par son zèle charitable, à cet autel si bien orné qu'on avait laissé à sa garde. Il se lève immédiatement de table avec ce soupçon et il court à l'église ; là, il regarde si quelque ornement dudit autel n'aurait pas été dérangé ou emporté. Il voit que toutes les petites sonnettes ont été coupées et enlevées de la garniture, il en fut troublé et scandalisé au delà de toute expression. Fr. Junipère, voyant son anxiété, lui dit : « Ne t'inquiète donc pas de ces clochettes, je les ai données à une pauvre femme qui en avait grand besoin ; et d'ailleurs, elles n'étaient utiles à rien; elles étaient là pour l'ostentation, la mondanité et la vanité. » Ayant entendu ces paroles, le sacristain immédiatement se met à courir par l'église, puis par la ville, très désolé, cherchant s'il pouvait, par hasard, retrouver la pauvresse.

Non seulement il ne la retrouva pas, mais il ne put rencontrer personne qui l'eut vue. Il revint au couvent; tout courroucé, il enlève la garniture de l'autel et la porte au Général de l'Ordre, qui était à Assise, et lui dit : « Père Général, je vous demande justice contre Fr. Junipère qui m'a gâté cette garniture, la plus belle qu'il y eut dans la sacristie; voyez maintenant comme il l'a abîmée, il a enlevé toutes les clochettes d'argent, et il m'a dit : « Je les ai don-« nées à une pauvre femme! »

Le Général répondit : « Ce n'est pas le Fr. Junipère qui a fait tout cela, c'est toi-même par ta sottise; tu devais bien cependant connaître sa manière d'agir. Et je te dis que moi je suis étonné qu'il n'ait pas donné encore tout ce qui reste. Cependant, je veux le bien corriger de cette faute. »

Ayant convoqué tous les Frères ensemble, en chapitre, il fit appeler le Fr. Junipère; en présence de tout le chapitre, il le réprimanda avec une grande sévérité au sujet de ces clochettes. Sa colère s'accrut tellement, pendant qu'il parlait qu'en enflant sa voix, il en devint tout enroué. Fr. Junipère ne s'inquiéta pas plus de ces paroles que si on ne lui avait rien dit; il se délectait des outrages reçus, quand il était bien humilié. Mais désirant faire disparaître l'enrouement du Général, le Fr. Junipère commença à s'ingénier afin de trouver un remède. Lors, après avoir reçu la mercuriale du Général, Fr. Junipère se rend à la ville, commande et fait préparer une bonne écuelle de bouillie de farine et d'eau avec du beurre. Une bonne partie de la nuit était déjà passée, il retourne au couvent, allume une chandelle, va à la cellule du Général avec son écuelle de soupe et frappe.

Le Général ouvre et voit le Frère avec la chandelle allumée et une écuelle à la main; il lui demande doucement : « Qu'est-ce que cela? » Fr. Junipère répondit : « Mon Père, aujourd'hui quand tu m'as réprimandé pour mes fautes, j'ai vu que ta voix devenait rauque, j'ai pensé que c'était par suite d'une fatigue excessive; aussi, songeant au remède, j'ai fait faire cette bonne bouillie de farine pour toi; je te prie de la manger, je t'assure qu'elle te soulagera la poitrine et la gorge. » Le Général dit : « Quelle est donc cette heure où tu viens ainsi importuner autrui? » Le Fr. Junipère répondit : « Vois, elle est faite pour toi; je t'en prie, ne pense plus à rien, et mange-la, car elle te fera beaucoup de bien. » Mais le Général, tout troublé à cause de l'heure avancée et de l'importunité du Frère, lui ordonne de s'en aller sur-le-champ, ne voulant pas manger à une heure pareille, l'appelant homme méchant et très vil.

Alors, Fr. Junipère, voyant que ni les supplications, ni les prières ne servaient à rien, dit ainsi : « Mon Père, puisque tu ne veux pas manger cette soupe qui cependant était faite pour toi, au moins, rends-moi ce service : tiens-moi la lumière, et c'est moi qui la mangerai. » Lors le Général, qui était charitable et pieux, considérant la simplicité et la charité du Fr. Junipère, et voyant que tout ce qu'il faisait était inspiré par la piété, lui répondit : « Hé bien donc, puisque tu le veux absolument, mangeons ensemble, toi et moi. » Et tous deux mangèrent l'écuelle de bouillie, préparée par une charité importune. Or, ils furent plus encore réjouis par leur mutuelle charité que par le repas lui-même.

VI. — Comment Fr. Junipère garda le silence pendant six mois.

Fr. Junipère prit un jour la résolution de garder le silence pendant six mois, de cette façon : le premier jour, pour l'amour du Père céleste; le second jour, pour l'amour de Jésus-Christ, son fils; le troisième jour, pour l'amour de l'Esprit-Saint; le quatrième jour, en l'honneur de la très sainte Vierge Marie; et ainsi de suite, chaque jour pour l'amour de quelque nouveau saint, il resta pendant six mois sans parler.

VII. — Exemple contre les tentations de la chair.

Une fois que Fr. Égide, Fr. Simon d'Assise et Fr. Junipère étaient réunis pour parler de Dieu et du salut des âmes, Fr. Égide dit aux autres Frères : « Comment faites-vous à l'égard des tentations du péché charnel? » Fr. Simon dit : « Je considère la honte du péché et ses suites; alors j'éprouve pour lui une telle exécration que j'y échappe! » Fr. Rufin dit : « Je me jette à terre et je reste là en oraison, implorant la clémence de Dieu et la Mère de Jésus-Christ, jusqu'à ce que je sois délivré. »

Fr. Junipère répondit : « Quand je sens les mouvements de cette diabolique suggestion charnelle, subitement je cours fermer la porte de mon âme; et, pour la sécurité de la citadelle de mon cœur, je l'occupe par de saintes méditations et de saints désirs; lors quand arrive la tentation charnelle, je réponds, comme de l'intérieur : « Restez dehors! le logis est déjà pris, « et il n'y peut plus entrer personne! » Ainsi, je ne permets pas qu'aucune pensée entre dans mon cœur. Aussi le diable, se voyant vaincu et comme déconfit, non seulement s'éloigne de moi, mais de toute la contrée! »

Fr. Égide répondit en disant : « Frère Junipère, je suis de ton avis; parce qu'avec l'ennemi de la chair, il vaut mieux fuir que combattre; car par les inclinations de la chair à l'intérieur, par les sens du corps à l'extérieur, l'ennemi se fait tellement et si fortement sentir, qu'il ne peut être vaincu qu'en fuyant. Aussi, qui veut combattre autrement, remporte rarement la victoire, à cause de la fatigue de la bataille. Fuis donc le mal et tu seras victorieux. »

VIII. — Comment Fr. Junipère s'humilie lui-même en l'honneur de Dieu.

Fr. Junipère voulant un jour s'humilier profondément lui-même, se dépouilla, ne gardant que ses hauts-de-chausses. Mettant ses vêtements sur sa tête, après avoir fait une sorte de fardeau avec tous ses habits, il entra à peu près nu dans Viterbe, et alla sur la place publique par dérision de lui-même.

Pendant qu'il était là, les enfants et les jeunes gens, pensant qu'il était fou, lui firent mille outrages, lui jetant de la boue en quantité sur le dos, le frappant à coups de pierre, le poussant de-ci, de-là, avec des paroles de raillerie; Fr. Junipère resta sur la place, ainsi bafoué et méprisé, pendant une grande partie du jour; puis il revint au couvent. En le voyant, les Frères furent fort irrités contre lui, surtout parce qu'il avait parcouru toute la ville avec ce fardeau sur la tête; ils le reprirent très durement, lui faisant les menaces les plus vives. L'un disait : « Mettons-le en prison! » et l'autre disait : « Pendons-le! » Et les autres disaient : « On ne saurait faire justice trop sévèrement pour le mauvais exemple donné par ce Frère, et pour lui-même et pour l'Ordre tout entier! » Mais Fr. Junipère, tout joyeux, avec une profonde humilité, répondait : « Vous dites bien vrai; je suis digne de tous ces châtiments, et de bien d'autres encore! »

IX. — Comment Fr. Junipère, pour s'humilier, joua à la bascule.

Un jour que Fr. Junipère allait à Rome, où déjà la renommée de sa sainteté s'était répandue, beaucoup de Romains, par grande dévotion, allèrent à sa rencontre, mais lui, voyant tant de gens arriver, s'imagina de leur faire changer leur dévotion en moquerie et en dérision. Il y avait là deux enfants qui jouaient à la bascule : ils avaient mis une planche au travers d'une poutre, chacun se tenait à une extrémité, et ils allaient tantôt en haut, tantôt en bas. Fr. Junipère va les trouver, enlève un des enfants de la planche, y monte lui-même, et commence à se balancer. La foule le rejoint, s'étonnant de voir Fr. Junipère jouer à la bascule, cependant, ils le saluèrent avec une grande dévotion et attendirent qu'il eut fini de jouer à la bascule, pour l'accompagner, en lui faisant honneur, jusqu'au couvent. Mais Fr. Junipère s'inquiétait peu de leurs saluts, de leur respect et de leur attente; il se balançait avec encore plus d'ardeur. Après avoir longuement attendu, quelques-uns commencèrent à s'ennuyer et à dire : « Quel est donc cet être stupide? » D'autres, connaissant les façons d'agir du Frère, n'en eurent que plus de dévotion pour lui. Cependant, tous finirent par s'en aller, laissant Fr. Junipère sur sa bascule. Quand tous furent partis, Fr. Junipère demeura tout consolé, parce qu'il avait vu des gens se moquer de lui. Il se mit en route, entra dans Rome paisiblement et humblement, et arriva au couvent des Frères-Mineurs.

X. — Comment Fr. Junipère fit, une fois, la cuisine aux Frères pour quinze jours.

Étant une fois dans un petit couvent de Frères, Fr. Junipère resta seul à la maison, tous les Frères ayant eu à sortir au dehors pour des motifs importants. Le Gardien lui dit : « Frère Junipère, nous nous en allons tous au dehors; aussi, quand nous reviendrons, fais en sorte d'avoir préparé à la cuisine une collation pour le délassement des Frères. » Fr. Junipère répondit : « Bien volontiers, laisse-moi faire. »

Tous les Frères étant sortis au dehors, comme il a été dit, Fr. Junipère s'écria : « Voilà des soins bien superflus! laisser un Frère perdu à la cuisine, et éloigné de toute oraison! C'est moi qui suis resté à cuisiner cette fois; hé bien! je vais en faire tant que tous les Frères, et même encore d'autres, s'ils sont plus nombreux, en auront assez pour quinze jours! »

Lors, plein de cette sollicitude, Fr. Junipère va au village, achète plusieurs grandes marmites semblables, pour mettre sur le feu, se procure de la viande fraîche et de la viande sèche, des poulets, des œufs, des légumes. Il achète aussi du bois en quantité suffisante, et met tout ensemble sur le feu, les poulets avec leurs plumes, les œufs avec leurs coquilles, et toutes les autres choses de même. Les Frères revinrent au couvent; or, l'un d'eux, qui était assez au courant de la simplicité du Fr. Junipère, entra dans la cuisine et y aperçut ces marmites en grand nombre, si énormes, avec un feu excessif. Il s'assit, et considéra avec stupeur, sans rien dire, avec quel soin Fr. Junipère faisait cette cuisine. En effet, le feu était trop ardent, et on ne pouvait s'approcher assez près pour écumer; alors, Fr. Junipère avait pris une planche, et avec la corde se l'était attachée au corps, bien serrée, puis il sautait d'une marmite à l'autre, que c'était un plaisir!

Regardant tout cela comme un divertissement agréable, ce Frère sort de la cuisine, va trouver les Frères et leur dit : « Je vous dirai que Fr. Junipère nous fait un repas de noces. » Les Frères acceptèrent cette affirmation comme une plaisanterie. Mais Fr. Junipère enlève une marmite du feu, et fait sonner le repas. Les Frères vont se mettre à table; Fr. Junipère arrive au réfectoire avec sa cuisine, tout rouge, par suite de la fatigue et de la chaleur du feu, et dit aux Frères : « Mangez bien, et puis nous irons tous à l'oraison; et que personne ne pense plus de longtemps à faire la cuisine; car je vous ai préparé tant de nourriture aujourd'hui que vous en avez pour plus de quinze jours! » Il pose sa pâtée devant les Frères.

Or, il n'y avait pas dans toute la ville de Rome, un porc, si affamé qu'il fût, qui en eût voulu manger. Fr. Junipère se met à louer sa cuisine, afin d'en avoir le débit. Cependant, voyant, malgré cela, que les autres Frères restent là sans manger, il leur dit : « Mais ces poulets sont un réconfortant pour l'estomac; et cette cuisine vous rendra le corps libre; elle est si bonne! » Les Frères étaient dans l'étonnement et l'admiration, considérant le dévouement et la simplicité du Fr. Junipère. Mais le Gardien irrité d'une fatuité pareille, et de tant de bien perdu, réprimanda avec âpreté Fr. Junipère. Alors, Fr. Junipère se jette subitement à terre, s'agenouille devant le Gardien, lui avoue, à lui et à tous les Frères, la faute qu'il avait commise, et dit : « Je suis le pire des hommes; il en est qui ont commis un péché semblable, et qui ont eu pour cela les yeux arrachés; moi j'étais bien plus qu'eux digne de ce châtiment; il en est qui ont été pendus pour leurs fautes, mais moi, je le mérite encore bien davantage pour avoir si mal agi; et maintenant me voilà dissipateur de tant de biens qui étaient à Dieu et à l'Ordre. »

Lors ainsi, tout attristé, il partit, et de tout le jour, il ne se montra pas où il y avait un

Frère quelconque. Cependant, le Gardien dit : « Mes Frères très chers, je voudrais que chaque jour ce Frère, comme aujourd'hui, pût gaspiller autant de provisions, si nous les avions; et cela pour sa seule édification propre; car c'est sa grande simplicité et son grand dévouement qui l'ont fait agir ainsi. »

XI.—Comment Fr. Junipère alla une fois à Assise, pour sa confusion.

Pendant que Fr. Junipère habitait la vallée de Spolète, il apprit qu'il y avait à Assise une grande fête, à laquelle se rendaient beaucoup de gens avec une grande dévotion. Or, le désir lui vint d'aller à cette fête. L'on a vu comment Fr. Junipère s'était dépouillé de ses vêtements, à l'exception de ses hauts-de-chausses, et comment il était arrivé ainsi au milieu de la ville, passant par Spolète, pour se rendre ensuite au couvent. Les Frères très courroucés, très scandalisés, lui firent des reproches les plus sévères, l'appelant fou, insensé, lui disant qu'il déshonorait l'Ordre de saint François, et que, comme fou, il faudrait l'enchaîner. Et le Général, qui était alors au couvent, fait appeler tous les Frères, et aussi Fr. Junipère. En présence de tout le chapitre, il fait à Fr. Junipère les remontrances les plus dures et les plus âpres. Après beaucoup de paroles inspirées par la rigueur de sa justice, il dit à Fr. Junipère : « Ta faute est grande, et telle que je ne sais quelle pénitence t'imposer qui soit digne de ton péché. » Fr. Junipère répondit, comme quelqu'un qui se réjouirait de sa propre confusion : « Père, je veux, moi, te la dire, cette pénitence : fais-moi retourner dans le même accoutrement, à l'endroit d'où tu m'as fait venir ici, pour assister à cette fête. »

XII. — Comment Fr. Junipère fut ravi en extase pendant la célébration de la messe.

Pendant que Fr. Junipère entendait un jour la messe avec une grande dévotion, il fut ravi en extase par élévation spirituelle, et pendant très longtemps. Cela dura tout le temps que les Frères le laissèrent seul ; revenant à lui, Fr. Junipère se mit à dire avec une grande ferveur : « O mes Frères, quel est celui sur cette terre, si noble soit-il, qui ne porterait volontiers une corbeille de fumier, si on lui donnait une maison pleine d'or ? » Et il disait : « Hé donc ! pourquoi ne voudrions-nous pas supporter un peu de honte, si nous pouvions par ce moyen obtenir la vie bienheureuse ? »

XIII. — De la tristesse qu'éprouva Fr. Junipère de la mort de son compagnon Fr. Amazialbene.

Fr. Junipère avait un compagnon qu'il aimait avec tendresse et qui s'appelait Fr. Amazialbene ;

ce Frère avait en lui les vertus de patience et d'obéissance au plus haut degré; on l'aurait battu pendant toute une journée, qu'il ne se serait jamais plaint et qu'il n'aurait pas proféré une parole de protestation. Il était souvent envoyé dans des couvents ou des communautés où se trouvaient des compagnons revêches dont il avait à souffrir mille persécutions, il les supportait avec une grande patience, sans aucune plainte. Ce Frère pleurait ou riait, selon ce que lui commandait Fr. Junipère.

Il arriva, comme il plût à Dieu, que ce Fr. Amazialbene vint à mourir, avec la plus grande réputation de sainteté. Lors, Fr. Junipère, apprenant cette mort, fut saisi dans son âme d'une tristesse telle, qu'il n'en avait jamais eu de semblable pendant sa vie, et que jamais il n'en avait éprouvé de pareille d'un événement matériel, c'est ainsi qu'il montrait extérieurement la grande amertume intérieure, et il disait : « Hélas, infortuné que je suis; il ne me reste plus aucun bien maintenant, et le monde entier me paraît anéanti par la mort de mon doux et très aimé frère Amazialbene! » Il ajoutait : « Si je n'en étais pas empêché par la crainte de n'avoir pas la paix avec les Frères, j'irais au tombeau de mon ami, je prendrais sa tête, et de son crâne je ferais deux écuelles. Dans l'une, en souvenir de lui, et quand je voudrais, je mangerais toujours; avec l'autre, je boirais quand j'aurais soif ou le désir de boire. »

XIV. — De la main que vit Fr. Junipère dans les airs.

Étant un jour en oraison, Fr. Junipère pensait beaucoup à lui-même et il lui sembla voir une main suspendue dans les airs. Il entendit, de ses oreilles, une voix qui lui parlait ainsi : « O Frère Junipère, avec cette main, tu ne peux rien faire. » Lors, il se leva subitement et les yeux au ciel, courant par tout le couvent, il ne cessait de répéter à haute voix : « Oh ! que c'est vrai ! c'est bien vrai ! » Et, pendant longtemps, il répéta la même phrase.

XV. — Exemple de Fr. Léon; comment saint François lui ordonna de laver la pierre.

Sur le mont de l'Alverne, saint François conversant avec Fr. Léon, lui dit : « Mon Frère, petite brebis, lave cette pierre avec de l'eau. » Immédiatement Fr. Léon lava la pierre avec de l'eau. Saint François lui dit avec joie : « Lave-la avec du vin ! » et ce fut fait. « Lave-la avec de l'huile » et ce fut fait encore. Saint François dit : « Mon Frère, petite brebis, lave cette pierre avec du baume. » Fr. Léon répondit : « O mon doux Père, comment pourrai-je me procurer du baume dans ce lieu sauvage? » Saint François répondit : « Sache bien, Frère, petite brebis du Christ, que cette pierre est celle sur laquelle se tenait le Christ quand il m'apparut un jour ici; aussi je t'ai dit quatre fois : « Lave-la et tais-toi ! » Parce que Jésus-Christ m'a promis quatre grâces singulières pour mon Ordre. La première, c'est que tous ceux qui aimeront cordialement mon Ordre et les Frères qui y persévéreront, feront une bonne mort, par la grâce divine. La seconde, que ceux qui persécuteront cette Religion seront manifestement punis. La troisième qu'aucun homme mauvais ne pourra rester bien longtemps dans l'Ordre, tant qu'il persévérera dans le mal. La quatrième, c'est que cet Ordre durera jusqu'au jugement dernier. »

VIE

Du Bienheureux Frère Égide

COMPAGNON DE SAINT FRANÇOIS

I. — Comment Fr. Égide et trois compagnons furent reçus dans l'Ordre des Frères-Mineurs

Les exemples des saints inspirent à l'âme de ceux qui les méditent dévotement le mépris des plaisirs passagers et excitent le désir de la vie éternelle ; aussi, à la gloire de Dieu, et de sa révérendissime Mère, Madame Sainte-Marie, je veux dire en quelques mots les œuvres que le Saint-Esprit a opérées chez notre saint Frère Égide.

Étant encore revêtu de l'habit séculier, il fut touché par le Saint-Esprit, et commença à songer de quelle façon il pourrait plaire à Dieu seul, dans toutes ses actions. En ce temps-là parut saint François, nouveau héraut envoyé par Dieu pour donner les exemples d'une vie toute d'humilité et de sainte pénitence.

Deux ans après sa conversion, un homme remarquable par une sagesse parfaite, très riche de biens temporels, qui s'appelait messire Bernard et un autre Pierre de Cattane se réunirent au Saint pour observer l'Évangile et la Pauvreté ;

sur le conseil de saint François, ils distribuèrent aux pauvres, pour l'amour de Dieu, toutes leurs richesses temporelles, s'attachèrent à la gloire de la patience et de la perfection évangélique, et prirent l'habit des Frères-Mineurs; pendant toute la durée de leur vie, ils gardèrent leurs promesses avec une grande ferveur et les observèrent avec une absolue perfection.

Huit jours après la conversion de Bernard et de Pierre, et l'abandon de leurs biens, Fr. Égide, encore revêtu de l'habit séculier, se sentit tout enflammé du divin amour, en voyant tant de mépris des choses terrestres chez ces nobles chevaliers d'Assise, que tout le monde admirait. Le jour suivant, qui était la fête de saint Georges, en 1209, éprouvant pendant de longues heures une profonde sollicitude pour le salut de son âme, Fr. Égide alla à l'église de Saint-Grégoire, où était le monastère de sainte Claire. Après avoir fait sa prière, il eut un vif désir de voir saint François et alla vers un hôpital de lépreux où habitait le Saint, avec Fr. Bernard et Fr. Pierre de Cattane, retirés dans une très humble cabane. Arrivé à un carrefour où aboutissaient plusieurs chemins, et ne sachant de quel côté se diriger, Fr. Égide fit une prière au Christ, très précieux guide, qui le conduisit à ladite cabane par une route directe.

Il pensait au motif qui l'avait amené là, lorsque saint François le rencontre, au moment où il sortait du bois dans lequel le Saint était allé pour prier; immédiatement Fr. Égide se jette par terre, devant saint François, s'agenouille et humblement lui demande de vouloir bien le recevoir dans sa compagnie, pour l'amour de Dieu. Saint François considère l'aspect si pieux de Fr. Égide, et lui répond de cette façon : « Mon Frère très cher, Dieu t'a fait une très grande grâce. Si l'empereur venait à Assise et voulait faire de quelqu'habitant de la ville son chevalier ou son camérier secret, celui-ci ne devrait-il pas beaucoup se réjouir? Combien plus grandement ne dois-tu pas te réjouir que Dieu t'ait choisi pour son chevalier et son très cher serviteur, pour observer la perfection du saint Évangile? Aussi, sois ferme et constant dans la vocation à laquelle Dieu t'a appelé. »

Saint François prend Fr. Égide par la main, le relève, et le conduit à ladite cabane; puis, il appela Fr. Bernard et lui dit : « Le Seigneur Dieu a envoyé ici un bon Frère; soyons-en tous joyeux dans le Seigneur : mangeons en union de charité. » Après le repas, saint François avec ledit Égide allèrent à Assise pour chercher de l'étoffe afin de faire l'habit du Fr. Égide. Ils trouvèrent dans la route une petite pauvresse qui leur demanda l'aumône, pour l'amour de Dieu; ne sachant comment secourir la pauvre petite femme, saint François se retourna vers Fr. Égide, avec une figure angélique, et lui dit : « Mon Frère très cher, pour l'amour de Dieu, donnons ce manteau à la pauvrette. » Fr. Égide obéit au saint Père, de si bon cœur et si promptement qu'il lui sembla que son aumône s'envolait subitement au ciel, et que lui-même y volait directement avec elle; puis Fr. Égide ressentit une joie intérieure inexprimable, en même temps qu'un nouveau changement dans son âme.

Saint François, après s'être procuré l'étoffe nécessaire, et fait faire l'habit, reçut dans l'Ordre Fr. Égide, qui fut un des plus illustres religieux que le monde ait jamais vus en ces temps-là, dans la vie contemplative. Après la réception de Fr. Égide, saint François partit immédiatement avec lui, et ils allèrent à la Marche d'Ancône, chantant tous deux, et louant magnifiquement le Seigneur du ciel et de la terre. Saint François disait à Fr. Égide : « Mon fils, notre Ordre sera semblable au pêcheur qui met ses filets dans l'eau et prend une multitude de poissons; il retient les plus gros et laisse les petits dans l'eau. » Fr. Égide s'émerveillait de cette prophétie, parce qu'ils n'étaient alors dans l'Ordre que trois Frères seulement et saint François. Quoique saint François ne prêchât pas encore publiquement au peuple, lorsqu'il allait par les chemins, il exhortait et reprenait les hommes et les femmes, disant simplement et avec amour : « Aimez et craignez Dieu. Faites une convenable pénitence de tous vos péchés. » Et Fr. Égide disait : « Faites ce que vous dit mon Père spirituel, car il parle excellemment. »

II. — *Comment Fr. Égide alla à Saint-Jacques le Majeur.*

Avec la permission de saint François, Frère Égide alla, par la suite, à Saint-Jacques le Majeur en Galice; pendant toute la route, il ne put une seule fois manger à sa faim, à cause de l'extrême disette qui régnait dans tout le pays. Lors, allant demander l'aumône, et ne trouvant personne qui lui fît la moindre charité, il entra par hasard, le soir, dans une aire de grange où étaient restées quelques graines de fèves : il les recueillit, et ce fut son repas; il y dormit pendant la nuit, parce qu'il demeurait volontiers dans des lieux solitaires, écarté des hommes, pour pouvoir mieux s'adonner aux oraisons et aux veilles. Dieu le réconforta tellement par ce repas, qu'il ne pensait pas pouvoir être aussi complètement restauré s'il se fût nourri de diverses viandes.

Allant un peu plus loin, il rencontra dans le chemin un petit pauvre qui lui demanda l'aumône pour l'amour de Dieu; Fr. Égide, tout charitable, n'ayant rien que l'habit qu'il portait sur sa peau, coupa son capuchon, l'enleva de son caperon, et le donna à ce pauvre pour l'amour de Dieu. Il poursuivit sa route ainsi, sans capuchon, pendant vingt jours de suite.

En retournant par la Lombardie, il fut appelé par un homme, auprès duquel il alla avec empressement, croyant recevoir de lui quelque aumône. Il tend la main, et l'homme lui met dans cette main une paire de dés, lui demandant s'il voulait jouer. Fr. Égide répondit avec beaucoup d'humilité : « Dieu te pardonne, mon fils! » Et c'est ainsi qu'allant par le monde, il recevait beaucoup d'insultes ; mais il les recevait toutes avec patience.

III. — De la manière de vivre que pratiqua Fr. Égide lorsqu'il alla au Saint-Sépulcre.

Fr. Égide alla visiter le Saint-Sépulcre du Christ avec la permission de saint François: arrivé au port de Brindisi, il y demeura plusieurs jours, parce qu'il n'y avait pas de navire appareillé. Voulant vivre de son travail, Fr. Égide acheta une cruche, la remplit d'eau, et alla criant par la ville : « Qui veut de l'eau? » Pour sa peine, il recevait du pain et ce qui était nécessaire à sa subsistance, à lui, et à son compagnon. Puis, il traversa la mer, visita le Saint-Sépulcre du Christ, et les autres lieux saints avec une grande dévotion.

Au retour, il s'arrêta pendant plusieurs jours dans la ville d'Ancône. Il avait pris l'habitude de vivre de son travail, et faisait des paniers de jonc; il les vendait, non pour de l'argent, mais pour avoir du pain pour lui et pour son compagnon. Il portait aussi les morts et les ensevelissait pour le même salaire. Et quand tout cela venait à lui manquer, il retournait à la table du

Christ, demandant l'aumône de porte en porte. C'est ainsi avec beaucoup de travail, et demeurant dans une grande pauvreté, qu'il retourna à Sainte-Marie des Anges.

IV. — *Comment Fr. Égide préfère l'obéissance à l'oraison.*

Un Frère se trouvant un jour en oraison dans sa cellule, le gardien du couvent lui envoya dire qu'il eût à sortir pour quêter, par la sainte obéissance. Lors, le Frère alla immédiatement trouver Fr. Égide, et lui dit : « Mon Père, j'étais en oraison, et le gardien m'a ordonné d'aller mendier du pain; il me semble qu'il serait préférable de rester en oraison. » Fr. Égide répondit : « Mon fils, tu n'as pas encore connu ni compris ce que c'est que l'oraison? La véritable prière est de faire la volonté de ton supérieur. C'est la preuve d'un grand orgueil, lorsque celui qui a passé son cou sous le joug de la sainte obéissance, veut la fuir pour un motif quelconque, quand bien même il lui semblerait agir avec plus de perfection. Le religieux parfaitement obéissant est pareil à un cavalier qui monte un cheval vigoureux, dont la force lui permet de passer, intrépide, au milieu du chemin. Au contraire, le religieux qui n'obéit pas, qui raisonne, et qui est sans empressement, est semblable à un cavalier sur un cheval maigre, malade et vicieux : au moindre effort, il meurt, ou est fait prisonnier par les ennemis. Je te le dis : s'il y avait un homme assez pieux, et d'une âme assez élevée pour converser avec les anges, il devrait immédiatement laisser là cet entretien, s'il était appelé par son supérieur; et, avant tout, obéir à celui qui est au-dessus de lui dans l'Ordre. »

V. — Comment Fr. Égide vivait de son travail.

Fr. Égide étant au couvent de Rome, voulut vivre du travail de ses mains; il en avait pris l'habitude depuis son entrée dans l'Ordre, et continua de cette manière : Le matin il entendait une messe avec une grande dévotion, puis il allait à la forêt, éloignée de Rome de huit milles; il y faisait une fascine de bois, qu'il vendait pour avoir du pain et d'autres choses à manger. Une fois entr'autres qu'il revenait avec une charge de bois, une femme demanda à la lui acheter: ils convinrent du prix, et Fr. Égide porta le bois chez cette femme, qui, malgré les conventions faites, ayant vu qu'il s'agissait d'un religieux, lui donna beaucoup plus qu'elle n'avait promis.

Fr. Égide lui dit : « Ma bonne dame, je ne veux pas que le vice de l'avarice me domine; aussi, je ne veux pas un prix supérieur à celui dont je suis convenu avec vous. » Lors, non seulement il ne prit pas davantage, mais même il ne prit que la moitié du prix convenu. La femme en conçut pour le Frère une grande dévotion.

Pourvu qu'il put observer la sainte modestie, Fr. Égide faisait toutes sortes de travaux : il aidait les ouvriers qui cueillaient les olives, et qui foulaient le raisin. Étant un jour sur la place, un homme voulait faire abattre des noix, et priait un autre de venir les abattre, moyennant un salaire : celui-ci s'excusait, parce qu'il demeurait trop loin, et qu'il était très malaisé de monter sur le noyer. Fr. Égide dit à l'homme ; « Si tu veux me donner, mon ami, une partie de tes noix, j'irai avec toi pour les abattre. » La convention conclue, Fr. Égide fit d'abord le signe de la très sainte croix et monta sur le noyer, très élevé, et se mit à abattre les noix avec une grande frayeur. Quand il eut fini de les abattre, il en eut tant pour sa part qu'il ne pouvait les emporter dans son giron. Lors, il se dépouilla de sa robe, attacha les manches et le capuchon, et fit un sac avec son habit; quand cet espèce de sac fut rempli de noix, il se le mit sur les épaules, et le porta à Rome : là, avec une vive allégresse, il donna toutes les noix aux pauvres pour l'amour de Dieu.

Quand on moissonnait le blé, Fr. Égide allait avec les autres pauvres pour glaner les épis : si quelqu'un lui offrait une poignée de blé, il répondait : « Mon Frère, je n'ai pas de grenier où je puisse serrer mon blé », et ces épis, il les donna plus d'une fois pour l'amour de Dieu. Rarement, Fr. Égide s'employait chez les autres durant le jour tout entier, parce qu'il était convenu qu'il aurait le temps nécessaire pour dire les heures canoniques, et qu'il ne voulait pas manquer de faire ses oraisons mentales.

Fr. Égide allant un jour à la fontaine de Saint-Sixte, afin de faire une provision d'eau pour des religieux, un homme lui demanda à boire; Fr. Égide lui répondit : « Et comment veux-tu que je porte ensuite, aux moines, ce vase à moitié plein? » L'homme, irrité, répondit à Fr. Égide des paroles injurieuses et grossières; Fr. Égide alla retrouver les moines, fort triste; mais il se procura un grand vase, et retourna immédiatement à ladite fontaine pour y chercher encore de l'eau; il y retrouva l'homme, et lui dit : « Mon ami, prends et bois tant que tu voudras; ne t'irrite plus : cela me semblait une inconvenance de porter le reste de l'eau que tu aurais bue, à ces saints religieux. » Cet homme, repentant, et touché de la charité et de l'humilité de Fr. Égide, lui demanda pardon de sa faute, et depuis ce temps conçut pour le Frère la plus grande vénération.

VI. — *Comment Fr. Égide fut secouru miraculeusement dans une extrême détresse, alors que, par suite de l'abondance de la neige, il ne pouvait pas aller mendier.*

Pendant son séjour à Rome, Fr. Égide habitait chez un cardinal. A l'approche du grand carême, n'ayant pas le calme spirituel qu'il désirait, il dit au cardinal : « Mon Père, avec votre permission, je voudrais, pour ma paix intérieure, faire ce carême dans quelqu'endroit solitaire. » Le cardinal lui répondit : « Hé! mon Frère très cher, où donc veux-tu aller ? Il y a ici une disette très grande ; vous n'êtes pas encore très connus. Ah ! je désire qu'il te convienne de rester dans mon palais. Ce serait pour moi une grâce particulière de vous faire donner tout ce dont vous avez besoin, pour l'amour de Dieu. »

Malgré tout, Fr. Égide voulut s'en aller ; il sortit de Rome et alla sur une haute montagne, où était établi autrefois un château-fort; il y trouva une église abandonnée qui s'appelait Saint-Laurent, et il entra avec son compagnon. Là, ils demeurèrent en oraison, et firent de longues méditations. Ils n'étaient pas connus, aussi ne leur témoignait-on que fort peu de respect et de vénération. Ils eurent à souffrir dès lors une grande détresse, et pour surcroît, il arriva que la neige se mit à tomber en grande abondance, et pendant plusieurs jours.

Ils ne pouvaient sortir de l'église, et on ne leur avait rien envoyé pour leur subsistance ; ils n'avaient rien non plus par eux-mêmes, et restèrent ainsi, reclus, trois jours de suite. Fr. Égide, voyant qu'ils ne pouvaient vivre de leur travail, dit à son compagnon : « Mon Frère très cher, crions vers le Seigneur à haute voix, pour qu'en sa bonté, il vienne à notre secours dans l'extrême nécessité où nous sommes ! En effet, certains moines, se trouvant réduits à une profonde détresse, appelèrent Dieu à leur aide, et la divine Providence pourvut à tous leurs besoins. » Et, à l'exemple de ces moines, Fr. Égide et son compagnon, se mirent en oraison, priant Dieu de tout leur cœur, pour qu'il apportât remède à une si extrême nécessité.

Alors Dieu, dont la charité est infinie, eut égard à la foi, à la piété, à la simplicité, et à la ferveur de ces Frères. Il vint à leur secours de cette façon : Un homme en regardant l'église où étaient Fr. Égide et son compagnon, inspiré par Dieu, se dit en lui-même : « Il se peut que dans cette église il y ait quelques bonnes personnes en train de faire pénitence ; et par ce temps de neige si abondante, ils n'ont pas ce qui leur est nécessaire, et conséquemment, ils peuvent mourir de faim. » Et, poussé par le Saint-Esprit, il dit : « Certainement, je veux aller voir si ce que je pense là, est vrai, ou non. » Il prend du pain et un vase plein de vin, et se met en route. C'est avec la plus grande difficulté qu'il parvient à l'église, où il trouve Fr. Égide et son compagnon, qui, très dévotement étaient en oraison. La faim les avait tellement épuisés qu'ils avaient plutôt l'apparence d'hommes morts que d'hommes vivants. L'homme en eût grande compassion, et quand il les eut ranimés et réconfortés, il retourna chez lui, et raconta à ses voisins combien ces Frères étaient dans la détresse, réduits à une terrible extrémité ; il engagea lesdits voisins, à subvenir aux besoins des Frères, et les en pria pour l'amour de Dieu. Lors, beaucoup de ces voisins, suivant l'exemple de l'homme, portèrent aux Frères du pain, du vin, et d'autres provisions de bouche, pour l'amour de Dieu.

Pendant tout ce carême, les habitants du pays s'organisèrent entre eux pour que les Frères fussent pourvus de tout ce dont ils eurent besoin. Et, considérant leur charité, ainsi que l'infinie miséricorde de Dieu, Fr. Égide dit à son compagnon : « Mon Frère très cher, jusqu'à ce jour nous avons prié Dieu qu'il veuille bien pourvoir à ce qui nous était nécessaire, et nous avons été exaucés ; maintenant il convient de lui rendre gloire et remerciements, et aussi de prier pour ceux qui nous ont nourris de leurs aumônes, et pour tout le peuple chrétien. »

Dieu accorda à Fr. Égide, pour son extrême ferveur et son infinie dévotion, tant de grâces, qu'à son exemple, beaucoup renoncèrent à ce monde aveugle ; beaucoup d'autres qui n'étaient pas disposés à se faire religieux, firent très grande pénitence dans leurs maisons.

VII. — Du jour de la mort du saint Fr. Égide.

La veille de saint Gorges, à l'heure de Matines, ayant cinquante-deux ans révolus, le jour anniversaire où il avait reçu l'habit de saint

François, l'âme de Fr. Égide fut reçue par Dieu dans la gloire du paradis : c'était en réalité le jour de la saint Georges.

VIII. — Comment un saint homme étant en oraison, vit l'âme de Fr. Égide s'envoler à la vie éternelle.

Un saint homme, étant en oraison, au moment ou Fr. Égide quitta cette vie, aperçut l'âme du Frère, avec une foule d'autres âmes, sortir alors du purgatoire, et s'envoler vers le ciel : Jésus-Christ alla à la rencontre de l'âme de Fr. Égide, avec une multitude d'anges ; et toutes ces âmes aux sons d'une mélodie céleste, entrèrent dans la gloire du paradis.

IX. — Comment, par les mérites du Fr. Égide, l'âme de l'ami d'un Frère-Prêcheur fut délivrée des peines du purgatoire.

Alors que Fr. Égide était malade, de la maladie dont il mourut peu de temps après, un Frère de l'Ordre de Saint-Dominique était gravement malade, à la mort. Ce Frère avait un ami qui était aussi religieux de Saint-Dominique, et qui voyant approcher la mort dudit Frère malade, lui dit : « Mon Frère, je désire que, si Dieu le permet, après ta mort, tu puisse revenir me trouver pour me dire dans quel état tu seras alors ! » Le malade lui promit de faire tout son possible pour revenir le voir ; puis il mourut, et Fr. Égide le même jour. Après sa mort le Frère-Prêcheur apparut à son ami resté sur terre, et lui dit : « La volonté de Dieu est que je tienne la promesse que je t'ai faite. » Le vivant dit au mort : « Qu'est-il advenu de toi ? » Le mort répondit : « Je suis heureux, parce que je suis mort le jour même où a quitté cette vie un saint Frère-Mineur qui s'appelait Fr. Égide : Jésus-Christ lui a accordé à cause de sa grande sainteté, de conduire avec lui au paradis, toutes les âmes qui étaient alors dans le purgatoire. J'étais, moi, avec ces âmes, et je souffrais les plus grands tourments. Par les mérites du saint Fr. Égide, je suis délivré. » Ceci dit, le Frère-Prêcheur disparut subitement, et son ami ne révéla à personne cette apparition.

Ledit Frère-Prêcheur à son tour tomba malade, et immédiatement supposa que Dieu l'avait frappé parce qu'il n'avait pas révélé la vertu et la gloire du Fr. Égide ; lors, il fit appeler les Frères-Mineurs qui vinrent le trouver au nombre de dix ; puis, il convoqua les Frères-Prêcheurs et devant tous il raconta la vision dont il avait été favorisé. Les Frères prirent des renseignements complets et circonstanciés et acquirent la certitude que Fr. Égide et ledit Frère-Prêcheur avaient quitté cette vie le même jour.

X. — *Comment Dieu avait accordé des grâces spéciales à Fr. Égide, et de l'année de sa mort.*

Le Fr. Bonaventure de Bagnorea disait de Fr. Égide que ce saint homme avait reçu de Dieu des grâces spéciales. Ces grâces lui étaient accordées en faveur de tous ceux qui se recommandaient à lui, avec une pieuse intention, pour toutes les choses qui concernent l'âme. Fr. Égide fit beaucoup de miracles pendant sa vie, et depuis sa mort, ainsi qu'il est raconté dans sa légende. Il passa de cette vie à la gloire éternelle l'an du Seigneur mil deux cent cinquante-deux, le jour de la fête de saint Georges, et il fut enterré à Pérouse dans le couvent des Frères-Mineurs.

CI-APRÈS COMMENCENT LES CHAPITRES

OU SE TROUVENT

LA VÉRITABLE DOCTRINE

ET LES PAROLES REMARQUABLES

DE FRÈRE ÉGIDE

I. — Chapitre des vices et des vertus.

La grâce de Dieu et la vertu sont la voie et les degrés par lesquels on monte au ciel; mais les vices et les péchés sont la route et l'escalier qui conduisent au plus profond de l'enfer. Les vices et les péchés sont des toxiques et des venins mortels; mais les vertus et les bonnes œuvres sont des remèdes bienfaisants. Une grâce conduit et attire après elle une autre grâce; un vice attire derrière lui un autre vice. La grâce n'a pas le désir des louanges; le vice ne peut souffrir l'indifférence. L'âme, dans l'humilité, trouve le repos et la paix; la patience est sa fille. La sainte pureté du cœur voit Dieu; mais la vraie dévotion le goûte.

Si tu aimes, tu seras aimé. Si tu sers, tu seras servi. Si tu crains, tu seras craint. Si tu te comportes avec bonté à l'égard d'autrui, les autres se comporteront de même vis-à-vis de toi. Mais bienheureux celui qui aime vraiment et ne désire pas d'être aimé! Bienheureux celui qui craint et qui ne souhaite pas d'être craint! Bienheureux celui qui sert et qui ne demande pas à être servi! Bienheureux celui qui se comporte avec bonté à l'endroit des autres, et qui ne prétend pas être traité de même par autrui! Mais tout cela est très élevé et d'une grande perfection; aussi les sots ne peuvent-ils connaître ni acquérir ces vertus.

Trois choses te sont très importantes et très utiles; si tu les acquiers, tu ne pourras plus jamais tomber... La première c'est que tu supportes volontiers et avec allégresse, toute tribulation qui pourra t'arriver pour l'amour de Jésus-Christ. La seconde c'est que tu t'humilies tous les jours dans tout ce que tu fais et dans tout ce que tu vois. La troisième c'est que tu aimes fidèlement le bien céleste et invisible, et de tout ton cœur, alors que les yeux du corps ne peuvent le voir.

Tout ce qui est méprisé et blâmé par les mondains, est vraiment ce qui est le plus agréable à Dieu et à ses saints, et le mieux accueilli par eux. Tout ce qui est le plus aimé, le plus honoré par les mondains et tout ce qui leur plaît le plus, est le plus méprisable, le plus blâmable et le plus en horreur auprès de Dieu et de ses saints. Ce désordre affreux procède de l'ignorance et de la malice humaines; parce que l'homme, dans sa misère, aime le plus ce qu'il devrait haïr, et il déteste précisément tout ce qu'il devrait aimer.

Fr. Égide interrogea un jour un autre Frère : « Dis-moi, mon très cher, ton âme est-elle en bon état? » Le Frère répondit : « Cela, je n'en sais rien moi-même. » Et alors Fr. Égide lui dit : « Mon cher Frère, je veux que tu saches que la sainte contrition, la sainte humilité, la sainte charité, la sainte dévotion et la sainte allégresse mettent l'âme en bon état et la rendent bienheureuse. »

II. — Chapitre de la Foi.

Tout ce que l'on peut penser dans son cœur, dire avec sa langue, voir avec ses yeux, et palper avec ses mains, tout cela n'est rien à l'égard et en comparaison de ce qui ne peut ni se penser ni se voir, ni se toucher. Tous les saints, tous les sages et savants qui ont passé sur terre, tous ceux qui vivent actuellement, tous ceux qui viendront après nous, ont parlé ou écrit, parleront ou écriront sur Dieu. Mais tout ce qu'ils ont dit, tout ce qu'ils pourront dire sur Dieu, ne sera même pas ce qu'est un grain de mil comparé au ciel et à la terre, et même un million de fois moins encore.

Quand la sainte Écriture elle-même parle de Dieu, elle balbutie, comme fait une mère qui balbutie avec son enfant, qui ne pourrait pas la comprendre si elle parlait d'une autre façon.

S'adressant à un juge séculier, Fr. Égide lui

dit un jour : « Crois-tu que les dons de Dieu soient grands? » Le juge répondit : « Je le crois. » Fr. Égide reprit : « Je veux te démontrer que tu ne le crois pas avec sincérité » puis il lui demanda : « Combien vaut tout ce que tu possèdes en ce bas monde? » Le juge répondit : « Cela vaut bien mille livres. » Alors Fr. Égide lui dit : « Donnerais-tu tous tes biens pour dix mille livres? » Le juge répartit sans hésiter : « Certes, je les donnerais très volontiers. » Fr. Egide alors lui dit : « C'est une chose assurée que tous les biens de ce monde ne sont rien en comparaison des biens célestes. Eh donc! pourquoi ne donnes-tu pas au Christ tout ce que tu possèdes, pour acquérir les biens célestes et éternels? » Alors, le juge, savant de la folle science mondaine, répondit à Fr. Égide qui était pur et simple : « Dieu t'a donné en abondance la science de la divine folie. Mais, crois-tu Frère Égide qu'il y ait un homme qui soit capable de manifester par ses actes extérieurs, absolument tout ce qu'il croit intérieurement? » Fr. Égide répartit : « Observe-le, mon très cher, il est très certain que tous les saints se sont efforcés d'accomplir par des actes tout ce qu'ils pouvaient et savaient comprendre des volontés de Dieu, selon ce qu'il leur était possible. Tout ce qu'ils ne pouvaient mettre en pratique par leurs actions, ils y suppléaient par les saints désirs de leur volonté. De telle sorte que c'était par les désirs de l'âme qu'ils suppléaient à ce qu'il leur était réellement impossible d'accomplir par des actes extérieurs.

Fr. Égide dit encore : « Si on trouvait un homme dont la foi fut parfaite, en peu de temps on le verrait arriver à un état de complète perfection, par lequel il lui serait donné une certitude absolue de son salut. L'homme qui, avec une foi solide, n'attend que les biens éternels, suprêmes, les plus grands de tous, quel dommage ou quel mal peuvent lui causer les adversités temporelles, quelles qu'elles soient, dans la vie présente? Et l'homme misérable qui n'attend que le mal éternel, quel bien peuvent lui procurer la prospérité et l'abondance des richesses temporelles en ce monde? Et cependant, quelque grand pécheur qu'il soit, l'homme ne doit jamais désespérer, tant qu'il vit, de l'infinie miséricorde de Dieu : il n'y a pas d'arbre si épineux, si tordu, si noueux qui ne puisse être aplani, poli, orné et embelli par les hommes. Et de même, il n'y a pas d'homme au monde, si criminel et si pécheur qu'il soit, que Dieu ne puisse convertir et embellir de grâces singulières et des dons les plus nombreux de vertu. »

III. — Chapitre de la sainte humilité.

Personne ne peut arriver à la connaissance et à l'intelligence de Dieu que par la vertu de la sainte humilité; car le droit chemin pour monter, c'est de descendre. Tous les périls, toutes les chutes éclatantes qui se sont produites en ce monde n'ont pas d'autre origine que l'orgueil qui nous fait porter si haut la tête et si haut l'esprit. Et la preuve, nous la voyons par la chute du démon qui a été chassé du ciel, par la chute de notre premier père, Adam, qui fut chassé du paradis; il a levé trop haut la tête et a refusé d'obéir; nous la trouvons encore, cette preuve, dans la conduite de ce pharisien dont parle le Christ dans l'Évangile, et dans beaucoup d'autres exemples.

Nous voyons au contraire que toutes les plus grandes faveurs qui ont été accordées en ce monde, ont été méritées, sans exception, par ceux qui ont courbé la tête et humilié leur esprit : nous en trouvons la preuve dans l'exemple donné par la bienheureuse et très humble Vierge Marie, par le publicain, par le saint larron sur la croix et par beaucoup d'autres dont parle la sainte Écriture. Lors, il serait bon pour nous d'avoir un poids gros et pesant continuellement attaché à notre cou; il nous ferait sans cesse baisser la tête, c'est-à-dire qu'il nous forcerait toujours à nous humilier.

Un Frère interrogea un jour Fr. Égide : « Dis-moi, Père, de quelle façon pouvons-nous fuir l'orgueil? » Fr. Égide lui répondit : « Mon Frère, retiens-bien ceci, que tu ne pourras jamais espérer fuir l'orgueil, si tu ne mets d'abord ta bouche à la hauteur de tes pieds; mais si tu considères avec soin les bienfaits de Dieu, alors tu seras convaincu que, par reconnaissance, tu est tenu de courber la tête. Puis, si tu réfléchis bien à tes imperfections, à toutes les nombreuses offenses que tu as faites à Dieu, en tout et partout tu trouveras des motifs de t'humilier. Mais malheur à ceux qui veulent être honorés parce qu'ils font le mal ! Un premier degré d'humilité existe chez celui qui reconnaît dans ses actes ceux qui sont contraires à son propre bien. C'est un autre degré d'humilité que de rendre à autrui ce qui lui appartient et ne pas se l'approprier. Ce qui revient à dire que tous les biens et toutes les vertus que l'homme rencontre en lui-même, il ne doit pas se les attribuer, mais à Dieu seul, duquel procède toute grâce et tout bien. Mais tout péché, toute passion de l'âme, tous les vices que l'homme trouve en lui, il doit se les attribuer à lui-même, car ils ne viennent que de lui, de sa propre malice et non d'ailleurs.

« Bienheureux l'homme qui se reconnaît et s'estime le plus vil devant Dieu et aussi devant les hommes ! Bienheureux celui qui se juge toujours lui-même et se condamne lui-même et ne juge ni ne condamne autrui ! Celui-là ne sera pas jugé lors de ce terrible et dernier jugement éternel ! Bienheureux celui qui va se mettre humblement sous le joug de l'obéissance et qui se soumet au jugement d'autrui, comme l'ont fait les saints apôtres avant et après la descente du Saint-Esprit sur eux ! »

Fr. Égide disait encore : « Celui qui veut acquérir et posséder la paix parfaite et le repos complet doit regarder tout homme comme son supérieur, et se considérer toujours lui-même comme le serviteur et l'inférieur de tous les autres. Heureux l'homme qui ne veut pas être vu, ni connu par ses habitudes extérieures et son langage, et auquel suffisent l'ajustement de la pureté et l'ornement de la simplicité avec lesquelles Dieu l'a paré et embelli! Heureux celui qui sait garder et cacher les révélations et les consolations divines! Car il n'est pas de chose si secrète que Dieu ne révèle quand cela lui plaît! S'il se trouvait un homme qui, étant le plus parfait et le plus saint du monde, s'estimerait et se croirait vraiment le pécheur le plus misérable et l'homme le plus vil, celui-là aurait véritablement en lui l'humilité complète. La sainte humilité ne sait pas discourir et la bienheureuse crainte de Dieu ne sait pas parler! »

Fr. Égide disait aussi : « L'humilité me paraît semblable à la foudre. La foudre fait un fracas terrible, rompt, brise, consume tout ce qu'elle rencontre, puis, elle disparaît, sans qu'on la puisse retrouver. De même l'humilité fracasse, dissipe, brûle toute malice, tout vice, tout péché, puis on ne trouve plus rien d'elle-même en soi. Celui qui possède l'humilité, par elle trouve grâce auprès de Dieu, et la paix parfaite auprès du prochain. »

IV. — De la sainte crainte de Dieu.

Celui qui ne craint pas, montre qu'il n'a rien à perdre. La sainte crainte de Dieu dirige, gouverne et régit l'âme et la fait arriver à la grâce. Quand on possède quelque grâce, quelque vertu divine, c'est par la sainte crainte qu'on peut les conserver; et celui qui n'a pas encore acquis la vertu ou la grâce, la sainte crainte les lui fait obtenir.

La sainte crainte de Dieu conduit à la grâce, car elle fait rapidement parvenir l'âme de sa demeure actuelle jusqu'à la vertu sainte et aux grâces divines. Toutes les créatures qui jusqu'à présent sont tombées dans le péché, ne seraient jamais tombées si elles avaient eu la sainte crainte de Dieu. Mais ce don si saint de la crainte n'est accordé qu'aux âmes parfaites; car, plus l'homme est parfait, plus il est craintif et humble.

Bienheureux celui qui se considère en ce monde comme dans une prison, et qui se rappelle combien il a gravement offensé son Seigneur! L'homme devrait toujours grandement craindre l'orgueil qui peut lui donner une poussée, et le faire tomber de l'état de grâce où il est, dans le péché; on ne peut jamais être en sûreté quand on reste exposé à ses ennemis; et nos ennemis sont les plaisirs de ce monde misérable, et aussi notre propre chair, laquelle s'unissant aux démons, sera toujours la véritable ennemie de notre âme. Il faut que l'homme craigne bien davantage d'être trompé ou vaincu par sa propre malice, que par tout autre ennemi. Et c'est une chose impossible à l'homme de s'élever et de parvenir jusqu'à une grâce quelconque ou une vertu divine, et d'y persévérer quand il y est arrivé, sans la sainte crainte.

Quiconque n'a pas la crainte de Dieu est en danger de périr et même d'être bientôt complètement et définitivement perdu. La crainte de Dieu fait obéir l'homme avec humilité, et lui fait baisser la tête sous le joug de la sainte obéissance; plus sa crainte est grande, plus l'homme adore le Créateur avec ferveur. Ce n'est pas, pour celui qui le reçoit, un don de peu d'importance que le don de l'oraison.

Les actions vertueuses des hommes, quelque grandes qu'elles me paraissent, ne sont pas comptées ni récompensées selon le prix que nous y attachons nous-mêmes, mais selon ce que Dieu les estime et selon qu'il lui plaît; car Dieu n'a pas égard à l'importance de nos efforts, mais il évalue notre amour et notre humilité. Aussi, pour nous, le parti le plus sûr à prendre est de toujours aimer et de toujours craindre avec humilité, de ne jamais compter sur nous-mêmes pour obtenir aucun bien; et de nous défier toujours des pensées qui naissent dans notre esprit sous les apparences du bien.

V. — Chapitre de la sainte patience.

Celui qui supporte et souffre les tribulations avec une humilité constante et une patience persévérante, par fervent amour de Dieu, celui-là bientôt arrivera à obtenir les plus grandes grâces, parviendra aux plus hautes vertus, sera maître en ce monde, et recevra des gages de son entrée glorieuse en l'autre monde.

Tout ce que l'homme fait, soit en bien soit en mal, c'est à lui-même qu'il le fait ; aussi ne te scandalise jamais contre celui qui t'outrage, mais fais preuve alors d'une humble patience, afflige-toi du péché de cet homme, aie compassion de lui, et prie Dieu pour lui, d'une façon qui sera très efficace.

L'homme qui est fort à supporter et à souffrir les outrages et les tribulations, qui montre une inébranlable patience pour l'amour de Dieu, est d'autant plus grand aux yeux de Dieu, et le devient toujours davantage ; et plus l'homme est faible à supporter les douleurs et les adversités que l'amour de Dieu lui envoie, plus il est petit auprès de Dieu.

Si quelqu'un te loue, et dit du bien de toi, rapporte ces louanges à Dieu seul ; et si quelqu'un dit du mal de toi ou te méprise, aide-le, en disant de toi tout le mal possible, et pire encore.

Si tu veux avoir la bonne part, applique-toi à rendre mauvaise la tienne, et bonne, celle d'autrui ; accuse-toi donc toi-même, et loue toujours, excuse toujours, ton prochain.

Lorsque quelqu'un veut contester ou disputer avec toi, si tu veux triompher, perds, et tu gagneras ; car, si tu veux discuter pour gagner ta cause, quand tu croiras avoir triomphé, c'est alors que tu verras que tu as perdu, et complètement. Aussi, mon cher Frère, crois-bien et sois assuré que pour te sauver, il faut perdre.

Quand nous ne savons pas supporter les tribulations, nous ne pouvons aspirer aux éternelles consolations. C'est une consolation bien plus grande, et une action bien plus méritoire, de supporter les outrages et les opprobres pour l'amour de Dieu, sans murmurer, que de nourrir cent pauvres, et de jeûner continuellement, tous les jours. Et, quelle utilité y a-t-il pour l'homme, et en quoi cela lui profite-t-il, de se mépriser lui-même, d'infliger mille tourments à son corps par de longs jeûnes, des veilles, des coups de discipline,s'il ne peut supporter une petite injure de la part de son prochain? Rien ne nous vaudra une récompense plus haute, que toutes les afflictions que nous pourrons nous imposer de notre propre volonté, rien ne nous donnera un plus grand mérite. Car, supporter les mépris et les outrages du prochain, avec une patience humble, sans murmurer, nous purifie de nos péchés, bien mieux que ne le ferait une fontaine de larmes.

Bienheureux celui qui conserve toujours devant les yeux de son esprit, le souvenir de ses péchés, et la mémoire des bienfaits de Dieu! C'est lui qui supportera avec patience toute tribulation et toute adversité; il en attendra les plus grandes consolations. L'homme vraiment humble n'espère de Dieu aucun mérite, aucune récompense; mais il s'applique à le satisfaire en toutes choses, sachant bien qu'il est le débiteur de Dieu. Tout ce qu'il a, l'homme vraiment humble, reconnaît qu'il ne le tient que de la seule bonté de Dieu, et non de son propre mérite ; toutes les adversités, il reconnaît qu'il les mérite véritablement par ses péchés.

Un Frère interrogea le Fr. Egide, lui demandant : « Père, si actuellement, nous étions en butte à de grandes adversités ou de grandes tribulations, que devrions-nous faire en pareil cas ? » Fr. Egide lui répondit : « Mon Frère, je veux que tu saches, que si le Seigneur faisait pleuvoir du ciel des pierres et des flèches, elles ne pourraient nous nuire ni nous causer aucun dommage, si nous étions tels que nous devrions être, car, si l'homme était d'une façon absolue ce qu'il devrait être, tout mal et toute tribulation se changeraient en bien : « Ne savons « nous pas, comme dit l'Apôtre, que pour ceux « qui aiment Dieu, tout se convertit en bien ? » Et de même, pour l'homme qui a de mauvaises affections tous les biens se changent en maux, et deviennent autant de sujets de condamnation.

« Si tu veux te sauver, et aller à la céleste gloire, tu ne dois jamais désirer te venger, ni faire justice d'aucune créature ; car l'héritage des saints est de faire toujours le bien et de recevoir toujours le mal. Si tu connaissais en vérité combien, et jusqu'à quel point, tu as gravement offensé ton Créateur, tu reconnaîtrais que, si toutes les créatures te persécutent, t'infligent des peines et des tribulations, cela est juste et tu l'as mérité ; ce sont elles en effet qui tirent vengeance de toutes tes offenses envers ton Créateur.

« Se vaincre soi-même, c'est faire preuve d'une très haute et très abondante vertu, car celui qui sait se vaincre triomphera de ses ennemis, et persévèrera dans tout bien ; se laisser vaincre par tous les hommes, sera le fait d'une vertu bien plus grande encore, car on devient alors le maître de tous ses ennemis qui sont les vices, les démons, le monde, et sa propre chair.

« Si tu veux te sauver, renonce à toutes les consolations que pourraient te procurer toutes les choses de ce monde et toutes les créatures mortelles ; méprise-les ; car les chutes qui viennent des prospérités et des consolations sont plus profondes et plus fréquentes que celles dues aux adversités et aux tribulations. »

Un religieux murmurait un jour devant Fr. Egide, contre son supérieur, qui lui avait imposé l'obéissance avec une grande sévérité. Fr. Egide lui dit : « Mon très cher, plus tu murmureras, et plus tu appesantiras ton fardeau, plus il te sera lourd à porter ; mais, plus tu mettras d'humilité et de dévotion à courber la tête sous le joug de la sainte obéissance, et plus il te sera facile et suave d'obéir à l'ordre que tu as reçu.

« Mais il me semble que tu ne veux pas être méprisé en ce monde pour l'amour du Christ, et que cependant tu veux être glorifié dans l'autre monde avec le Christ ! Tu ne veux être en ce monde ni persécuté ni maudit pour le Christ, et cependant tu veux que le Christ te reçoive et te bénisse dans l'autre monde ! Tu ne veux pas te donner de la peine en ce monde, et dans l'autre tu voudrais bien te reposer et être tranquille ! Hé bien, moi, je te le dis : Frère, Frère, tu te trompes grandement : c'est par la voie de la bassesse, et de la honte, et des opprobres que l'homme parvient aux véritables honneurs célestes ; c'est en supportant patiemment les dérisions et les malédictions pour l'amour du Christ, que l'homme arrive à la gloire du Christ. Aussi ce proverbe mondain est-il bien vrai : « Celui qui ne donne pas ce qui lui coûte, ne « reçoit jamais ce qu'il désire. »

« Voyez le cheval, il a un naturel qui le rend très utile. Quoiqu'il puisse courir avec rapidité, il se laisse cependant diriger, guider, tourner à droite ou à gauche, avancer ou reculer, selon la volonté du cavalier ; c'est ainsi que doit faire un serviteur de Dieu ; il faut qu'il se laisse diriger, guider, manier et ployer à la volonté de son supérieur, et même à la volonté de tout autre, pour l'amour du Christ.

« Si tu veux être parfait applique-toi avec soin à être aimable et vertueux ; combats valeureusement tes vices ; supporte patiemment toutes les adversités, pour l'amour de ton Seigneur tourmenté, affligé, outragé, frappé, crucifié et mort par amour pour toi ; car tu sais bien que ce n'était ni pour ses fautes, ni pour sa gloire, ni pour ses intérêts, mais uniquement pour ton salut que le Christ a souffert.

« Pour arriver à ce que je t'ai dit, il te faut d'abord te vaincre toi-même ; car, c'est peu de chose pour l'homme de diriger et de conduire à Dieu les âmes, s'il ne commence pas par se vaincre lui-même, se diriger et se conduire à Dieu. »

VI. — Chapitre de l'oisiveté.

L'homme qui demeure oisif perd ce monde et perd aussi l'autre; en effet, il ne fait aucun profit pour lui-même et n'est d'aucune utilité pour autrui. Il est impossible de pouvoir jamais acquérir la vertu sans des soins et des travaux assidus. Quand tu peux demeurer en sûreté, pourquoi te tenir dans une situation pleine d'incertitudes? Il est en sûreté celui qui supporte les soucis, les afflictions, le travail et la fatigue, selon ce que veut Dieu, et pour l'amour de Lui, et non par crainte du châtiment, et par désir de la récompense.

Celui qui refuse l'affliction et le labeur que lui impose l'amour du Christ, celui-là refuse véritablement de partager la gloire du Christ : de même que les soucis nous sont utiles et nous profitent, la nonchalance nous est nuisible.

L'oisiveté, c'est la route qui mène à l'enfer; l'empressement au travail est saint, et c'est la route qui conduit au ciel. L'homme devrait consacrer ses soins les plus assidus à acquérir et à conserver les vertus et les grâces qu'il reçoit de Dieu; il devrait toujours agir avec fidélité sous la direction de ces vertus et de ces grâces. Il arrive souvent que l'homme en n'agissant pas avec fidélité, perd le fruit par les feuilles, ou le grain par la paille. A quelques-uns Dieu accorde gracieusement de bons fruits, avec peu de feuilles, à d'autres Il donne tout ensemble les fruits et les feuilles; il y en a d'autres enfin qui n'obtiennent ni fruits ni feuilles.

Il me semble aussi plus important de savoir bien garder et conserver secrètement les biens et les grâces que le Seigneur vous donne, que de savoir les acquérir. En effet, lors même que l'homme saurait faire un gain considérable, s'il ne sait ni enfermer, ni conserver ce qu'il possède, il ne sera jamais riche. Mais il en est qui savent amasser petit à petit, peu à peu, et deviennent riches, parce qu'ils savent bien conserver leur gain et leur trésor. Oh! quelle énorme quantité d'eau pourrait avoir le Tibre, s'il ne la laissait s'écouler par aucune issue!

L'homme demande à Dieu des dons infinis, sans mesure, et sans limites, et il ne veut aimer Dieu qu'en donnant à son amour une mesure et une fin. Celui qui veut être aimé de Dieu et recevoir de lui une récompense infinie, excessive, sans mesure, celui-là doit aimer Dieu démesurément et extraordinairement, et le servir toujours, sans fin. Bienheureux celui qui de toutes les forces de son cœur et de son esprit aime Dieu, et tourmente son corps et son esprit pour l'amour de Dieu! Il ne demande au ciel aucune récompense, mais uniquement de se reconnaître débiteur de Dieu!

Si un homme se rencontrait, pauvre, misérable, et qu'un autre vint lui dire : « Je vais te prêter, pour trois jours, une chose très précieuse; et n'oublie pas que si tu sais bien t'en servir pendant ces trois jours, tu auras comme bénéfice un trésor immense, avec lequel tu pourras être toujours riche! » Il est bien certain que ce pauvre homme mettrait une sollicitude infinie à se servir bien et soigneusement d'une chose si précieuse, et s'appliquerait de toutes ses forces à la faire fructifier. Et moi, je te dis qu'il en est de même de notre corps, que la main de Dieu nous prête; ce Dieu si bon, nous l'a prêté pour trois jours. Car, tout le temps de notre vie, toutes les années que nous passons sur terre, peuvent se comparer à trois jours. Lors, si tu veux être riche et goûter éternellement les divines douceurs, applique-toi à faire un bon usage de ce que la main de Dieu te prête, et à le faire fructifier; c'est ton corps qu'il te prête, et que tu n'as que pour trois jours : c'est-à-dire pour le temps si bref de ta vie.

Si tu ne fais pas profit de la vie présente, pendant que tu en as le temps, tu ne pourras pas jouir des richesses éternelles, et tu ne pourras pas te reposer saintement dans la quiétude absolue et céleste. Supposons que toutes les richesses de la terre puissent appartenir à une seule personne, qui ne les ferait fructifier ni par elle-même, ni par autrui? De quel profit, de quelle utilité seraient pour cette personne toutes les richesses? Il est absolument certain qu'elle n'en retirerait rien, et que tout lui serait inutile. Mais si un homme qui a peu de biens, les fait fructifier, ce lui sera fort utile; il en retirera pour lui et pour autrui un profit important et abondant.

Un proverbe mondain dit : « Si ta marmite est vide, ne la mets pas sur le feu, en comptant sur ton voisin pour la remplir. » Dieu ne veut pas non plus qu'aucune grâce reste vide : ce Dieu si bon n'accorde pas sa grâce à l'homme pour qu'il la laisse vide; il ne la donne que pour que l'homme la remplisse avec le résultat de ses bonnes œuvres. La bonne volonté ne suffit pas, si on ne s'applique pas à la seconder et la remplir par l'action des œuvres saintes.

Un jour, s'adressant à Fr. Égide, un désœuvré lui dit : « Mon Père, je t'en prie, donne-moi donc quelques consolations. » Fr. Égide lui répondit : « Mon Frère, applique-toi à te tenir bien avec Dieu, et aussitôt tu éprouveras la consolation qui te manque. Si tu ne prépares pas dans ton âme, une demeure où puisse habiter et se reposer ton Dieu, tu ne trouveras jamais ni retraite, ni repos, ni consolation véritable auprès des créatures. Quand on veut faire le mal, on ne demande jamais beaucoup de conseils pour le commettre; mais pour faire le bien, beaucoup cherchent des conseils, et sont fort longs à se décider. »

Fr. Égide disait un jour à ses compagnons : « Mes Frères il me semble que de nos jours on ne trouve plus personne qui veuille faire ce qui serait le plus avantageux et pour l'âme et même aussi pour le corps. Croyez-moi, mes Frères, et je pourrais jurer que c'est vrai, plus on évite le fardeau et le joug du Christ, plus on le rend pénible pour soi-même, plus on le trouve lourd, plus son poids devient accablant. Et plus on accepte ce joug avec empressement, en ajoutant volontairement au poids qui vous pèse, plus on le trouve léger, plus il est doux à porter. Plût à Dieu que l'homme en ce monde s'appliquât toujours aux intérêts de son corps, parce qu'il travaillerait en même temps au bien de son âme! En effet, le corps et l'âme devront sans aucun doute se réunir pour supporter ensemble les mêmes souffrances, ou jouir ensemble du même bonheur; ensemble l'âme et le corps souffriront toujours en enfer des peines éternelles, en même temps que d'inexprimables tourments; ou bien, ensemble, ils goûteront avec les saints et les anges, des joies sans fin, et des consolations inénarrables, par le mérite des bonnes œuvres. Le bien que l'on fait, le pardon complet des injures, deviennent des œuvres mauvaises, sans l'humilité. Il s'en est vu beaucoup dont tous les actes semblaient bons et louables; mais ils n'avaient pas l'humilité; aussi a-t-on découvert et constaté que toutes les actions de ces hommes étaient inspirées par l'orgueil; leurs œuvres elles-mêmes l'ont démontré. Ce qui est fait avec humilité ne se corrompt jamais. »

Un Frère disait à Fr. Égide : « Père, il me semble que nous ne savons pas encore apprécier tout ce que nous possédons. » Fr. Égide lui répondit : « Mon Frère, il est certain que chacun travaille dans le métier qu'il a appris; parce que personne ne peut travailler, si, tout d'abord il n'a été apprenti. Lors, je veux que tu saches mon Frère que le métier le plus noble qu'il y ait au monde, est de bien travailler. Et, qui peut le savoir, ce métier, si, d'abord il ne l'a pas appris? Bienheureux celui qu'aucune chose créée ne peut scandaliser; mais encore plus heureux est celui qui reçoit en lui-même une véritable édification de tout ce qu'il voit et de tout ce qu'il entend! »

VII. — Chapitre du dégoût des choses du monde.

Il éprouvera bien des douleurs et bien des maux, l'homme misérable qui place son désir, son cœur et son espérance dans les choses terrestres; elles lui feront abandonner et perdre les choses du ciel, et, enfin de compte, il perdra aussi les choses de la terre.

L'aigle vole au plus haut des airs : s'il avait un poids quelconque attaché à ses ailes, il ne pour-

23

rait voler très haut. L'homme, accablé par le poids des choses terrestres, ne peut prendre son vol, bien haut, c'est-à-dire ne peut arriver à la perfection; mais, l'homme sage, qui attache aux ailes de son cœur le poids de la pensée de la mort et du jugement, éprouvera une frayeur salutaire qui l'empêchera de courrir, de voler, à la recherche des vanités ou des richesses de ce monde, qui sont autant de causes de damnation.

Tous les jours nous voyons dans ce monde des hommes qui travaillent, qui s'épuisent grandement, qui s'exposent aux plus graves dangers corporels, pour acquérir ces trompeuses richesses; puis, quand ils ont bien travaillé, et beaucoup acquis, ils meurent en un moment, et ils laissent là tout ce qu'ils avaient amassé pendant la durée de leur vie. Aussi, ne faut-il jamais se fier à ce monde trompeur, qui abuse de la crédulité de quiconque croit en lui; car, c'est un menteur! Mais, celui qui a le désir et la volonté d'être grand et très riche, celui-là recherche et aime les richesses et les biens éternels, qui rassassient toujours, ne dégoûtent et ne diminuent jamais. Si nous ne voulons pas nous tromper, imitons les animaux et les oiseaux; quand ils ont pris leur nourriture ils sont satisfaits, et ne cherchent rien que leur vie de temps à autre, quands ils en sentent le besoin; l'homme devrait faire de même, et se contenter seulement du nécessaire avec modération, sans rechercher le superflu.

Fr. Égide disait que les fourmis n'étaient pas aussi aimées de saint François que les autres animaux, à cause du soin extrême qu'elles ont d'amasser et d'enfermer des provisions de grains pendant l'été, pour l'hiver; mais qu'il préférait de beaucoup les oiseaux parce qu'ils n'amassent rien d'un jour sur l'autre. Mais, cependant, ajoutait-il, la fourmi nous donne un exemple à suivre : nous ne devons pas rester oisifs pendant l'été de la vie présente, pour éviter de nous trouver au dépourvu et sans provisions, quand arrivera l'hiver du jugement dernier, notre fin.

VIII. — Chapitre de la sainte chasteté.

Notre fragile et misérable chair est semblable à un porc qui n'est jamais si heureux que lorsqu'il gît dans la fange, et si vautre ; pour lui, la fange est sa plus grande délectation ! Notre chair devient alors le chevalier du démon, car elle repousse et combat tout ce qui est conforme à la volonté de Dieu, et tout ce qui assurerait notre salut.

Un Frère interrogea Fr. Égide : « Père, enseignez-moi de quelle façon nous pouvons nous préserver du péché de la chair ? » Fr. Égide lui répondit : « Mon Frère, celui qui veut déplacer un fardeau très lourd, ou une grosse pierre, pour la transporter ailleurs, doit chercher à y arriver plus par l'adresse que par la force. Nous sommes ainsi : si nous voulons triompher des vices de la chair, et acquérir la vertu de chasteté, nous y parviendrons beaucoup plus par l'humilité, et par une direction spirituelle bonne et discrète, que par une austérité présomptueuse, et par la sévérité de nos pénitences.

« Tous les vices troublent et obscurcissent la sainte et resplendissante chasteté ; la chasteté ressemble à un clair miroir qui s'obscurcit et se salit, non seulement par le contact de ce qui souille, mais même par le simple souffle de l'homme. Il est impossible de parvenir à aucune grâce spirituelle, tant qu'on éprouve des inclinations, des concupiscences charnelles, et qu'on s'y abandonne. Aussi tourne-toi et retourne-toi comme tu voudras, tu ne trouveras pas d'autre remède pour pouvoir parvenir à la grâce, que de mettre sous tes pieds toute espèce de vice charnel. Lors, combats vaillamment contre ta chair, si sensuelle et si fragile ; c'est elle qui est vraiment ton ennemie ; elle t'attaque la nuit et le jour. Celui qui saura vaincre cette chair, notre plus mortelle ennemie, est assuré de vaincre et de mettre en fuite tous ses autres ennemis. Il arrivera bientôt aux plus grandes grâces spirituelles, et à un état absolu de vertu et de perfection. »

Fr. Égide disait : « Parmi toutes les autres vertus, c'est la vertu de chasteté que je mets en première ligne ; en elle seule, cette très suave chasteté, existe déjà une perfection ; alors qu'aucune autre vertu ne peut être parfaite sans la chasteté. » Un Frère lui demanda :

« Père, la vertu de charité n'est-elle pas plus grande et plus excellente que la vertu de chasteté ? » — « Dis-moi, Frère », lui répondit Fr. Égide, « y a-t-il au monde rien de plus chaste que la charité ? »

Très souvent, Fr. Égide chantait ce sonnet ; « O sainte chasteté ! Oh ! que tu es excellente ! Tu es d'un prix inestimable ! Ton odeur est telle, et si suave, que celui qui ne t'a pas goûtée ne connaît pas ce que tu vaux. Aussi, les fous ne connaissent-ils pas ton prix ! »

Un Frère interrogea Fr. Égide, lui disant : « Père, toi qui nous recommande tant la vertu de chasteté, je t'en prie, dis-moi en quoi elle consiste ? » Fr. Égide lui répondit : « Mon Frère, je te le dis, la chasteté est la préservatrice pleine de sollicitude, la gardienne continuelle qui conserve pour Dieu seul, purs et sans tache, les sens corporels et spirituels. »

IX. — Chapitre des tentations.

Ces grâces que l'homme reçoit de Dieu, il ne peut les conserver dans la paix et la tranquillité. Mille tourments, mille contrariétés, mille adversités s'élèvent bientôt, et viennent troubler ces grâces. Et d'ailleurs, plus l'homme est agréable à Dieu, plus il est l'objet des combats et des luttes que les démons entreprennent contre lui ; aussi, ne doit-on jamais cesser de combattre, si l'on veut conserver la grâce qu'on a reçue de Dieu. Plus la bataille sera rude, plus la couronne sera précieuse. Pour nous, nous n'avons ni beaucoup de luttes, ni beaucoup d'obstacles, ni beaucoup de tentations, aussi ne sommes-nous pas ce que nous devrions être dans la vie de l'esprit. Mais il est cependant très vrai que si nous suivions bien la voie de Dieu, et avec discrétion, nous n'aurions ni fatigues, ni ennuis dans notre voyage. Quant à l'homme qui suit la voie du siècle, il ne pourra jamais échapper aux fatigues, aux ennuis, aux angoisses, aux tribulations et aux douleurs, jusqu'à la mort.

Un Frère dit à Fr. Égide : « Mon Père, il me semble que tu dis des choses qui se contredisent : tu as d'abord affirmé que plus l'homme est vertueux et agréable à Dieu, plus il a de contrariétés et de luttes à supporter dans la vie spirituelle, et puis, tu as dit tout le contraire, en déclarant que l'homme qui suit sans s'en écarter et avec discrétion la voie de Dieu, ne ressentirait ni fatigue, ni ennui dans son voyage. » Alors, Fr. Égide, expliquant la contradiction de ces deux affirmations, lui répondit : « Mon Frère, il est bien certain que les démons assaillent et combattent à l'aide des plus violentes tentations, beaucoup plus les hommes de bonne volonté, selon Dieu, que ceux qui n'ont pas cette bonne volonté. Mais celui qui marche dans la voie de Dieu avec ferveur et discrétion, que peuvent contre lui tous les démons et toutes les adversités du monde ? Quelles fatigues quels ennuis, quels dommages peuvent-ils lui causer ? Ses ennemis savent et voient que cet homme leur vendrait sa marchandise mille fois plus cher qu'elle ne vaut. C'est avec certitude que je te le dis : Plus celui qui est enflammé du feu de l'amour divin est combattu par les vices, plus il les a en horreur et en abomination.

« Les plus cruels des démons ont l'habitude d'assaillir et de tenter l'homme, quand il souffre de quelque maladie, ou que son corps est devenu débile ; ainsi, quand il éprouve quelqu'inquiétude, ou qu'il souffre du froid, qu'il est tourmenté, ou qu'il a faim ou soif ; ou bien encore lorsqu'il a été en butte aux injures et aux mépris ; ou, que quelque préjudice matériel ou moral l'a atteint. Ils savent bien les maudits, qu'à ces moments-là, et à ces heures de souffrances, l'homme est plus disposé à accepter les tentations. Mais je te le dis : par chaque tentation que tu repousseras, par chaque vice que tu triompheras, tu gagneras une vertu. La victoire que tu remporteras sur le vice qui t'assiège, te méritera des grâces d'autant plus grandes et une couronne d'autant plus précieuse. »

Un Frère demanda un jour conseil à Fr. Égide, lui disant : « Père, bien souvent je suis tenté par la pire des tentations, bien souvent j'ai prié Dieu de m'en délivrer ; et, cependant, le Seigneur ne me l'enlève pas. Conseille-moi, Père, que dois-je faire ? » Fr. Égide répondit : « Mon Frère, quand un roi donne à ses chevaliers pour qu'ils puissent s'en revêtir de splendides et fortes armures, c'est qu'il exige d'eux, qu'ils combattent d'autant plus ses ennemis, par affection pour lui. »

Un autre Frère s'adressant à Fr. Égide, lui demanda : « Père, quel moyen dois-je employer pour aller à l'oraison plus volontiers, avec plus de désir, et avec plus de ferveur ? Car, quand je vais à l'oraison, je suis sec, paresseux, aride, et sans dévotion. » Fr. Égide lui répondit : « Un roi a deux serviteurs : l'un a pour le combat toutes les armes nécessaires, l'autre n'a rien, pas d'armure, et cependant tous deux veulent entrer en lutte contre les ennemis de leur Roi. Celui qui est armé entre dans la bataille et combat valeureusement mais celui qui est sans arme dit à son maître : « Mon Seigneur, tu vois « que je suis nu et sans arme mais, par amour « pour toi, je veux entrer avec empressement « dans la mêlée, et je combattrai désarmé « comme je suis ! » Alors, le bon Roi, voyant le dévouement de son fidèle serviteur, dit à ses gens : « Allez avec mon serviteur que voici, re- « vêtez-le de toutes les armes qui lui sont néces- « saires pour la lutte, afin qu'il puisse entrer avec « assurance dans la bataille. Apposez mon sceau « royal sur toutes ses armes, afin que tout le « monde sache qu'il est mon chevalier fidèle. »

« Voilà ce qui arrive souvent quand on va à l'oraison ; on se trouve dénué de tout, sans dévotion, paresseux, le cœur sec; mais on s'efforce par amour pour le Seigneur, d'entrer dans la bataille de l'oraison. Alors, notre doux Roi et Seigneur, voyant les efforts de son chevalier, lui donne par les mains de ses ministres, les anges, dévotion, ferveur et bonne volonté.

« Il arrive quelquefois qu'on commence un travail qui exige une grande fatigue, comme défricher, ou cultiver, soit la terre soit la vigne, pour recueillir la récolte quand le moment sera venu. Beaucoup, par fatigue excessive, ou par suite de tourments quelconques, se lassent et en quelque sorte se repentent de l'ouvrage entrepris; mais, ceux qui persistent dans leurs labeurs jusqu'à la récolte, oublient alors tous leurs soucis, et se trouvent tout consolés et tout joyeux à la vue des fruits de la terre dont ils peuvent jouir. C'est ainsi : Quiconque résiste avec énergie aux tentations, parviendra aux plus hautes consolations; car, après les tribulations, dit saint Paul, viennent les consolations et les couronnes de la vie éternelle ; et ce n'est pas seulement dans le ciel que sera donnée la récompense à ceux qui résistent aux tentations, mais aussi dans cette vie. Le Psalmiste l'a dit : « Seigneur, selon la multi« tude des tentations et des douleurs qui m'as« siègent, vos consolations viendront réjouir mon « âme. » Or donc, plus la tentation et la lutte auront été violentes, plus glorieuse sera la couronne. »

Un Frère demandait un jour conseil à Fr. Égide

au sujet de quelques tentations qui l'éprouvaient, lui disant : « O mon Père, je suis combattu par deux tentations, et des pires. L'une est celle de la vaine gloire quand je fais quelque chose de bien; l'autre m'afflige quand j'ai fait quelque chose de mal : je tombe dans une telle tristesse et un tel découragement que je suis presque désespéré. » Fr. Égide lui répondit : « Mon Frère, tu agis sagement, et tu as raison de te désoler de ton péché; mais je te conseille de n'éprouver qu'une peine discrète et modérée; rappelle-toi donc toujours que la miséricorde de Dieu est bien plus grande que ne peut l'être ton péché. Et si cette miséricorde infinie de Dieu reçoit à la pénitence celui qui est un grand pécheur, et qui pèche volontairement, quand il se repent, crois-tu donc que ce Dieu si bon abandonne le pécheur bon et involontaire, quand il est déjà contrit et pénitent? En outre, je te conseille de ne jamais cesser de faire le bien, par la crainte de la vaine gloire. Quand on veut semer le grain, si l'on disait « Je ne veux « pas semer, car si je semais, les oiseaux ver« raient le grain et le mangeraient! » et si dans cette crainte on ne répandait pas la semence, il est bien clair qu'on ne récolterait rien cette année-là. Mais si le laboureur sème, bien que les oiseaux puissent manger les grains répandus à terre, il récolte toujours la plus grande partie de la moisson. C'est ainsi que serait l'homme tenté par la vaine gloire, si, par peur de cette tentation, il arrivait à ne pas faire le bien; mais quand il combat sans cesse les suggestions de la vaine gloire, moi je te dis qu'il ne perd pas le mérite du bien qu'il fait, par cela seul qu'il a été tenté. »

Un autre religieux disait à Fr. Égide : « Père, on trouve dans l'histoire de saint Bernard qu'il récita un jour les sept psaumes de la Pénitence, avec une telle tranquillité d'esprit et une telle dévotion, qu'il ne songeait ni ne réfléchissait à autre chose qu'au texte même de ces psaumes. » Fr. Égide lui répondit : « Mon Frère, j'estime qu'il y a bien plus de bravoure chez celui qui garde un château assiégé et battu en brèche par les ennemis, et qui défend si vigoureusement la place qu'aucun ennemi n'y peut entrer, que chez celui qui se tient en paix et que rien ne vient troubler. »

X. — *Chapitre de la sainte pénitence.*

Nous devrions toujours grandement tourmenter et macérer notre corps; nous devrions souffrir volontiers toutes les injures, les tribulations, les angoisses, les douleurs, les outrages, les mépris, les opprobres, les adversités et les persécutions, le tout pour l'amour de notre bon Maître et Seigneur Jésus-Christ, qui lui-même nous en a donné l'exemple : en effet, depuis le premier jour de sa Nativité glorieuse, jusqu'à la fin de sa très sainte Passion, il supporta sans cesse les angoisses, les tribulations, les douleurs, les mépris, les tourments et les persécutions, uniquement pour notre salut. Aussi, si nous voulons arriver à l'état de grâce, il nous faut sans tarder, marcher autant que possible sur les traces et dans les pas mêmes de notre bon maître Jésus-Christ.

Un séculier interrogeait un jour Fr. Égide, et lui disait : « Père, de quelle façon pouvons-nous, nous autres séculiers, parvenir à l'état de grâce? » Fr. Égide lui répondit : « Mon Frère, il faut d'abord se repentir de ses péchés avec une grande contrition du fond du cœur; puis, les confesser à un prêtre avec amertume et douleur intérieure, s'accusant simplement sans feinte et sans excuse; enfin, parfaitement remplir la pénitence donnée et imposée par le confesseur. Il faut aussi se garder de tout vice, de tout péché et de toute occasion de pécher; s'exercer à la pratique des bonnes œuvres envers Dieu et envers le prochain. En agissant ainsi, tu parviendras à un état complet de grâce et de vertu. Bienheureux celui qui éprouve continuellement des sentiments de douleur au souvenir de ses péchés, les pleurant toujours, le jour et la nuit, avec une grande amertume intérieure, et uniquement en raison de l'offense qu'il a faite à son Dieu! Bienheureux celui qui a toujours devant les yeux de son âme les afflictions, les peines et les douleurs de Jésus-Christ; pour l'amour de ce divin Sauveur, il ne voudra recevoir et ne recevra aucune consolation temporelle dans ce monde; et il persévérera dans ces sentiments jusqu'au jour où il parviendra à la consolation céleste qui lui donnera la vie éternelle, où tous ses désirs seront accomplis et où il sera comblé de joies sans fin.

XI. — Chapitre de la sainte oraison.

L'oraison est le principe, le milieu et la fin de tout bien ; l'oraison éclaire l'âme et lui fait discerner le bien du mal. Tout pécheur devrait prier tous les jours, sans manquer, avec un cœur fervent ; il devrait demander à Dieu, avec humilité, de lui donner une connaissance parfaite de sa misère et de ses péchés, et aussi de lui montrer les bienfaits qu'il a reçus et ceux qu'il reçoit de ce Dieu si bon. Mais, celui qui ne sait pas prier, comment pourra-t-il connaître Dieu ? Et tous ceux qui veulent se sauver, s'ils sont des hommes vraiment intelligents, doivent absolument finir par diriger tous leurs efforts vers la sainte oraison.

Fr. Égide disait : « Si un homme avait un fils qui eût commis tant de méfaits qu'on l'eût condamné à mort ou à être banni de la ville, assurément cet homme n'aurait ni paix ni trêve et de jour, et de nuit, et à toute heure, qu'il n'ait essayé d'obtenir ou obtenu autant qu'il serait en son pouvoir, la grâce de la vie pour son fils ; ou bien encore la révocation de son bannissement. Cet homme n'épargnerait ni les prières, ni les supplications ; il offrirait tous les présents qu'il pourrait et agirait non seulement par lui-même, mais par ses parents et ses amis. Ce que fait un homme pour son fils, qui est mortel, à plus forte raison ne devrions-nous pas nous empresser de le faire pour notre âme, qui est immortelle? Ne devrions-nous pas prier Dieu? Ne devrions-nous pas le faire supplier en ce monde par des personnes pieuses et dans l'autre par les saints lorsque notre âme est bannie de la cité céleste ou quand elle a été vraiment condamnée à mort pour ses péchés si nombreux? »

Un Frère disait un jour à Fr. Égide : « Père, il me semble que lorsqu'on n'a pas la grâce de la dévotion pendant la prière, c'est alors qu'il faut se désoler et avoir la peine la plus vive. » Fr. Égide lui répondit : « Mon Frère, fais tes affaires doucement, tout doucement, je te le conseille. Si tu avais un peu de bon vin dans une barrique et qu'au fond de cette barrique, sous ce bon vin, il fut resté de la lie, tu ne voudrais certainement pas frapper ni remuer la barrique, pour ne pas mélanger la lie avec le bon vin. Eh bien! moi je te l'affirme : tant que l'oraison ne sera pas dégagée de toute concupiscence vicieuse et charnelle, tu ne recevras pas de consolation divine. Elle n'est pas pure au regard de Dieu, cette oraison qui est mélangée avec la lie de la sensualité. Aussi doit-on s'efforcer, autant qu'on le peut, de se séparer de toute lie de concupiscence vicieuse. Alors, la prière sera pure devant Dieu, et par elle on recevra dévotion et divine consolation. »

Un religieux adressait un jour à Fr. Égide cette question : « Pourquoi arrive-t-il que quand on adore Dieu, c'est à ce moment même qu'on est le plus tenté, combattu, qu'on a l'esprit le plus tourmenté? » Fr. Égide lui répondit : « Quand un homme a quelque différent à expliquer devant un juge, il va lui exposer ses raisons, comme s'il lui demandait aide et conseil; mais quand son adversaire s'en aperçoit, immédiatement il comparaît aussi devant le magistrat pour contredire et s'opposer à la demande du plaideur; il semble désavouer sa dette, et suscite ainsi de grands embarras. Il en est de même quand nous allons à l'oraison, car nous demandons l'aide de Dieu dans notre cause; alors comparaît immédiatement notre adversaire, le démon avec ses tentations; c'est lui qui nous oppose une grande résistance et une vive contradiction; il fait usage tant qu'il peut de la force, de la ruse, de l'insinuation, pour nous empêcher de prier : il ne veut pas que notre oraison soit agréable en la présence de Dieu; et il fait tous ses efforts pour que nous n'ayons par cette oraison, ni mérite, ni consolation. Et cela, nous pouvons le voir bien clairement : quand nous parlons des choses du siècle, nous n'avons à supporter aucune tentation, aucune absence spirituelle; mais, si nous allons à l'oraison pour réjouir et consoler notre âme avec Dieu, nous sentons immédiatement mille flèches qui frappent notre esprit, ce sont ces mille tentations que nous envoient les démons, pour faire dévier notre âme, afin qu'elle ne puisse avoir aucune de ces joies, ni aucune de ces consolations que l'âme espère de ses entretiens avec Dieu. »

Fr. Égide disait que l'homme d'oraison devait imiter le bon chevalier dans la bataille, même s'il est atteint ou frappé par son ennemi, il n'abandonne pas pour cela la lutte; il résiste néanmoins et avec courage aux assauts de l'ennemi, pour le vaincre et avoir, après la victoire, la joie et la consolation de la gloire; mais s'il abandonnait le champ de bataille dès qu'il est frappé ou blessé, il serait couvert de honte, de déshonneur et de mépris. C'est ainsi que nous devons agir, nous aussi. Il ne nous faut pas, à chaque tentation abandonner la prière, mais résister avec courage. « Heureux celui qui souffre les tentations, » dit l'apôtre, « parce que s'il les surmonte il recevra la couronne de la vie éternelle, mais si, par suite des tentations nous renonçons à l'oraison, il est certain que notre ennemi, le démon, nous confondra, nous vaincra et nous abattra. »

Un religieux disait à Fr. Égide : « Père, j'ai vu des hommes qui avaient reçu de Dieu la grâce de la dévotion, et celle des larmes dans la prière; moi, je n'éprouve aucune de ces grâces, quand j'adore Dieu? » Fr. Égide lui répondit : « Mon Frère, je te conseille de t'appliquer humblement et fidèlement à ton oraison; les fruits de la terre ne peuvent s'obtenir sans fatigue et sans beaucoup de travaux, exécutés d'avance; et encore, après avoir travaillé, la récolte désirée ne suit pas immédiatement ces labeurs; il faut attendre que le temps de la saison favorable soit arrivé. De même, Dieu ne nous donne pas immédiatement ces grâces de l'oraison; il faut attendre l'instant favorable; il faut que notre cœur soit purifié de toute affection charnelle et de tout vice. Or donc, mon Frère, applique-toi humblement à l'oraison; car Dieu qui est tout bon et tout aimant, connaît toutes choses, et discerne ce qui nous vaut le mieux. Quand le temps de la récolte sera venu, Lui qui est si bienveillant, t'accordera des fruits abondants de consolation. »

Un autre Frère interrogeait Fr. Égide : « Que fais-tu, Frère Égide? que fais-tu? » Et Fr. Égide répondait : « Je fais le mal. » Le Frère reprit : « Et quel mal peux-tu faire, Frère Égide? » Alors, Fr. Égide se tournant vers un autre religieux, lui dit : « Dis-moi, Frère, crois-tu que Dieu soit plus disposé à nous donner sa grâce, que nous à la recevoir? » Le religieux répondit : « Il est absolument certain que Dieu est plus disposé à donner, que nous ne le sommes à recevoir. » Fr. Égide reprit : « Or donc, pouvons-nous affirmer que nous faisons le bien? » Le religieux répondit : « Non certes, nous faisons le mal. » Fr. Égide revenant au premier Frère qui l'avait interrogé, lui dit : « Voilà, mon Frère, qui te démontre clairement que nous faisons le mal; c'était donc bien exact, ce que je te répondais tout à l'heure; que je faisais le mal! »

Fr. Égide ajouta encore : « Bien des œuvres sont louées et recommandées dans la sainte Écriture, comme le sont, par exemple les œuvres de miséricorde, et d'autres bonnes œuvres encore; mais lorsque le Seigneur parle de l'oraison, il dit : « Le Père Céleste va chercher et veut des hommes qui l'adorent sur la terre, en esprit, en vérité! »

Le saint Frère disait aussi que les vrais religieux devaient être semblables aux loups : ils sortent très rarement et ne se montrent que pressés par une absolue nécessité; puis, immédiatement, ils rentrent dans l'endroit caché où se trouve leur tanière, sans demeurer ni converser avec qui que ce soit.

Les bonnes œuvres servent d'ornements à l'âme du fidèle.

Un Frère, compagnon de Fr. Égide, et intimement lié avec lui, lui disait : « Père, mais pourquoi n'allez-vous jamais parler des choses de Dieu, exhorter les chrétiens, et procurer le salut à leurs âmes? » Fr. Égide lui répondit : « Mon Frère, je veux remplir mes devoirs envers mon prochain, mais avec humilité, et sans dommage pour mon âme, c'est-à-dire en priant. » Ce même Frère reprit : « Au moins, ne vas-tu pas quelquefois visiter tes parents? » Fr. Égide répondit : « Ne sais-tu pas que le Seigneur dit dans l'Évangile : celui qui abandonnera père, mère, frères, sœurs et tous ses biens pour l'amour de moi, je le récompenserai au centuple? » Puis il ajouta : « Je suis un gentilhomme qui est entré dans l'Ordre des Frères-Mineurs, et dont la fortune était évaluée à soixante mille livres; combien seront abondantes les récompenses de ceux qui abandonnent autant, pour l'amour de Dieu, puisque Dieu les leur rendra au centuple! Quant à nous, nous sommes bien aveugles; quand nous voyons un homme vertueux et agréable à Dieu, nous ne pouvons comprendre sa perfection, à cause de nos propres imperfections et de notre cécité. Mais un homme vraiment spirituel veut à peine voir ou entendre ses semblables, si ce n'est par absolue nécessité, parce qu'il n'a qu'un seul désir : être uni à Dieu par la contemplation. »

Puis, Fr. Égide s'adressant à un Frère : « Mon Frère, » dit-il, « je voudrais bien savoir ce que c'est que la contemplation? » Ce Frère, interrogé ainsi, répondit : « Mais Père, déjà moi non plus, je n'en sais rien! » Alors Fr. Égide lui dit : « Père, voici selon moi les qualités éminentes de la contemplation : C'est un feu divin! C'est aussi une dévotion suave du Saint-Esprit! C'est une extase de l'âme suspendue, et comme enivrée, en goûtant une ineffable et divine douceur! C'est une délectation tranquille, suave et douce, pendant laquelle l'esprit est transporté et ravi d'admiration à la vue des choses suprêmes et célestes! Enfin, c'est un sentiment intime tout brûlant de la gloire inénarrable qui donne un avant-goût du ciel. »

XII. — Chapitre de la sainte prudence spirituelle.

O toi, serviteur du Roi céleste, qui désires apprendre les secrets, et connaître la prudence si utile et si sage de la sainte doctrine spirituelle, ouvre bien les oreilles de l'intelligence que ton âme possède! Reçois avec un vif désir intérieur, conserve soigneusement dans la demeure de ta mémoire, le précieux trésor de cette doctrine, ainsi que les enseignements de la prudence spirituelle, que je vais te dire; ces enseignements t'éclaireront et te dirigeront dans ton voyage, c'est-à-dire dans ta vie spirituelle; tu seras défendu contre les assauts méchants autant que subtils de tes ennemis matériels et immatériels; tu iras avec une humble audace naviguer sur la mer orageuse de cette vie présente, jusqu'à ce que tu parviennes au port, si désiré du salut, Or donc, mon fils, comprends bien et retiens bien ce que je te dis :

« Si tu veux bien voir, arrache-toi les yeux et sois aveugle; si tu veux bien entendre, sois sourd; si tu veux bien parler, deviens muet; si tu veux bien cheminer, reste debout, et marche avec l'esprit pour guide; si tu veux bien travailler, coupe-toi les mains, et travaille avec ton cœur; si tu veux bien aimer, déteste-toi toi-même; si tu veux beaucoup gagner et être riche, perds et sois pauvre; si tu veux bien te réjouir et rester en repos, afflige-toi toi-même, tiens-toi toujours en crainte, et défie-toi de toi-même; si tu veux être élevé et recevoir de grands honneurs, humilie-toi, accable-toi de reproches; si tu veux être grandement respecté, méprise-toi, et témoigne à ceux qui te méprisent et qui te blâment, le plus grand respect; si tu veux obtenir pour toi le bien, supporte toujours le mal; si tu veux être béni, désire que tout le monde te maudisse, et dise du mal de toi; si tu veux arriver au véritable et éternel repos, fatigue-toi, afflige-toi, et désire toutes les peines temporelles! O, qu'elle est grande la sagesse qui consiste à suivre, et à se donner la peine de mettre en pratique tous ces conseils! Mais ce sont là des choses si grandes, si sublimes, que Dieu ne les accorde qu'à peu de chrétiens. Mais, vraiment, celui qui étudierait avec soin, et mettrait en œuvre tout ce que je viens de dire, j'affirme qu'il n'aurait pas besoin d'aller à Bologne, ni à Paris, étudier une autre théologie; un homme vivrait-il mille ans, n'aurait rien à faire d'extérieur, n'aurait rien à dire avec sa langue, s'il s'exerçait intérieurement et de cœur, s'il travaillait au dedans de lui-même à se purifier, se diriger, et se justifier, au point de vue de son esprit et de son âme.

« Nous ne devrions jamais ni vouloir, ni voir, ni entendre, quoi que ce soit, ni parler de rien, en dehors de ce qui est utile à notre âme.

« Celui qui ne se connaît pas, n'est pas connu; aussi malheur à nous, quand nous recevons les grâces et les dons du Seigneur, si nous ne savons les connaître. Mais, encore plus malheur à ceux qui ne les reçoivent pas, ne les connaissent pas, et ne se préoccupent pas de les acquérir ni de les posséder! L'homme, fait à l'image de Dieu, peut varier, s'il le veut; mais Dieu, ce Dieu si bon, ne varie ni ne change jamais. »

XIII. — Chapitre de la science utile et de la science inutile.

Celui qui veut savoir beaucoup, doit travailler beaucoup; il doit s'humilier beaucoup; il doit s'abaisser lui-même, et courber sa tête jusqu'à ce que son ventre touche la terre. Alors le Seigneur lui donnera la sagesse et la science dans leur plénitude. La suprême sagesse consiste à faire toujours le bien, à faire des œuvres de vertu, à se préserver de tout péché et de toute occasion de péché, et à toujours avoir présents à l'esprit les jugements de Dieu.

Fr. Égide disait un jour à quelqu'un qui voulait fréquenter les écoles pour acquérir la science: « Mon Frère, pourquoi veux-tu aller travailler dans les écoles? Que je te fasse comprendre que la science suprême, c'est de craindre et d'aimer. Ces deux vertus, la crainte et l'amour te suffiront. En fait de science, toute autre que celle dont on doit se servir est inutile. Que veux-tu de plus? Ne te donne donc pas tant de peine pour étudier ce qui ne peut-être utile qu'aux autres; applique-toi à ce qui t'est utile à toi-même. Souventes fois, il advient que nous voulons acquérir beaucoup de science pour aider autrui, et bien peu pour nous aider nous-mêmes : je te dis, moi, que la parole de Dieu n'est pas pour celui qui la dit, ni pour celui qui l'entend, mais pour celui qui la met en pratique. On a vu des hommes qui ne savaient pas nager, et qui se jetaient à l'eau pour porter secours à ceux qui se noyaient, et il est arrivé qu'ils se noyaient tous ensemble. Si tu ne peux procurer à ton âme elle-même le salut, comment peux-tu procurer le salut à l'âme de ton prochain? Et si tu ne diriges pas tes propres actions, comment peux-tu bien diriger les actions de ton prochain? Il est cependant impossible de croire que tu préfères l'âme de ton prochain à la tienne.

« Les prédicateurs de la parole de Dieu doivent être bannière, lumière et miroir du peuple. Heureux celui qui étant tout cela conduit les autres dans la voie du salut, en même temps qu'il ne cesse de marcher lui-même dans cette voie! Bienheureux celui qui, de cette façon, invite les autres à marcher de l'avant, en même temps que lui-même ne cesse de marcher de même! Plus heureux encore celui qui, de cette façon, aide les autres à acquérir et à devenir riches des richesses éternelles, en même temps qu'il ne cesse de s'enrichir lui-même! Je crois que le bon prédicateur est celui qui s'instruit et se prêche lui-même, plus que celui qui prêche les autres. Il me semble que celui qui veut convertir les pécheurs et entraîner leurs âmes dans la voie de Dieu doit toujours craindre d'être perverti par ces mêmes pécheurs et entraîné par eux dans la voie du vice, du démon et de l'enfer. »

XIV. — Chapitre des bonnes conversations et des mauvaises.

Celui qui ne prononce que des paroles bonnes et utiles aux âmes, est véritablement comme la bouche du Saint-Esprit; celui qui ne laisse échapper que de mauvaises et inutiles paroles est certainement la bouche du démon. Lorsque des hommes bons et spirituels se réunissent pour s'entretenir ensemble, ils devraient toujours parler de la beauté de la vertu; c'est ainsi que la vertu deviendrait plus attrayante, et qu'ils se complairaient davantage à la pratiquer. Et, en effet, quand on se complait et qu'on se délecte dans la vertu, on prend l'habitude d'être vertueux, et quand on s'exerce à mettre la vertu en pratique, on arrive à l'aimer chaque jour de plus en plus. Puis, par cet amour et par cette pratique continuelle de la vertu, par le plaisir que l'on y trouve, l'âme s'élance jusqu'à l'amour de Dieu le plus fervent, et jusqu'au degré de perfection le plus élevé; de son côté le Seigneur accorde en plus grande abondance les dons de la grâce divine.

Quand on se sent très hardi, il faut d'autant

plus parler de la sainte vertu : bien souvent les méprisables conversations dans lesquelles on s'entretient du vice, conduisent ceux qui les tiennent au vice lui-même, par une pente insensible; il arrive de même à ceux qui s'entretiennent de la vertu, de se sentir peu à peu disposés et entraînés à des actes de vertu.

Mais que pouvons-nous dire du bien que produisent les vertus? Ce bien est grand, si grand que nous ne pouvons trouver des paroles capables d'exprimer son excellence, admirable et infinie. Et aussi, que dirons-nous du mal et des peines éternelles que les vicieux méritent? Ce mal est si affreux, ces abîmes si profonds que nous ne pouvons ni le comprendre, ni le penser, ni en parler.

J'estime qu'il n'y a pas moins de vertu à savoir se taire qu'à savoir bien parler. Il me semble que l'homme devrait avoir un cou aussi long que celui d'une grue, afin que quand il voudrait parler, sa parole fut obligée de passer par plusieurs nœuds avant d'arriver à sa bouche; j'entens par là que quand l'homme se met à discourir, il doit s'efforcer de penser et de repenser, d'examiner et de discerner avec grand soin, et le comment, et le pourquoi, et les circonstances, et la forme, et les conditions dans lesquelles se trouvent ceux qui écoutent, et le résultat de ses paroles, et son intention, et les motifs qui le font parler.

XV. — Chapitre de la bonne persévérance.

En quoi cela profite-t-il à l'homme de jeûner très souvent, de prier, de faire l'aumône, et de se tourmenter en songeant sans cesse aux choses célestes, s'il ne parvient pas au port bienheureux et si désiré du salut, c'est-à-dire à la bonne et solide persévérance ?

Il arrive quelquefois qu'on voit apparaître sur la mer un navire superbe, grand, solide, neuf, chargé de richesses considérables ; mais, survient la tempête, le pilote ne sait pas conduire le gouvernail, et voilà le navire qui périt, qui sombre, et est englouti misérablement, sans avoir pu parvenir au port désiré ! Or donc, à quoi lui ont servi sa beauté, sa solidité, sa richesse, en présence du danger auquel il a succombé sur les flots de la mer ? Et d'autres fois, c'est un vieux petit batelet, ayant peu de cargaison, mais dirigé par un bon et discret pilote : les ouragans l'épargnent, il échappe aux profonds abîmes de la mer, et arrive au port désiré ! Il en est ainsi pour nous-mêmes sur la mer orageuse de ce monde. Aussi, Fr. Égide disait : « Il nous faut toujours craindre ; quand même nous serions dans une grande prospérité, alors même que notre état comporterait des dignités éminentes, ou une grande perfection, si nous n'avons pas un bon pilote, c'est-à-dire un directeur discret, nous pouvons misérablement périr dans les abîmes profonds de nos vices. »

Pour bien faire, avant tout, soyons persévérants. L'Apôtre l'a dit : « Ce n'est pas celui qui commence, mais celui qui persévère, qui à la fin recevra la couronne. » Quand un arbre commence à pousser, il ne devient pas grand immédiatement ; et, quand il est devenu grand, il ne donne pas immédiatement des fruits ; et quand les fruits sont venus, ils ne parviennent pas tous à la bouche du maître de l'arbre ; beaucoup de ces fruits tombent à terre, pourrissent, se gâtent, et sont mangés par les animaux ; mais la plus grande partie de ces fruits demeure cependant sur l'arbre jusqu'à la saison favorable, où le maître peut enfin les recueillir,

Fr. Égide disait encore : « Que me servirait de jouir pendant cent ans du royaume du ciel, si je ne persévérais pas, et si je ne devais pas avoir une bonne fin ? » Puis, il disait aussi : « Ce sont, selon moi, les deux plus grandes grâces et les dons les plus éminents de Dieu, pour qui peut les acquérir en cette vie : Persévérer avec amour dans le service de Dieu, et se tenir toujours en garde contre les chutes du péché. »

XVI. — Chapitre de la vraie religion.

Fr. Égide disait en parlant de lui-même : « Je préférerais que Dieu ne m'accordât que fort peu de ses grâces ; alors que je serais religieux et dans un Ordre, qu'obtenir de Dieu des grâces les plus abondantes étant séculier et vivant dans le monde, car, dans le siècle, il y a beaucoup plus de périls et plus d'obstacles, moins de remèdes et moins de soutiens, que dans l'état religieux. »

Il disait aussi : « Le pécheur, me semble craindre encore plus son bien, qu'il ne produit son malheur et sa perte ; il craint d'entrer en religion pour y faire pénitence ; il ne craint pas d'offenser Dieu et son âme, en restant dans le siècle avec dureté et obstination ; il demeure dans la fange de ses péchés, attend sa condamnation finale et éternelle. »

Un séculier interrogeait un jour Fr. Égide et lui disait : « Père, que me conseilles-tu de faire ? Ou entrer en religion, ou rester dans le siècle en m'adonnant aux bonnes œuvres ? » Fr. Égide lui répondit : « Si un homme pauvre apprenait qu'il y a un grand trésor caché dans le champ commun, il ne demanderait conseil à personne pour savoir s'il ferait bien de déterrer ce trésor et de l'emporter chez lui. Ne devons-nous pas, avec encore plus de soin, plus d'application et d'une façon plus efficace, nous empresser de déterrer ce trésor céleste qui se trouve dans les saints Ordres et dans les Congrégations spirituelles, sans demander tant de conseils ? » Entendant cette réponse, ce séculier distribua immédiatement aux pauvres tout ce qu'il possédait, et, ainsi dépouillé de tout, il entra sans plus tarder en religion.

Frère Égide disait : « Beaucoup de personnes

entrent dans l'état religieux, et cependant ne mettent ni en œuvre, ni en pratique, les avantages qui appartiennent à cet état parfait et saint de religion ; on peut les comparer à ce laboureur qui se revêtit des armures de Roland, et ne savait s'en servir ni dans les tournois, ni dans les combats. Tout le monde ne sait pas monter un cheval difficile et rétif; et si un homme quelconque monte sur un cheval semblable, il ne saura pas éviter de tomber quand le cheval partira au galop, ou se cabrera. »

Fr. Égide disait encore : « Je ne trouve pas extraordinaire qu'un homme sache entrer à la cour d'un roi; et j'estime qu'il n'y a pas grand mérite à obtenir d'un roi des faveurs ou des bienfaits. Mais le grand mérite, c'est de savoir se maintenir et demeurer dans la cour de ce roi, en la fréquentant habituellement, et d'y persévérer avec la discrétion et la sagesse convenables. La cour du grand Roi des cieux, c'est le saint état religieux ; on y entre sans peine, et et on y reçoit quelques uns des dons et des bienfaits de Dieu ; mais le grand mérite, c'est d'y vivre et d'y persévérer avec discrétion, et jusqu'à la mort. »

Fr. Égide ajoutait : « J'aimerais mieux être dans l'état séculier et continuellement espérer et désirer avec ferveur d'entrer dans l'état religieux, plutôt que d'être en religion, revêtu du saint habit en persévérant dans la négligence et la paresse. Aussi, le religieux devrait-il s'efforcer de vivre dans la sagesse et la vertu, sachant bien qu'il ne peut vivre dans un autre état que dans celui dont il a fait profession. »

Une autre fois, Fr. Égide disait : « Il me paraît que l'Ordre des Frères-Mineurs a été véritablement établi par Dieu pour l'utilité et la grande édification du monde ; mais, malheur à nous, Frères, si nous ne sommes pas ce que nous devons être ! Il est certain que dans cette vie on ne peut trouver des hommes plus heureux que nous ne le sommes ; car, celui-là est saint qui marche sur les traces d'un saint ; celui-là est vraiment bon qui suit l'exemple d'un homme bon ; et celui-là est riche qui se conforme à ce que fait un homme riche. Or donc, la religion des Frères-Mineurs, plus qu'aucun autre Ordre religieux, suit les traces et imite les exemples du meilleur, du plus riche, et du plus saint, qui ait jamais existé et qui existera jamais, Notre-Seigneur Jésus-Christ !

XVII. — Chapitre de la sainte obéissance.

Plus le religieux s'astreint au joug de la sainte obéissance pour l'amour de Dieu, plus il récoltera de fruits en lui-même pour les offrir à Dieu ; plus il sera soumis à son supérieur en l'honneur de Dieu, plus il sera libre, et purifié de ses péchés.

Le religieux vraiment obéissant est semblable à un cavalier couvert d'une bonne armure, et monté sur un bon cheval ; il passe en sûreté à travers les bataillons ennemis, et les rompt sans crainte; aucun coup ne peut l'atteindre. Mais celui qui obéit en murmurant, et par contrainte, est semblable à un cavalier sans armes, sur un mauvais cheval; s'il entre dans la mêlée, les ennemis le jetteront facilement à terre, il sera frappé, fait prisonnier et quelquefois incarcéré jusqu'à la mort. Le religieux qui veut vivre en n'ayant d'autre règle que sa propre volonté, montre qu'il veut se construire pour lui-même une habitation perpétuelle aux profondeurs de l'enfer. Quand le bœuf a courbé la tête sous le joug, il peut alors bien labourer la terre, qui rapporte une abondante moisson au temps de la saison; mais, quand le bœuf vagabonde selon son caprice, la terre demeure sauvage et inculte et ne produit aucun fruit à l'époque des récoltes. De même, le religieux qui soumet sa tête au joug de l'obéissance, rapporte au Seigneur Dieu de nombreux fruits, lorsque la saison est venue; mais celui qui n'obéit pas de bon cœur à son supérieur, reste stérile, sauvage, sans retirer aucun fruit de sa profession.

Les hommes sages et généreux mettent promptement, sans crainte et sans hésitation, leur tête sous le joug de la sainte obéissance. Les insensés et les pusillanimes s'efforcent au contraire de retirer leur tête de dessous ce joug de la sainte obéissance; puis, ensuite, ils ne veulent plus obéir à personne.

J'estime que c'est d'une plus grande perfection pour un serviteur de Dieu, d'obéir simplement à son supérieur, par respect et par amour de Dieu, que d'obéir à Dieu même, si Dieu donnait des ordres. En effet, celui qui obéit à un vicaire du Seigneur, serait certainement plus obéissant encore envers le Seigneur lui-même, s'il commandait.

Un homme ayant promis obéissance à autrui, et ayant reçu ce privilège de converser avec les anges, est appelé par celui auquel il a promis obéissance au moment où il est au milieu des anges et s'entretient avec eux : « Je dis qu'il doit immédiatement abandonner la société et la conversation des anges eux-mêmes, et s'empresser d'obéir, en l'honneur de Dieu. »

Celui qui s'est soumis volontairement au joug de la sainte obéissance, et qui veut se défaire de ce joug, sous prétexte de mener une vie de perfection plus complète, j'affirme qu'il n'a pas été parfait tout d'abord lorsqu'il se disait obéissant; c'est chez lui l'indice d'un grand orgueil, qui gisait dès le principe, caché au fond de son cœur. L'obéissance est la voie qui nous mène à tout bien et à toute vertu; l'inobéissance est la voie de tout mal et de tout vice.

XVIII. — Chapitre de la pensée de la mort.

Si l'on avait toujours devant les yeux de l'esprit la pensée de la mort, du jugement dernier et éternel, des châtiments et des crucifiements infligés aux damnés, il est certain qu'on ne voudrait jamais pécher ni offenser Dieu.

Supposons par impossible qu'un homme ait vécu depuis le commencement du monde, jusqu'à nos jours; et que, pendant toute cette longue période de siècles, il ait eu à supporter toute espèce d'adversités, de tribulations, de peines, d'afflictions et de douleurs; il meurt, et son âme est appelée à recevoir la récompense céleste et éternelle : que lui importeraient tous les maux supportés dans le passé? Supposons, au contraire, que cet homme, pendant tout ce temps, ait eu toutes les satisfactions, toutes les jouissances, tous les plaisirs et toutes les consolations du monde; après sa mort, son âme est condamnée aux châtiments éternels de l'enfer; à quoi lui aurait été utile tout le bonheur goûté par lui sur terre?

Certain homme libertin disait un jour à Fr. Égide : « Hé bien, moi, je t'affirme que je voudrais bien vivre longtemps dans ce monde, y jouir de grandes richesses, avoir de tout en abondance, et être comblé d'honneurs! » Fr. Égide lui répondit : « Mon Frère, quand tu serais le maître du monde entier, quand tu devrais vivre mille ans au milieu des plaisirs, des jouissances, des délices et des consolations temporelles, dis-moi, quelles récompenses, quels mérites espères-tu de cette misérable chair, à laquelle tu es soumis comme un esclave, et à laquelle tu veux plaire? Je te le dis, celui qui vit bien selon Dieu, qui se garde d'offenser

Dieu, recevra assurément de Dieu un bien infini, une récompense éternelle, l'abondance, la richesse, les honneurs, la vie sans fin dans la gloire éternelle du ciel : Que ce Dieu bon, notre Seigneur et notre Roi Jésus-Christ, nous y conduise! »

A la louange de Jésus-Christ et de son petit pauvre, François.

ADDITIONS

EXTRAITES DU MANUSCRIT FLORENTIN

I. — Comment saint François apparut à Fr. Léon.

Saint François avait quitté cette misérable vie depuis quelque temps déjà, lorsque Fr. Léon conçut le très vif désir de revoir ce père si doux, qu'il avait si tendrement aimé pendant sa vie; et pour que Dieu exauçât ce vœu, Fr. Léon mortifiait son corps plus que d'habitude, par le jeûne et par l'oraison.

Un jour, pendant qu'il priait tout embrasé de ferveur, saint François lui apparut tout environné de gloire, avec des ailes, comme celle d'un aigle; les ongles de ses pieds et de ses mains étaient dorés. Fr. Léon ressentant une vive allégresse et une grande consolation, à la vue de cette merveilleuse apparition, s'écria plein d'admiration : « Oh ! pourquoi, mon Père si révéré, m'apparais-tu sous une forme si admirable ? » Saint François répondit : « Parmi les grâces nombreuses que la divine Bonté m'a accordées, ces deux ailes m'ont été données ; grâce à elles, je puis secourir immédiatement les Frères pieux de notre Ordre saint, quand ils m'invoquent dans leurs tribulations ; grâce à elles, je puis emporter leurs âmes, comme dans un vol rapide, jusqu'à la gloire suprême. Ces ongles, que tu vois si grands, si forts, et dorés, Dieu me les a donnés pour m'en servir contre le démon, contre les persécuteurs de ma sainte religion, et contre les Frères réprouvés s'il s'en trouve dans cet Ordre si saint : je les punirai, en les déchirant sévèrement et durement, et Dieu me permettra de leur infliger de cruels châtiments. A la louange du Christ. Amen. »

II. — Comment Fr. Léon eut en songe une vision terrible.

Fr. Léon vit une nuit, en rêve, apparaître le divin Juge. Il vit les anges au son des trompettes et de divers instruments convoquer dans une prairie une quantité de peuple. A un bout de cette prairie il y avait une échelle toute rouge qui partait de la terre, et montait jusqu'au ciel ; à l'autre bout du pré, il y avait une autre échelle, toute blanche, qui, du ciel, descendait jusqu'à la terre.

Au sommet de l'échelle rouge apparaissait le Christ; c'était alors le Juge plein de courroux à la vue des offenses du genre humain. Saint François était aussi sur un échelon, un peu plus bas, mais près du Christ. Il descendit au pied de l'échelle et s'écria d'une voix forte, et en même temps pleine de ferveur : « Venez, ô mes Frères, venez avec confiance; venez sans crainte; venez, approchez-vous du Seigneur, c'est lui qui vous appelle. »

A la voix de saint François, et à ses injonctions, les Frères arrivaient, et montaient l'échelle rouge avec une grande confiance. Tous montèrent; mais quelques-uns tombaient dès le troisième échelon, d'autres au quatrième, puis au cinquième, au sixième. Les uns après les autres, tous tombèrent, et aucun ne resta sur l'échelle.

Saint François était ému et plein de compassion, en voyant le désastre qui affligeait tous ses Frères; en père rempli de tendresse, il priait le souverain Juge pour ses fils, et le suppliait de les recevoir à miséricorde. Le Christ faisait voir ses plaies toutes saignantes et disait à saint François : « Voici ce que m'ont fait tes Frères! »

Mais saint François ne demeura que peu d'instants dans cette prière suppliante; il descendit quelques échelons et appela les Frères tombés de l'échelle vermeille, leur disant :

« Venez, relevez-vous, mes Fils et mes Frères; ayez confiance, ne vous désespérez pas, courez à l'échelle blanche, et montez : c'est en suivant ses échelons que vous serez reçus au royaume du ciel; courez mes Frères, à l'échelle blanche; croyez mes avertissements paternels. »

Et tout en haut de cette blanche échelle apparut la glorieuse Vierge Marie, Mère de Jésus-Christ, toute pleine de clémence et de tendresse : elle recevait les Frères; et tous entrèrent sans peine dans le royaume éternel. A la louange du Christ. Amen.

TABLE DES MATIÈRES

CONSIDÉRATIONS SUR LES STIGMATES

VIE DU FRÈRE JUNIPÈRE

VIE DU BIENHEUREUX FRÈRE ÉGIDE

DOCTRINE DU BIENHEUREUX FRÈRE ÉGIDE

ADDITIONS EXTRAITES DU MANUSCRIT FLORENTIN

Paris. — J. Mersch, imp., 4bis, Av. de Châtillon

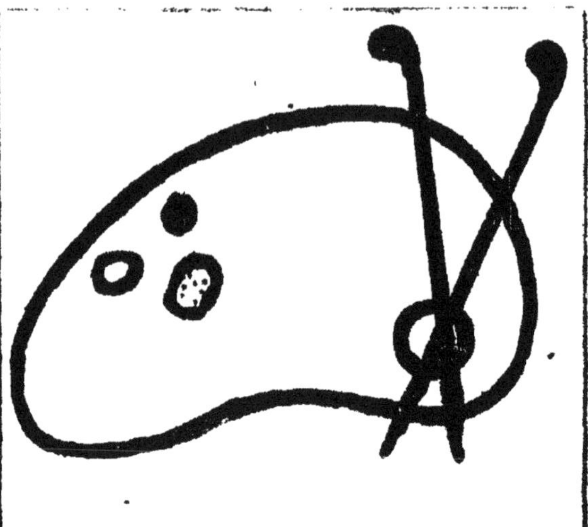